权威·前沿·原创

皮书系列为
"十二五""十三五""十四五"时期国家重点出版物出版专项规划项目

BLUE BOOK

智库成果出版与传播平台

法国蓝皮书
BLUE BOOK OF FRANCE

法国发展报告（2022）

ANNUAL REPORT ON DEVELOPMENT OF THE FRENCH REPUBLIC (2022)

北京外国语大学区域与全球治理高等研究院
北京外国语大学法国研究中心
中国欧洲学会法国研究分会
主　编／丁一凡
副主编／戴冬梅

社会科学文献出版社
SOCIAL SCIENCES ACADEMIC PRESS (CHINA)

图书在版编目(CIP)数据

法国发展报告. 2022 / 丁一凡主编. --北京：社会科学文献出版社，2022.11
（法国蓝皮书）
ISBN 978-7-5228-0648-8

Ⅰ.①法… Ⅱ.①丁… Ⅲ.①经济发展-研究报告-法国-2022 ②社会发展-研究报告-法国-2022 Ⅳ.①F156.54

中国版本图书馆 CIP 数据核字（2022）第 166486 号

法国蓝皮书
法国发展报告（2022）

主　　编 / 丁一凡
副 主 编 / 戴冬梅

出 版 人 / 王利民
责任编辑 / 张苏琴　仇扬
责任印制 / 王京美

出　　版 / 社会科学文献出版社·当代世界出版分社（010）59367004
　　　　　　地址：北京市北三环中路甲 29 号院华龙大厦　邮编：100029
　　　　　　网址：www.ssap.com.cn

发　　行 / 社会科学文献出版社（010）59367028
印　　装 / 天津千鹤文化传播有限公司

规　　格 / 开　本：787mm×1092mm　1/16
　　　　　　印　张：20.5　字　数：307 千字
版　　次 / 2022 年 11 月第 1 版　2022 年 11 月第 1 次印刷
书　　号 / ISBN 978-7-5228-0648-8
定　　价 / 168.00 元

读者服务电话：4008918866

▲ 版权所有 翻印必究

北京外国语大学区域与全球治理高等研究院
"区域和国别研究蓝皮书系列"

荣誉总主编	柳斌杰
总　主　编	王定华　杨　丹
执行总主编	孙有中
副总主编	谢　韬　王建斌
编　　　委	常福良　戴冬梅　戴桂菊　丁　超　丁红卫 姜　飞　柯　静　李洪峰　李建军　李雪涛 李永辉　梁　燕　刘欣路　米　良　牛华勇 苏莹莹　孙晓萌　孙　萍　王展鹏　王明进 吴宗玉　薛庆国　张朝意　张志洲　章晓英 赵　刚　周鑫宇
学术委员会	丁一凡　冯仲平　黄　平　季志业　江时学 李绍先　李向阳　刘鸿武　孙士海　王缉思 邢广程　薛　澜　杨伯江　杨　恕　袁　明 袁　鹏　翟　崑　张蕴岭　周　弘　朱晓中

主要编撰者简介

丁一凡 毕业于北京外国语学院法语系（现北京外国语大学法语语言文化学院），后赴法国学习。获波尔多政治学院学士，波尔多大学法学院政治学硕士、博士。曾在美国约翰·霍普金斯大学国际关系研究院做访问学者。

曾在北京外国语大学当教师，曾在新华社国际部和《光明日报》国际部当编辑，曾任《光明日报》驻巴黎首席记者，曾任国务院发展研究中心世界发展研究所副所长。

现为国务院发展研究中心世界发展研究所研究员、外交部国际经济与金融咨询委员会委员、商务部咨询委员会委员、教育部国别与地区研究专家组成员、中国世界经济学会副会长、全国政协参政议政人才库专家、中国欧洲学会常务理事、中国欧洲学会法国研究分会会长。

出版过《民主悖论》《欧债危机启示录》《欧元时代》《跌宕起伏的中欧关系》等中文专著十部、《全球化危机与中国式解决方案》（*Crisis of Globalization and Chinese Solution*）英文专著一部，编过《权力二十讲》，发表过学术论文数十篇，在全国性报纸、杂志上发表过文章数百篇。用英文、法文在国内外杂志上发表过几十篇文章，曾参与外国学者主编的著作并撰写部分章节，内容涉及发展、汇率、环境保护、国际贸易等。

戴冬梅 北京外国语大学法语语言文化学院院长、教授，学术刊物《法语国家与地区研究》副主编，中国欧洲学会法国研究分会副会长。毕业于北京外国语大学、巴黎政治学院、巴黎第一大学与巴黎第三大学。历史学博士、外交学硕士、法语语言文学硕士。主要研究方向为法语教学、中国法语传播史和法国对外政策。曾发表《法国外语教育政策与教学体系考察》《法语的对外推广》等学术论文30余篇。

摘　要

2021年，法国的政治、经济和社会治理模式继续遭遇严峻的内部和外部挑战。与此同时，法国精英在应对上展示了一定的韧性和活力。

法国政治生态的多极化趋势更加明确，传统的精英治国模式疲态尽显。从2022年总统大选第一轮结果看，相对于2017年，马克龙的支持率下降，以勒庞为首的极右翼和以梅朗雄为首的极左翼上升势头明显。"政坛黑马"泽穆尔表现亮眼。两大传统党派共和党与社会党进一步式微。法国为宗教极端势力和其他极端思潮提供了土壤。激进化趋势造成反恐难度增大。但马克龙最终成功连任表明，维护政局和政策的稳定性和可预测性，是法国新老精英的不二选择。

经济社会层面，马克龙政府积极回应民众诉求，稳妥推进各项改革议程，并有力应对新冠疫情冲击。虽然有些经济痼疾并未得到根本缓解，但法国经济于2021年复苏明显。针对关键领域生产能力不足的情况，马克龙政府在法国振兴计划框架内明确提出要实施产业回迁。马克龙政府还在科技领域强化前瞻性规划和投入，发布人工智能国家发展战略，加大对人工智能发展的投入，推广人工智能技术在经济领域中的应用。法国政府很早就意识到科技创新和产业发展之间的紧密联系，另外同样积极弥补在数字教育上的短板。马克龙政府通过"法国文化振兴"计划扶助遭受疫情重挫的法国文化产业，同时在供给端与需求端发力扶持农业部门，后疫情时代的法国农业或将在生产模式、供给与需求结构方面发生转变。疫情时期，法国政府要求人们尽量选择居家远程办公，以降低新冠病毒传播的风险。

在对外政策上，法国继续全方位出击，维护其全球大国地位和影响力。以欧洲政策为主要着力点，马克龙积极推动欧洲战略自主，最大限度促进法国的地区和全球利益。在2021年初发布的《2021战略更新指南》中，马克龙政府呼吁欧洲持续加大防务安全投入，以免遭遇不可逆转的"战略降级"。在对俄关系上，马克龙发扬戴高乐将军的现实主义传统，谋求作为"平衡主义者"实现法国国家利益的最大化。在对非政策上，法国试图通过调整萨赫勒地区反恐政策和强化国际协作，维护法国的传统影响力。以法国国家科学研究中心为代表，法国同样高度重视对非科技外交。在亚太方向，法澳潜艇合同的"夭折"意味着法国"印太战略"和对美关系遭遇重挫。美国在亚太复制冷战剧本，或加剧法国对美依附化和欧洲对美附庸化。

关键词： 总统大选　政坛多极化　振兴计划　战略自主　印太战略

目 录

Ⅰ 总报告

B.1 法国面临波诡云谲的国内外形势 …………………… 丁一凡 / 001

Ⅱ 分报告

B.2 法国大选及政局变化 …………………………………… 彭姝祎 / 012
B.3 法国经济:"带疫运行"的艰难复苏 ………………… 杨成玉 / 024
B.4 法国社会:新冠疫情下的法国"文化振兴" ………… 张 敏 / 036
B.5 法国外交:马克龙的欧洲政策评析 …………………… 王 朔 / 048

Ⅲ 政治篇

B.6 法国社会党的衰退和主要政党的变化对法国政党格局的影响
　　　………………………………………………………… 吴国庆 / 059
B.7 法国2021年反恐形势与马克龙政府的应对 ………… 武亦文 / 071

B.8 从《2019~2025军事规划法》更新案博弈看马克龙的
安全防务政策 ………………………………… 李书红 / 082

B.9 新冠疫情下的法国防务与安全理念
——《2021战略更新指南》评析 …………… 慕阳子 / 095

B.10 法国左右翼民粹主义比较研究 ……………………… 张 莹 / 105

Ⅳ 经济篇

B.11 "法国振兴"计划框架下产业回迁现状与展望 ……… 桂泽元 / 120

B.12 法国人工智能国家发展战略第二阶段政策解析及启示
………………………………………………… 张 巍 王 梅 / 134

B.13 疫情对法国农业的影响及其应对 …………… 田斯予 王 战 / 145

B.14 二战以来法国产业政策的演变及其特征 …… 叶剑如 陈昌盛 / 156

Ⅴ 社会篇

B.15 泽穆尔的崛起或影响法国移民政策 ………………… 王 鲲 / 168

B.16 法国数字教育发展的困境、策略与行动 …… 刘若云 柏 群 / 179

B.17 法国远程办公：历史、立法与现状 ………… 金海波 王海洁 / 190

Ⅵ 外交篇

B.18 法澳潜艇合同的"夭折"：背景、动因和影响
………………………………………………… 戴冬梅 陆建平 / 203

B.19 法非科研合作：动因、特征与机制创新
——以法国国家科学研究中心为例 ……… 赵启琛 李洪峰 / 230

目　录

B.20　乌克兰危机中法国政策的演变 ················· 龙　希 / 246
B.21　试析马克龙的俄罗斯政策对戴高乐主义的继承与发展
　　　································· 赵燕丽 / 255

Ⅶ　资料篇

B.22　法国海外驻军情况汇编 ······················· 张林初 / 268
B.23　法国2021年度大事记 ························· 车　迪 / 282

Abstract ··· / 292
Contents ··· / 294

皮书数据库阅读使用指南

总报告
General Report

B.1
法国面临波诡云谲的国内外形势

丁一凡*

摘　要： 法国在2022年迎来了5年一度的大选：总统与议会的选举。法国政坛分化依旧，传统政党表现不佳，极端思潮影响法国。2021年，法国也与其他国家一样，加大了财政开支来刺激疫情中的经济回升。马克龙政府想借机把财政开支引导至政府希望刺激的制造业领域，既解燃眉之急，又为长远发展奠定基础。疫情使法国政府意识到恢复制造业和发展数字经济的重要性，政府为此制定了一系列发展规划并以法案的形式在议会得到通过。法国总统马克龙在俄乌危机初起时努力从中调停，企图缓解矛盾，但最终无功而返。当俄罗斯发动军事行动后，法国又与美欧等其他国家一起，对俄实行大规模的经济、金融制裁，法俄关系陷入僵局。但马克龙一直拒绝辱骂普京，也拒绝关闭与俄谈判的窗口。美国虽然想借俄乌冲突之机加强北约的作用，既收紧对欧洲盟国的控

---

* 丁一凡，中国欧洲学会常务理事，中国欧洲学会法国研究分会会长。

制，又削弱俄罗斯的实力，起到一石二鸟的作用，但法国似乎想借机强化欧洲共同安全与防务机制，与美国面和心不和。法国在全球其他地方仍在努力行动，想展现全球大国的能力，但成效不尽相同。

关键词： 法国总统选举　财政刺激　全球大国能力

法国2021年和2022年的形势仍然严峻。一方面，新冠疫情的影响仍在，对法国这个旅游、文化大国造成巨大冲击和挑战，法国经济复苏艰难。另一方面，法国2022年面临总统大选和议会大选，政治斗争激烈，经济发展不利成为各种政治势力可利用的借口，制造出许多不同的口号。执政5年的马克龙政府在抗击疫情中努力有所作为，这对马克龙连选连任既有好处也有风险。

马克龙总统在选举中虽然有些优势，但与2017年他首次当选时相比，获得的选票比例在下降。这说明民众对他的执政成绩不太满意，既不太满意他处理疫情的方法，也不太满意他促进经济发展的政策。但是，和与他对阵的极右翼候选人勒庞相比，无论是在欧洲一体化问题上，还是在国家发展方向上，马克龙都显得要温和许多。他显然也因此得到了国内外更多的舆论支持，这对他最终连选连任起到了重要作用。

一　总统大选凸显法国政治势力的分化

法国面临国内政治势力的重组，总统大选提供了一个观测法国政治变动的极好窗口。从2017年的法国总统大选起，法国传统中左、中右政党力量削弱的趋势就变得很明显。马克龙当年是打着中间党派的名义参加竞选的，吸收了国内大量原本偏向于中左、中右党派的选民。而传统的左翼政党社会党和右翼政党共和党内部也产生了分化，均缺乏有特殊魅力的政治家，而"小头目"的竞争使社会党与共和党内部各个派系的分歧凸显，对民众的吸引力大降。

2022年4月22日第一轮投票后，只有马克龙、勒庞与梅朗雄获得超过20%的选票，泽穆尔获得7.1%的选票，其余候选人获得的选票均低于5%。在法国的选举制度中，只有在第一轮投票中获得票数最多的前两名候选人可以进入第二轮角逐。第一轮投票后，梅朗雄获得22%的选票，勒庞获得了23.2%的选票，梅朗雄以1.2个百分点之差惜败，退出竞选，只剩下马克龙与勒庞角逐第二轮投票。

最近一些年，法国的政治极端化趋势明显。尽管传统的中左或中右政党曾经在政治舞台上驰骋，但如今已四分五裂，几乎无法左右法国选举的大局。梅朗雄曾是法国社会党政府中的部长，也算是出身传统政党，但他青年时代就属青年托洛茨基派，比较激进，后来又因反对社会党的欧洲政策而退出社会党。他2015年自组左翼组织"不屈的法兰西"，得到法国左翼政党和法共的支持。在左翼政党候选人中，唯有他在第一轮投票中获得了22%的选票，成为左翼政党中唯一的亮点。右翼政党出现了许多新面孔，最大的特点是泽穆尔的崛起，成为法国政坛上一匹黑马。

泽穆尔原来是个媒体人，若不是法国政治生态这些年的极端化发展，一个"政治素人"要混进总统选举，得先在那些大党中混个脸熟，得在各路及各方诸侯那儿获得支持，才能一个台阶一个台阶地爬上去。但是，法国及欧美国家的政治极化让他找到了机会。特朗普也是个"政治素人"，他利用美国的政治极化成功逆袭，靠极端言论煽动美国底层白人民众以获得他们的支持，最终当选美国总统。这给了泽穆尔某种启发，他也模仿特朗普，利用民众对移民的恐惧和法国天主教徒对伊斯兰教的憎恨来煽动民众，把支持他的民众组织成"光复党"，开始在全国展开竞选活动。在他的竞选集会上，支持者与反对者发生了暴力冲突。

尽管泽穆尔在法国政坛上的崛起令人有些眼花缭乱，但实际上他的主张与法国政治舞台上的极右翼世袭领导勒庞相差并不大，因此他与勒庞只能互相挖墙脚。如果泽穆尔能煽动自己的选民在第二轮选举中投票支持勒庞，那勒庞获选的机会就能大很多；如果他们达不成合作，就会分散很大一部分支持极右翼政党的选票，最终让勒庞也劳而无功。

二 法国政府企图利用财政政策刺激 受疫情重创的经济回升

法国的新冠疫情在2021年仍有几次小反弹,但法国经济已经把"带疫运行"作为常态。法国的经济虽有恢复,消费与投资都呈现增长势头,但法国的贸易逆差仍在不断扩大,原因仍是工业制造业不足,进口增长远大于出口增长。从结构上看,法国的劳动力市场供需失衡、财政状况恶化等问题没有得到缓和,仅靠财政政策来调控达不到效果。

法国的失业率虽然有所下降,达到7.4%,但仍然高于欧元区平均水平。而且,疫情反弹造成某些行业瘫痪,劳动力市场供需不对称明显,中小企业招工难。

通货膨胀成为法国经济复苏中的一道难题。受国际能源市场价格暴涨、政府大幅提升财政开支以救助疫情中的经济等因素影响,法国与其他欧盟国家一样都遭受了通胀率高企的痛苦,民众抗议活动频繁,政府压力加大。过去,政府可以靠调整货币政策来遏制通胀,但创立欧元后,货币主权已经上交给欧洲央行,法国政府无法再靠货币政策来对付通胀。法国政府虽然推出了"韧性计划",指望通过行政手段一方面限制能源价格上涨,另一方面提高底层民众的购买力,来对冲通胀的压力。然而,这些做法仍需要加大财政开支,而法国政府的财政已经捉襟见肘、债台高筑。若下一步欧洲央行因遏制通胀而加息,会造成法国债务的利息开支大增,或给法国的财政造成更大压力。

法国政府清楚,要想从根本上缓解法国经济发展中的压力,必须通过产业政策重振工业制造业。法国国民议会通过了《气候与韧性法》,以加大对减排脱碳领域的投资;法国政府还推出了总额300亿欧元的"法国2030"投资计划,以重塑工业竞争力。政府的投资计划主要涉及半导体、生物制药、核能、新能源汽车、农业科技等方面。

在新能源领域,法国政府决定重启核能,投资10亿欧元,发展"更加模块化"及更为安全的反应堆EPR2。法国的绿党还没有德国的绿党那么强大,无法阻止政府鼓励核能发展,而核能是法国要完成碳中和目标的重要工具。法国在欧洲国家中是核能占比最高的国家,核能发电占了总电力的70%以上。也正是在20世纪70年代第一次石油危机时,法国政府果断选择大力发展核能,使法国摆脱了石油价格大幅上涨引起的能源安全困境。当年的核能发展战略使法国至今受益无穷。在俄乌危机使石油、天然气这些传统化石能源价格大幅上涨以至于影响法国周边国家的能源供给安全时,法国似乎比其他欧洲国家都更安全一些。此外,核能也使法国在完成碳排放目标上比其他欧洲国家都更有优势。

法国政府还制订了一项发展绿色氢能计划,准备建设两个大型电解设备工厂,研发并应用超高单槽产能电解槽,获得源自可再生能源、生产过程零碳排放的"绿氢",再次成为氢能行业的全球领军国家。法国还为空客飞机公司研发氢能大型客机提供补贴,希望能在2030年生产出全球领先的氢能商用客机。

法国政府鼓励新能源车的发展,准备投资40亿欧元发展电动和混合动力汽车,并针对疫情以来智能汽车的芯片生产短缺而在关键零部件生产的上游产业进行大规模动员,以保证半导体元器件的生产,保证锂、镍等关键材料的供应。

法国政府2021年11月公布了人工智能国家发展战略第二阶段计划,调动公共基金与私企投资22亿欧元,大力发展人工智能,以提高国家实力,使法国成为嵌入式人工智能和可信赖人工智能领域的领军者,加速人工智能在经济领域的部署和应用。为此,法国政府重视的优先领域是人才培养、国际合作与成果转化。

三 法国的欧洲政策面临新挑战

2022年法国的欧洲政策遇到了前所未有的挑战。法国虽然仍在努力把俄乌危机转化成对欧洲安全与防务一体化有利的机会,但在美国强势引领西

方与俄对抗的活动中，法国显得日益被"边缘化"。在2月24日俄军挺进乌克兰前，法国曾一度努力想与德国共同调停俄乌危机，但这些努力随着俄乌武装冲突的爆发而付诸东流。俄乌危机的深化表明，法、德等"欧洲大国"仍然无法主导欧洲的安全形势，美国成为俄乌危机的最大受益国，而欧盟则可能成为最大的受害者。

历史上法国曾多次与俄罗斯结盟，冷战时期戴高乐也曾提出"大欧洲"的构想，企图利用对苏外交来平衡美国。苏联解体后，欧俄加速战略接近，法、德均推动欧盟成为俄罗斯最重要的经济伙伴。2003年，法、德、俄三国还一度就伊拉克战争问题合力制衡美国。法国总统马克龙2017年执政伊始即谋求改善欧俄关系。2019年，马克龙发起一系列对俄"魅力攻势"，包括推动俄罗斯重返G7、重启法俄"2+2"磋商、在法国外交使节集会讲话中敦促外交官落实对俄关系重启，以及与德国促成"诺曼底模式"峰会的举行等。然而，法国又认为俄罗斯是国际游戏中的弱势博弈者。比如，法国前外长韦德里纳参与了北约2020年战略前瞻报告的撰写，将俄罗斯定性为经济和社会状况均走下坡路的国家。在与俄罗斯的谈判中，法国与德国都表示，无法给俄罗斯提供不让乌克兰加入北约的书面保证，俄罗斯也并未认真对待法国与德国，这从普京总统接待马克龙总统和德国总理朔尔茨的活动中都有体现。

俄军进入乌东地区后，马克龙应乌克兰总统泽连斯基之托，同普京通电话。2022年2月28日，俄乌两方代表于白俄罗斯举行首次谈判，马克龙再次与普京通电话，敦促俄方停止对平民和民用设施的轰炸，并开辟人道主义通道。3月3日，普京主动与马克龙通话，重申俄方的停火条件，即乌克兰必须实现"去军事化""去纳粹化""中立化"。3月4日，普京应约与德国总理朔尔茨通话，重申了同一停火条件。然而，这一系列交流并未能中止军事冲突，也没能解决俄罗斯关切的问题，俄罗斯从此不再把法、德的调停放在眼里，只要求与北约、与美国直接对话。

在这次危机爆发前，美国一直对俄欧之间的能源合作不满，但因为过去俄罗斯通往德国及欧洲的天然气管道要经过乌克兰、波兰及波罗的海，美国可以不时挑起一些事端，让这些国家和地区中断天然气供给。然而，北溪-2号管道通过波罗的海海底直接联通俄罗斯与德国，不会再受其他国家牵制。当德俄能源供给形成同盟后，会促进德俄、欧俄在更多方面的合作。因此，当北溪-2号建成，只待德国能源监管部门批准后即可运行之时，美国的干预程度明显增加。乌克兰军队对乌东地区发起大规模的武装进攻不是偶然的，乌总统泽连斯基要求欧盟明确接纳乌克兰入盟的最后日期也不是偶然的，泽连斯基发表乌克兰有可能发展核武器的模棱两可的声明更有可能是引起俄罗斯军事行动的直接导火索。俄乌武装冲突爆发后，德国不得不让已经准备投入运营的北溪-2号项目搁浅。

俄乌武装冲突爆发前，法、德领导人进行穿梭外交，试图调停矛盾，还比较清醒。冲突爆发后，欧盟国家态度明显极端化。法国和欧洲的媒体在引导公众舆论的极端化上起了推波助澜的作用。它们一边倒地进行偏颇报道，煽动本国反俄情绪，不给反对派任何发声的机会，不寻求任何形式的妥协。在媒体的助推下，欧洲陷入了某种集体亢奋状态。欧洲国家舆论视这场冲突为普京个人专制统治对民主的乌克兰，即对西方的民主制度发动的战争，并且乐观地认为俄罗斯在欧洲的经济制裁下，一定会屈服认输。如此集体的非理性使欧洲陷入巨大的困境。

过去几年，法国总统马克龙与德国前总理默克尔决定重组法、德的军工企业，并竭力推动建立欧洲军事安全一体化机制，想把欧洲军工市场控制在法、德手里。俄乌冲突爆发后，马克龙虽然重提加强独立欧洲防务建设势在必行，但其他欧洲国家，特别是东欧国家的响应却差强人意。欧洲许多国家对法、德并不信任，历史上法、英在《慕尼黑协定》中对纳粹德国采取绥靖政策导致的心理阴影在欧洲国家仍存。如今出于对俄的能源依赖，法、德两国采取的战略态度依旧暧昧，而且，法、德军事实力和军工研发制造能力也远不及预期，不仅不足以武装欧洲，更难以与俄罗斯抗衡。相比之下，中东欧国家认为跟随美国更有安全感，更经济实惠。未来，随着美国对北约的领导越来越强势，法国关于欧洲战略自主的倡议可能会更受冷落。

四 法国仍在争取保持其在世界其他地方的影响力

2021年9月16日,澳大利亚政府撤销了与法国签署的常规潜艇供货合同,改为向美英采购核潜艇,同时美、澳、英三国军事集团奥库斯(AUKUS)宣告成立。法国闻讯大怒,立即召回了法国驻美和驻澳的大使。然而,几天之后,法国又把大使派了回去,也没有再采取针对美国或澳大利亚的其他行动。法国就这样忍气吞声地把苦果吞了下去。

其实,法国近年来一直在配合美国打造"印太战略",试图以"华盛顿盟友"的关系进入印太地区,在帮助美国的同时促进法国在印太地区的地缘政治利益。历史上,法国曾在其南太平洋的"海外领地"进行地下核试验,造成与澳大利亚及新西兰关系紧张。法国被指责在南太平洋地区一再拒绝并拖延落实联合国大会有关非殖民化的决定,通过维持军事存在、经济依附性、选举操纵等手段巩固其在南太平洋地区的殖民地遗产。1996年,法国停止了在南太平洋地区的地下核试验后,便致力于改善与该地区国家的关系,以提升自身军事与政治存在的正当性。因此,法国早在2003年就开始与澳大利亚及新西兰强化防务关系,加入了南太防长会议机制。澳大利亚订购了法国的潜艇,因为法式潜艇有改造成核潜艇的可能,澳大利亚也想借购买法潜艇之机促使法国配合并领导欧盟配合美澳的"印太转向"战略。法国则指望出售潜艇后,还可以在50~60年内维护这些潜艇运营,这能给法国带来高达889亿欧元的收益。法国希望能加强与澳大利亚的合作,强化法在南太平洋地区的作用。然而,澳大利亚的毁约打破了法国的如意算盘。

其实,美国对法澳的这笔潜艇买卖有不同的看法。澳大利亚是美国用来制衡中国的重要棋子,美国更希望把澳大利亚捆绑在美国的遏华军事战略上,通过与澳分享核潜艇技术,美可以更容易控制澳。此外,美国对法国也有很深的战略猜忌。美国担心法国利用欧洲自主防务的借口与德国携手排斥美国的军火工业,必须找到机会让法国意识到美国才是北约的老大,法国必须尊重西方国家的盟主——美国。因此，撬掉法国与澳大利亚的这笔合同，可以教训一下法国。

欧洲国家对美法这场博弈并不在意，也不想掺和，因此开始并未明确表态。在法国动用了大量外交资源去游说欧盟机构及重要成员国后，欧盟才不痛不痒地说了几句美国有些"不仁不义"的话。即使如此，当法国言辞激烈地抨击美国时，丹麦及东欧一些国家却抱怨法国的反应过度了。可见，欧盟要团结一致成为世界一极的想法有可能只是"南柯一梦"。俄乌军事冲突后，欧盟国家的反应更加证明，未来美国可通过控制北约来加强对欧盟国家的掌控。

法国通过各种途径来加强其在撒哈拉南部非洲存在的意图近些年更加明显，科研合作是法国用来加强其对非洲国家影响的重要途径之一。法国国家科研中心是法国落实与非洲科研合作的基础机构，与非洲的许多大学及研究机构都建立了合作关系，以满足非洲国家的科研需求。法国企图在欧盟的科研与非洲的科研之间搭起一座桥梁，因此组织了许多欧洲与非洲的科研合作项目，通过多边合作与多机构合作促进非洲科研走进欧洲，也提高欧洲科研界对非洲的兴趣。

法国是欧洲大国中在海外驻军最多的国家。在海外驻军，执行不同的使命，既要宣示主权，又要预先做好随时可能采取干预地区事务的军事活动的准备。法国军队也参与联合国的维和行动，参加联合国授权的打击海盗行动。法国有5个海外省、7个海外行政单位和3个特别海外领地，它在这些地区设有5个宣示主权的司令部，拥有加勒比海战区和太平洋战区的协调指挥部。它与非洲8个国家及3个中东阿拉伯国家签有防务协定。通过在海外驻军，通过与多个国家签订各种防务协议，法国力图保持全球大国的地位，保持在全球事务中的话语权。

五 疫情中法国仍不忘要保持文化、教育领域的优势

法国是个文化大国，它的文化产业既是经济的重要组成部分，也是法

政治影响力在全球扩展的重要工具。但是，新冠疫情重创了法国的文化产业，致使各种文化企业营收惨淡。

疫情中，法国政府提出了重振文化产业的政策，并为中小文化企业提供一定的财政补贴。法国的文化企业也组织了自救活动，利用网络继续开展文化活动。但显然线上文化活动缺少观众和演员之间的互动，而且将来会对现有的文化产业造成何种影响尚未可知。法国希望利用疫情期间游客下降的时间展开文物古迹的修复，促进文化产业的数字化发展，化危为机，争取为疫情后法国文化产业的复兴创造更好的条件。

法国政府也想借疫情之机，进一步推动法国的数字技术与数字教学。2021年11月，法国公布了人工智能国家发展战略第二阶段的报告，这是继2018年第一阶段报告后法国政府支持人工智能技术发展的新的路线图。与第一阶段报告相比，第二阶段报告对未来发展的重点与资金优先投入的方向更加明确了。法国政府一方面强调对人工智能技术尖端人才的吸引与培养，另一方面也强调人工智能技术的普及，即大众化发展。未来几年，法国将重点扶植在人工智能方面已有一定优势的几所大学，使它们的研究水平达到欧洲及世界领先的地位，从而能吸引更多杰出的外国专家和学生。法国政府强调的优先发展方向是嵌入式人工智能、可依赖人工智能和节能型人工智能，目标是从2025年起把法国打造成嵌入式人工智能与边缘计算领域中的世界领导者之一。法国政府还准备采取措施，吸引更多的私营资本进入人工智能领域，推动人工智能在经济发展中的广泛应用。

另一个与高科技发展息息相关的是数字技术教育。疫情中，法国政府不仅大量求助于远程教学来解决民众隔离与继续教学的矛盾，而且下决心进一步推动数字教学。

法国的数字教学中存在一系列问题。一是数字鸿沟仍使不少法国人无法接受数字教学，不同年龄段的人接受数字技术的能力与愿望不同，不同收入阶层的人对数字技术的敏感度也有很大差异。二是法国的地区差异也使发展水平落后的地区获得的数字教学资源不够，数字教学的教师人才不够，教学机构的数字教学硬件不足，教师与学生的兴趣都不大。三是法国的大多数学校还没有迎来数字革命，只有14%的小学教师和36%的中学教师表示他们的学生每天使用数字工具。虽然数字工具在法国课堂上并未得到密集使用，但法国的小学、初中、高中已广泛配置了数字工具，法国初、高中配备的计算机水平已超过欧洲平均水平。

经合组织的研究认为，只有55%的法国教师具备将数字技术融入教学实践的教学技能，这一数字低于经合组织65%的平均水平，同时法国教师在鼓励学生使用数字技术方面也落后于欧洲其他国家。虽然90%以上的法国教师表示他们总是使用数字工具来备课，但只有一半的人表示他们在课堂上使用数字工具来指导课程。这些数据表明，法国的数字教育在欧洲范围内已经稍显落后。教师是数字教育中的重要载体，但目前法国教师的数字技能培训不足以让他们帮助学生理解和应对数字教育带来的所有机遇和挑战。

为了加强数字教学，法国政府指出了方向：一是强化教师培养与学生数字技能测试，并逐渐把对学生的数字技能测试普及到中小学；二是为学校提供数字教学的硬件，给优秀教师提供信息技术奖金，为生病及有特殊需要的学生提供机器人服务；三是更好地利用数字技术传播基础知识，通过增强现实、虚拟现实及模拟器来推广科学、技术和数字产业文化。法国政府利用疫情为契机来强化未来发展的基础，这种思路无论如何都值得赞赏。

分 报 告
Specific Reports

B.2 法国大选及政局变化

彭姝祎*

摘 要： 2022年4月，法国举行了总统大选。中间派领导人、现任总统马克龙和极右翼国民联盟领袖勒庞在第一轮投票中胜出，在第二轮投票中对决；最终马克龙战胜勒庞，获得连任。大选结果表明，由上届总统大选开启的法国政坛的解构、重组进程仍在进行：两大传统政党——左翼社会党与右翼共和党进一步式微；以马克龙为首的中间派、以勒庞为首的极右翼和以梅朗雄为首的极左翼成为法国政坛的主导力量，这标志着法国进一步告别两极对立、两党主导的传统格局，走向中间派、极左翼和极右翼三足鼎立的新格局。政治生态的变化折射出法国社会的进一步撕裂，未来5年马克龙将面临弥合社会裂痕的巨大挑战。

关键词： 2022年法国总统大选 马克龙 勒庞 梅朗雄

---

* 彭姝祎，博士，中国社会科学院大学外国语学院教师，中国社会科学院欧洲研究所研究员，中国欧洲学会法国研究分会副秘书长，主要研究领域为法国研究、福利国家研究。

2022年4月,法国举行了5年一度的总统大选,共有来自不同政治派别的12位候选人参选,其中包括法国现任总统、共和国前进党候选人马克龙(Emmanuel Macron)、巴黎大区议会主席、右翼共和党候选人佩克雷斯(Valérie Pécresse)、巴黎市市长、左翼社会党候选人伊达尔戈(Anne Hidalgo)、极右翼国民联盟候选人勒庞(Marine Le Pen)、极左翼"不屈的法兰西"候选人梅朗雄(Jean-Luc Melenchon)、极右翼"光复党"(Reconquête!)候选人泽穆尔(Éric Zemmour)等。

在第一轮投票中,马克龙和勒庞分别以27.85%和23.15%的得票率胜出,进入第二轮投票;梅朗雄以微弱差距(21.95%)居第三;泽穆尔排名第四(7.07%);包括社会党与共和党在内的其余候选人得票率均未超过5%。在第二轮投票中,马克龙以58.55%的得票率战胜勒庞(41.45%),获得连任[①],成为法国近些年来为数不多的连任总统。

选举结果表明,由上次总统大选所开启的法国政坛的解构、重组进程仍在进行:以马克龙为首的中间派继续保持领先地位,但与5年前相比,领先优势下降,人们的不满和质疑声上升,未来马克龙将面临更大挑战;左右两支民粹主义力量高歌猛进,表现不凡;两大传统政党社会党和共和党延续了此前的颓势,进一步式微,特别是社会党,在国家层面近乎消亡。整体来看,法国政坛正进一步告别左右对立、两党主导的传统格局,逐步形成中间派、极右翼和极左翼三足鼎立的新格局。新格局折射出法国社会在进一步撕裂,未来马克龙面临修复社会裂痕的巨大挑战。

一 中间派胜出,但领先优势下降

马克龙在大选中胜出,实现连任,这意味着他所创建并领导的中间派力量——共和国前进党,延续了自上次大选以来在法国政坛的领先地位。共和

---

① 本文数据均来自法国内政部网站,https://www.resultats-elections.interieur.gouv.fr/presidentielle-2022/FE.html。

国前进党的民意基础是从左到右的中间选民,不过在上次大选中它的主要支持者是社会党即中左翼选民;这一次,得益于一系列因素,它的主要支持者变成了共和党即中右翼选民——选举前的各项民调均表明,2/3 的共和党选民将选择马克龙。

首先,执政 5 年来,马克龙表现出了更多的右翼特征,其主要政策主张带有鲜明的右翼色彩:推行《劳动法》(Code du travail)改革、退休制度改革等,以增加劳动力市场弹性、提振经济为宗旨,与共和党在经社政策上的自由主义取向相吻合,并取得了十分显著的成效[1];通过《反暴力示威法》(Loi anti-casseurs)和《加强尊重共和原则法》(Loi confortant le respect des principes de la République,即《反分裂法》)等,加强了国家对治安和安全问题的治理,收紧了对穆斯林移民的管控,与共和党在移民和治安问题上的权威主义、保守主义立场相一致。凡此种种,使马克龙深得右翼选民欢心。其次,共和党候选人佩克雷斯的竞选纲领和马克龙高度相似,如都主张延长退休年龄、减税、进一步收紧移民政策、支持欧洲一体化等。在此背景下,个人魅力便成为主要比拼因素。很显然,无论在号召力、影响力还是气势上,佩克雷斯都无法与已有 5 年执政经验的马克龙相比。佩克雷斯的竞选活动平淡无奇,没有表现出个人风格与特色,连她自己都承认法国人需要发现、认识她。再次,共和党处于分裂状态,内部派系斗争激烈,一些有影响力的人物三心二意,难以团结起来鼎力支持佩克雷斯。最后,俄乌武装冲突爆发后,法国民众明显倾向选择一位有处理国际事务经验、能应对复杂国际问题的"老手"。

在上述因素的共同作用下,大批共和党选民在佩克雷斯和马克龙之间选择了后者。换言之,马克龙继在上次总统大选中蚕食掉社会党选民后,又在这次大选中收割了共和党选民[2],这也是共和党步社会党后尘、遭受重创的主要原因。

尽管赢得了选举,但马克龙的支持率和 5 年前相比有较大幅度的下降。

---

[1] 法国国家统计与经济研究所(INSEE)数据表明,2021 年法国 GDP 增长率高达 7%,是 52 年以来的最高水平;同时失业率(7.4%)降至 2008 年以来最低水平。

[2] 共和党候选人佩克雷斯仅获得 4.78% 的选票。

首先，他与勒庞在第二轮投票中的得票差距从上届大选的32%降至17%。其次，第二轮投票的弃权率高达28%，比上届总统大选高出2.56个百分点①，创1969年以来的历史纪录，此外还有6.37%的白票和2.29%的废票②，这表明，有逾1/3选民"既不要勒庞，也不要马克龙"。

弃权票和白票主要出自左翼选民，这表明马克龙在凭借偏右的经社政策赢得右翼选民的同时，失去了大量左翼选民。③ 第一轮投票结果显示，整个左翼阵营——包括"不屈的法兰西"、社会党、绿党以及其他几个左翼小党——共收获了30%左右的选票，但无一人进入第二轮投票。在没有左翼候选人的情况下，左翼选民陷入两难困境，一方面他们坚决反对排外仇外的勒庞，但另一方面他们也难以认同打着中间旗号行右翼之实的马克龙；一部分人为阻止勒庞当选不得不"顾全大局"，投票给马克龙；另一部分人则选择了弃权。

大选结果显示，马克龙的支持者一如既往地以社会中上层为主，与其他候选人特别是勒庞的选民相比，支持马克龙的选民整体上表现出收入、学历和年龄均较高的特征。从年龄看，经济上相对更富足并享有较好福利保障的退休群体对马克龙的支持率尤高④，反之，年轻人对马克龙的支持率相对较低⑤；从职业看，高级管理人员和中间职业者支持率最高；从收入水平看，中高收入者对马克龙的支持率最高。换言之，马克龙选民以占据着主要经济、社会和文化资源的精英阶层为主，他们观念开放、理念进步，支持多元

---

① 2017年总统大选第二轮投票马克龙和勒庞的得票率分别为66.10%和33.90%，弃权率为25.44%，参见法国内政部网站，https：//www. interieur. gouv. fr/Elections/Les-resultats/Presidentielles/elecresult_ _ presidentielle-2017/（path）/presidentielle-2017//FE. html#top。
② 参见法国内政部网站，https：//www. resultats-elections. interieur. gouv. fr/presidentielle-2022/FE. html#top。
③ 在第二轮没有左翼候选人的情况下，第二轮投票的弃权率通常都很高，2012年即高达25%。« Forte abstention à la présidentielle: Le front républicain n'a plus la même puissance »，*France 24*，2022/04/25，https：//www. france24. com/fr/france/20220425-forte-abstention-%C3%A0-la-pr%C3%A9sidentielle-le-front-r%C3%A9publicain-n-a-plus-la-m%C3%AAme-puissance。
④ 统计表明70岁以上群体对马克龙的支持率最高，达71%。
⑤ 在大选第二轮投票中，41%的18~24岁和逾1/3的25~34岁选民投了弃权票，表明了对马克龙的不信任。

文化，支持经济全球化和欧洲一体化，主张自由竞争。马克龙的一些改革措施，在提振法国经济的同时未能兼顾中下层民众的利益，忽略了民众的公平诉求，这是他在这部分人中支持率较低的主要原因。

二 极右势力持续上升

大选表明，勒庞领导的右翼民粹主义势力持续上升，突出表现在第二轮投票中，勒庞得票率和马克龙得票率的差距有较大幅度缩小。

为实现执政目的，近些年勒庞对国民联盟进行了一定程度的"去极端化"改革，不再发表赤裸裸的极端言论，并且洗白得较为成功，以至于国民联盟是否仍是一个极右政党引发了法国人的广泛讨论。尽管如此，国民联盟"仇外、排外"的极端民族主义性质未变，依然鼓吹"我们"与"他们"即"本国人"和"外国人"的对立，强调两者不可兼容。勒庞的政纲清晰地表明了这一点，她继续排斥移民，号召收紧移民政策，严打移民青少年犯罪，甚至主张让家长"连坐"，即剥夺犯罪青少年家长的部分社会福利权；鼓吹经济爱国主义，宣扬法国至上，以保护法国的工农业为由排斥正常的经贸往来和国际竞争，如要求优先使用法国农产品；审查不符合法国利益的自由贸易协定；号召再工业化，将财富的生产放在法国国内等。尽管不再提退出欧元区和欧盟，但勒庞对欧洲一体化的保守立场不变，号召用"欧洲主权国家联盟"取代欧盟，将民族国家法律置于欧盟法之上；要求终止自2017年以来与德国在国防工业领域的合作，取消对德出任联合国安理会常任理事国的支持，这相当于要拆散作为欧洲一体化发动机的"法德轴心"。

大选结果表明，以工薪阶层特别是以工人为主的社会中下层依然是勒庞的主要选民。整体来看，勒庞选民具有学历、收入和年龄都较低，草根色彩突出的特征，与马克龙选民的精英特色形成鲜明对照。从地域看，勒庞选民主要集中在穆斯林移民人口较多、治安问题相对突出的南部边境地区，以及受全球化冲击最严重的东北部传统工业基地（这些地方企业外迁或倒闭现象严重，失业率普遍高于法国平均水平）。

工薪阶层在地区和全球性的经济竞争中处于劣势，抗打击、抗风险（如失业风险）能力差，本能地具有防御心理。近些年，受新冠肺炎疫情蔓延、宗教极端思想传播和由此滋生的恐怖主义行径加剧[①]、周边局势变化等因素影响，法国国内外环境动荡不安，这加剧了底层民众的悲观、不安全感和防御心理，进而也加剧了他们对国家收回向超国家机构让渡的权力、恢复经济乃至文化主权、给本国人更多保护的诉求。概言之，民众对经济、人身等安全诉求的提升是勒庞支持率提升的重要原因。

除勒庞外，这次大选还出现了另一位极右翼候选人泽穆尔。此前勒庞为进军总统宝座进行了一番"去极端化"操作，由此失去了部分极右选民，泽穆尔趁机"出山"，以比勒庞更大胆、更赤裸的反移民和法国至上言论迅速赢得广泛关注。不过这两人也存在显著不同，勒庞选民以社会中下层为主；泽穆尔（记者、作家）的知识精英身份则使他主要吸引了部分共和党即社会中上层的选民。这部分人在移民、治安等问题上赞同极右翼的强硬立场，但又不愿和"粗鄙"的勒庞及其中下层支持者混为一谈，泽穆尔的出现恰逢其时。

需要指出的是，勒庞的得票中还包含一定数量的"抗议性投票"，即部分民众为反对马克龙，表达对其个人及体制的不满而选择勒庞，实则不一定支持勒庞的主张。法国学者指出，勒庞旗下聚集了所有"不开心不幸福的阶层"[②]。换言之，无论出于何种原因——购买力、退休制度改革、环境问题等，自我感觉不幸福的民众都借助勒庞来宣泄不满。在马克龙执政的5年中，随着新冠肺炎疫情流行、俄乌冲突加剧，普通人生活的方方面面都受到冲击，对现在和未来的不确定感与日俱增，"不幸福"的感觉随之蔓延并导致了勒庞的"得宠"。此外，由于有更激进的泽穆尔衬托，本就"洗白"得不错的勒庞愈发显得理性、温和，这也为她赢得了更多的支持者。

[①] 典型案例如历史教师帕蒂被杀案。
[②] « Élection présidentielle: 2022 entérine un clivage de la société française », *France Culture*, 2022/04/25, https://www.franceculture.fr/emissions/l-invite-e-des-matins/emission-speciale-second-tour-des-elections-presidentielles-en-partenariat-avec-sciences-po.

三 极左翼成为第三支重要的政治力量

大选还表明,梅朗雄领导的极左翼是法国政坛第三支重要力量。首先,在最能反映真实民意的第一轮投票中,梅朗雄的得票率只比勒庞低1.2个百分点,屈居第三,差点进入第二轮投票;其次,在第二轮投票中,梅朗雄选民的弃权率高达43%①,是整体弃权率的近2倍,间接印证了极左翼不容忽视的民意基础。

梅朗雄的政治主张可大致概括为反资本主义,疑欧,赞同废除总统制、建立第六共和国;向资本征税,重振国有化、计划化政策,保障社会公平;倡导多元文化,消灭包括基于种族、性别、出身等的一切不平等;重视生态环境等。

与其政策主张相对应,梅朗雄的选民构成较为复杂,既有社会中上层,也有中下层,和勒庞选民集中在中下层、马克龙选民集中在中上层相比,表现出明显的跨阶级特征②,整体上可划分为两大类。

第一类是以大学生为代表的青年知识群体。首先,第一轮投票结果表明,18~24岁的年轻人对梅朗雄的支持率高达31%,远超勒庞(26%)和马克龙(20%)。25~34岁年龄段中对梅朗雄的支持率更高(34%)。其次,年轻人对梅朗雄的认可度随着学历的增加而递增。民调同时表明,青年知识群体至少在以下几方面认同梅朗雄的主张,这是他们支持梅朗雄的主要原因。

第一,批判资本主义和强调生态。民调表明,18~24岁青年知识群体中有70%的人认为资本主义生产方式是对生态的毁灭,生态与资本主义水火不容。相对于其他年龄段,他们对气候变化等事关世界和年轻人未来的议题尤为敏感,新冠肺炎疫情背景下,环境问题更加凸显,让他们有一种世界

---

① « Forte abstention à la présidentielle: Le front républicain n'a plus la même puissance », *France 24*, 2022/04/25, https://www.france24.com/fr/france/20220425-forte-abstention-%C3%A0-la-pr%C3%A9sidentielle-le-front-r%C3%A9publicain-n-a-plus-la-m%C3%AAme-puissance.

② Olivier Galland, « Présidentielle: deux France antagonistes ? », *Telos*, 2022/05/02, https://www.telos-eu.com/fr/politique-francaise-et-internationale/politique-francaise/presidentielle-deux-france-antagonistes.html.

末日般的紧迫感。第二，反对不平等。年轻人对基于种族、出身、性别等先天因素而非个人后天努力所能改变的不平等尤其敏感，因此对梅朗雄提出的反对一切不平等而不仅仅是社会不平等高度认同。第三，保守的欧洲立场。民调表明，18~24岁知识青年对欧洲的认同度与年长者相比有所下降，只有40%的人认同欧洲，远低于55岁以上人群（58%）。[1]

青年知识群体上述观念的形成，既有传统的意识形态因素（法国青年学生素有激进的左翼革命传统，如1968年五月风暴，当时梅朗雄是学生运动的活跃分子），也和自身经历不无关系，就业困难、就业不稳定等（可能是竞争的结果，也可能是性别或种族歧视的结果）浇灭了部分学生"知识改变命运"的希望，他们在失望之余走向体制的反面，成为反自由主义、反资本主义、反建制、反种族歧视和性别歧视的主力，并积极寻找替代资本主义的生活和生产方式。概言之，青年学生从传统与现实出发，构建了自己的世界观并在梅朗雄那里找到了共鸣，梅朗雄本人则善于通过社交网络等新媒体同年轻人沟通，并在传统的左翼价值观中加入年轻人高度关注的绿色、生态等维度。

第二类是以移民为主的城市贫民。民调表明，大城市郊区的穆斯林移民聚居区是梅朗雄的重要票仓。这些街区以贫困、高失业率为显著特征，许多人生活在贫困线以下，有强烈的种族平等、社会公平以及提高工资和购买力等诉求，这是他们力挺梅朗雄的主要原因。统计表明，在巴黎、马赛、里昂、图卢兹、蒙彼利埃和里尔等大中城市的穆斯林移民聚居区，梅朗雄的得票率遥遥领先。在马赛的移民聚居区，梅朗雄的得票率甚至高达84%。[2] 有报道称，这些原本弃权率很高的地区，在这次大选中选民热情高涨，甚至引爆

---

[1] CEVIPOF/Ipsos, enquête électorale vague 10, 转引自 Monique Dagnaud, « La jeunesse et Mélenchon: dernier vote avant la fin du monde », *Telos*, 2022/05/05, https://www.telos-eu.com/fr/politique-francaise-et-internationale/politique-francaise/la-jeunesse-et-melenchon-dernier-vote-avant-la-fin.html。

[2] « France. Présidentielle: la stratégie gagnante de Mélenchon dans les villes et les quartiers populaires », *Mediapart*, 2022/04/14, https://alencontre.org/europe/france/france-presidentielle-la-strategie-gagnante-de-melenchon-dans-les-villes-et-les-quartiers-populaires.html。

票箱。事实上，梅朗雄早早便开始为选战做准备，自 2018 年以来，他积极参与面向移民街区的反种族歧视、反警察暴力执法和反伊斯兰恐惧症等行动；走访贫困街区并在媒体为穆斯林们辩护、发声，揭露移民街区公务服务、工业和就业匮乏的状况，反对马克龙出台针对穆斯林移民的《反分裂法》。近些年，受新冠肺炎疫情影响，法国社会贫富差距加大，穷者更穷、富者更富，移民街区的贫困率远超法国平均水平；极右势力攀升导致种族歧视严重，这些因素大幅度提升了梅朗雄在穆斯林移民中的支持率。正如有选民指出的："梅朗雄是唯一与最穷的人站在一起，唯一在泽穆尔和勒庞攻击穆斯林时为我们辩护的人。"[1]

"生态"和"不平等"是梅朗雄选民的首要关切，其次是购买力。由于不平等议题中含有反种族主义和性别歧视，梅朗雄把上述两个不相干的选民群体凝聚到了一起，实现了从"贫民到知识中产的跨阶级联合"[2]。此外没有排外情结的白人贫民阶层，如失业者，也是梅朗雄的主要支持者。

四　两大传统政党继续衰落

与上述三股力量高歌猛进形成鲜明对照的是，两大传统政党——社会党和共和党持续衰退，不仅再次双双止步于第二轮投票，而且得票率相加才超过 5%[3]，远低于上次大选（26.37%），遑论 2012 年大选（56%），可谓继续断崖式下滑。[4] 特别是社会党，在国家层面几近消亡。

共和党失利的原因上文已涉及，此不赘述，仅谈社会党。

---

[1] « Dans les quartiers populaires de Marseille, l'islamophobie de la campagne a dopé le vote pour Jean‐Luc Mélenchon », *Le Monde*，2022/04/12，https：//www.lemonde.fr/election‐presidentielle‐2022/article/2022/04/12/dans‐les‐quartiers‐populaires‐de‐marseille‐l‐islamophobie‐de‐la‐campagne‐dope‐le‐vote‐pour‐jean‐luc‐melenchon_6121772_6059010.html.

[2] « France. Présidentielle：la stratégie gagnante de Mélenchon dans les villes et les quartiers populaires »，*Mediapart*，2022/04/12，https：//www.mediapart.fr/journal/france/130422/presidentielle‐la‐strategie‐gagnante‐de‐melenchon‐dans‐les‐villes‐et‐les‐quartiers‐populaires.

[3] 其中社会党得票率为 1.75%，共和党 4.78%。

[4] 数据参见法国内政部网站，https：//www.interieur.gouv.fr/Elections/Les‐resultats/Presidentielles/elecresult__presidentielle‐2017/(path)/presidentielle‐2017/FE.html#top.

社会党的衰落是个长期的过程，是该党不断修正意识形态、疏远中下层民众、走中间路线的结果。从 20 世纪末提出"要市场经济不要市场社会"起，社会党的经济政策不断右倾，和右翼逐步趋同，并在党内引发分歧。2012 年赢得大选上台执政后，社会党内的经济路线分歧逐步公开化和白热化——以时任总统奥朗德和时任经济部部长马克龙为首的"改革派"（即社会党右翼）推行了带有新自由主义色彩的经济改革，引发党内激进派即社会党左翼的激烈反对，社会党选民也分裂为两派。在 2017 年大选中，脱离社会党、另立中间派门户的马克龙带走了社会党的右翼选民；早先为社会党左翼、后扯起"不屈的法兰西"大旗的梅朗雄则带走了社会党的左翼选民，社会党就此走上下坡路。在本次大选中，社会党再次受到极左翼的强有力竞争与蚕食，巴黎、南特、雷恩等由社会党人担任市长的城市选民纷纷支持梅朗雄。①

　　在马克龙和梅朗雄两位前社会党精英于 2017 年侵蚀了社会党左、右翼并带走其选民的同时，另有相当一部分社会党选民投奔了勒庞。不过社会党选民靠向勒庞并非始于上次大选，而是一个更早、更漫长的过程。在某种程度上，社会党的衰落和极右翼的崛起呈正相关关系。社会党的支持者原是社会中下层，但社会党在经济政策上的右倾和在移民问题上的进步立场与反对自由主义和对移民普遍持保守态度的中下层民众形成了对立，导致后者逐步弃社会党转向极右翼。勒庞就曾声称国民联盟已是法国第一大工人党，这次大选也证明，工人群体对勒庞的支持度高于其他候选人。换言之，社会党和中下阶层渐行渐远，选民基础日渐缩小，精英色彩日渐浓厚，最终囿于大城市的知识、技术、行政和管理阶层，从"劳动者政党"蜕变为"高学历者政党"。②

　　概言之，上次大选后，社会党在中间派和左右两股民粹主义力量的撕扯

---

① « France. Présidentielle: la stratégie gagnante de Mélenchon dans les villes et les quartiers populaires », *Mediapart*, 2022/04/12, https://www.mediapart.fr/journal/france/130422/presidentielle-la-strategie-gagnante-de-melenchon-dans-les-villes-et-les-quartiers-populaires.

② Monique Dagnaud, « La jeunesse et Mélenchon: dernier vote avant la fin du monde », *Telos*, 2022/05/05, https://www.telos-eu.com/fr/politique-francaise-et-internationale/politique-francaise/la-jeunesse-et-melenchon-dernier-vote-avant-la-fin.html.

下分崩离析，在国家层面成为边缘小党。社会党需要重新定义自身角色，解决社会党人是谁、代表谁的问题。但从2017年大选后迄今，社会党始终未正面回答这一问题，背后的原因恐怕是社会党还没想清楚到底该如何再定义自身，这与经济全球化背景下社会党的政策空间有限不无关系。正如法国学者指出的："社会主义方案本身在欧洲义务与国家使命之间，在全球化的经济效率与民族国家的保护之间以及在不同的选民群众之间，存在着许多的进展和冲突。"[1] 确切地说，社会党面临着效率与公平、欧洲建设和国家利益、经济和社会可持续发展、"草根"与精英的潜在利益冲突等悖论。这次选举结果再次印证了社会党的困境，未找到新身份定位的社会党再次受到马克龙、梅朗雄和勒庞三股力量的夹击，进一步崩塌，社会党候选人、巴黎市市长伊达尔戈在自己的地盘也才赢得不到2.3万张选票。

五 结论

由以上分析，可得出如下结论。

首先，2022年法国总统大选进一步重塑法国政坛，形成了中间派、极左翼和极右翼三分天下的格局。受这三股力量夹击，共和党（主要受到中间派和极右翼的夹击）和社会党（受到上述三股力量的撕扯）在国家层面进一步式微。也有学者在通盘考虑所有党派的基础上，将大选后的法国政坛划分为三大阵营：以梅朗雄为核心的社会-生态派阵营（包括绿党、社会党等左翼政党）、以马克龙为代表的自由-管理派阵营（包括共和党）与以勒庞为主导的民粹-身份认同派阵营（包括勒庞和泽穆尔）。三大阵营代表着法国的三重乃至多重面目，其背后是法国社会深深的裂痕。

其次，左翼碎片化严重。在这次参选的全体12位候选人中，一半来自左翼，包括社会党、绿党和法国共产党等，这折射出左翼的高度碎片化。梅

---

[1] 〔法〕A. 贝尔古纽、G. 格伦贝格：《法国社会党与国家权力的关系：模式、历史和逻辑》，胡振良译，《国外理论动态》2012年第10期，第89页。

朗雄领导的"不屈的法兰西",表现出取代社会党、成为左翼新核心的趋势。左翼只有整合起来才能够有效应对极右翼和中间派的挑战,但由于左翼各派的意识形态分歧,整合并不容易,未来如何,还须观察。

最后,三大阵营的存在,折射出法国社会的深度撕裂,包括地区撕裂、代际撕裂、民族种族撕裂、阶级撕裂等。如何弥合日益加深的社会裂痕,撕掉第一任期被贴上的"富人总统"标签,超越党派、阶层、代际和地域差异,凝聚整个法国,成为"所有人的总统",同时又能推动必要的改革,带领法国在经济社会领域全面振兴,考验着马克龙这位年轻"老"总统的政治智慧。

B.3
法国经济:"带疫运行"的艰难复苏

杨成玉*

摘　要： 2021年法国经济展现出一定的韧性和弹性,初步适应"带疫运行"的新形势。在新冠肺炎疫情下,法国经济复苏明显,消费和投资显著增长,但贸易逆差持续扩大、劳动力市场供需失衡、财政状况恶化等经济痼疾并未得到根本缓解。2021年,法国政府继续积极回应民众诉求,围绕经济层面的各项改革议程稳妥推进。特别是为重塑工业竞争力推出"法国2030"投资计划,为应对能源危机重启核电建设,将对法国经济产生深远影响。受奥密克戎变异病毒传播影响,欧洲疫情仍未见顶,对法国经济影响恐将继续延宕。未来,法国经济仍面临高通胀、高赤字、高债务的"三高"窘境。考虑到世界经济下行压力、国内外局势动荡等因素,预计2022年法国经济难以实现彻底复苏和强劲反弹。

关键词： 法国经济　经济复苏　通货膨胀　能源危机　"法国2030"投资计划

2021年是法国持续遭受新冠肺炎疫情冲击的一年。法国在疫情防控与经济复苏之间艰难平衡,法国总统马克龙重启部分标志性改革,打造更多政绩以谋求连任。初步看,法国经济已度过疫情初期的惶恐与危机状态,逐渐适应了"带疫运行"模式,呈现缓步复苏态势。

---

* 杨成玉,中国社会科学院欧洲研究所副研究员,经济学博士,研究领域为欧洲经济。

一 2021年法国经济形势

2021年法国先后遭遇三波严重疫情，法国政府在日益高涨的社会反防疫压力下力推"硬核"防疫措施，一度颁布全国封锁令，强推健康通行证。目前，法国虽仍处于疫情中，单日阳性确诊人数没有下降迹象，但政府并未采取"封城"等严厉措施，代之以高效高覆盖接种疫苗、加强边境管控、启动医院"白色计划"等措施，有针对性地控制疫情蔓延，维系国民经济正常运行秩序，法国经济运行在疫情挑战下的韧性和弹性有所增强。

（一）宏观经济复苏明显，消费和投资显著增长

法国国家统计与经济研究所（INSEE）数据显示，2021年法国GDP增长率为7%，继2020年衰退8%后出现显著复苏，基本符合主要国际机构之前的预期[①]，创1969年以来增长新高。2021年法国经济季度环比增长率依次为0.1%、1.3%、3.1%和0.7%（见图1），在第一、第四季度严重疫情状态下也实现了经济的正向增长，显示出法国经济已基本适应"带疫运行""带疫复苏"的态势。从消费、投资、净出口拉动经济增长的动能方面看，其对经济增长的贡献程度不一，特点各异。在消费层面，2021年法国最终消费支出的季度环比增长率依次为-0.2%、1.1%、4.6%和0.4%[②]，最终消费支出增速除第三季度高于经济增速外，其他季度均低于经济增速，消费长期以来是法国经济增长的主要动能，这种情况反映出消费在经济复苏中受到了一定的抑制。但整体上看，消费还是有力拉动了经济增长，四个季度对经济增长的贡献度依次为-0.1%、1.4%、3.6%和0.5%。

---

① Banque de France, « Prévoir le PIB mondial avec les données haute-fréquence », le 11 décembre 2020, Document de travail n° 788, https：//publications. banque-france. fr/prevoir-le-pib-mondial-avec-les-donnees-haute-frequence.
② INSEE, « Consommation des ménages », le 25 février 2022, https：//www. insee. fr/fr/statistiques/6206605？sommaire=6043936.

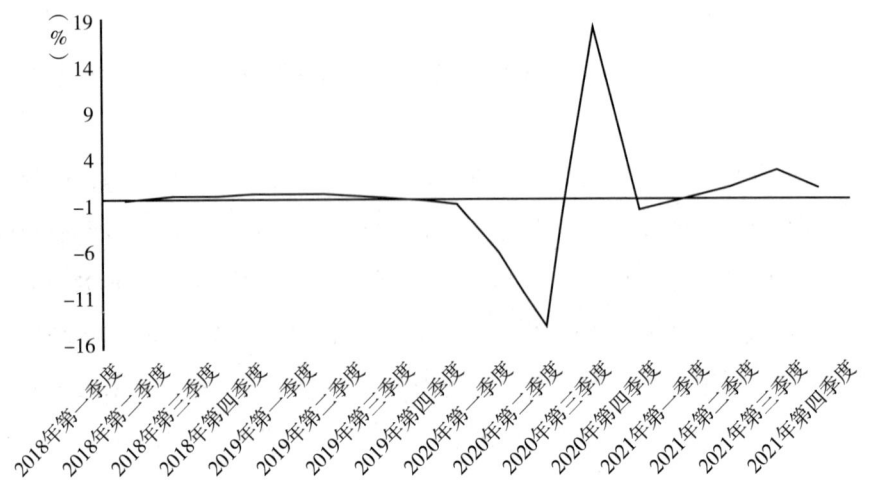

图 1　2018～2021 年法国经济增长

注：增长率为经过季节调整后的环比增长率。
资料来源：法国国家统计与经济研究所（INSEE）。

观察法国消费结构不难发现，2021年法国家庭消费中交通领域消费的增长出现了异常，其季度环比增长率依次为3.6%、12.5%、46.1%和5.7%，显示出法国家庭交通费用显著上涨，对其他消费形成了一定的抑制。在投资层面，2021年法国固定资本形成的季度环比增长率依次为0.2%、2.5%、0.1%和0.5%，保持平稳运行，基本与往年投资增长水平一致，并未出现2020年依靠公共投资拉动经济的情况。投资对经济增长的拉动作用仅次于消费，第一季度和第三季度对经济增长的贡献度为零，第二季度和第四季度的贡献度分别为0.6%和0.1%。在吸收外商直接投资方面，2019年法国成为外商投资最具吸引力的欧洲国家，2021年法国在此方面继续领跑欧洲。法国商务投资署报告显示，2021年法国吸引了1607项新建、接管与扩建项目的投资，创造或保持了45008个就业机会，达到创纪录的水平。[1]

---

[1] Orion Berg, « Foreign direct investment reviews 2021: France », le 20 décembre 2021, https://www.whitecase.com/publications/insight/foreign-direct-investment-reviews-2021-france.

（二）对外贸易逆差进一步扩大，工业制成品成为最大"瓶颈"

2021年法国出口总值的季度环比增长率依次为0.4%、2%、1.7%和3.2%，保持平稳增长，反映出在疫情背景下法国的主要出口产品或服务的复工复产趋于平稳。其中，能源和农产品的出口表现是一大亮点，如表1所示，2021年法国能源出口总值的季度环比增长率依次为13.7%、-0.2%、16.8%和-2.9%；农产品出口总值的季度环比增长率依次为-0.5%、0.1%、13.1%和10.2%，均实现了年化20%以上的增长，体现出法国在能源和农产品领域的较强国际竞争力水平。结合进口数据看，法国工业制成品领域的出口相对疲软，进口增速明显大于出口，工业制成品贸易逆差达到680亿美元，成为法国贸易逆差的主要来源。近22年来，法国外贸一直处于逆差状态且呈不断扩大之势。继2020年法国外贸逆差达到652亿欧元后，2021年法国贸易逆差增加近200亿欧元，达到847亿欧元，创下历史新高。进口方面，法国工业制成品和原材料进口总值加速增长，能源支出上涨幅度进一步增大。法国出口总值同比增长17%，但2/3的增长来自价格上涨；奢侈品、化妆品、化工产品、农产品等出口总值超过疫前水平，但航空产品、汽车和电子产品等出口仍萎靡不振。预计2022年法国外贸逆差将上升至950亿欧元，贸易逆差逐年扩大、净出口领域下行或将在持续拖累法国经济增长的同时（2021年净出口对法国经济增长贡献率为-0.4%），还为法国国际收支带来潜在隐患。

表1 2021年法国对外贸易主要进出口产品或服务的增长情况

单位：%

时间	总出口	能源	农产品	制成品	服务	总进口	能源	农产品	制成品	服务
第一季度	0.4	13.7	-0.5	-1.1	4.8	1.8	5.2	1.9	2.1	1.4
第二季度	2.0	-0.2	0.1	2.3	0.4	1.9	5.7	2.5	1.9	0.1
第三季度	1.7	16.8	13.1	-0.9	-0.7	0.8	4.2	0.6	-0.5	-1.7
第四季度	3.2	-2.9	10.2	1.4	4.2	3.6	3.5	-1.4	3.8	3.0

注：增长率为经过季节调整后的环比增长率。
资料来源：法国国家统计与经济研究所（INSEE）。

（三）法国经济存在的痼疾并未得到根本缓解

虽然法国经济在疫情中展现出较强的韧性，社会经济稳步复苏态势良好，但通过当前经济复苏的表现看，法国经济存在的长期结构性问题并未得到有效解决。未来，随着国内外形势动荡，这些结构性问题或将对法国经济造成长期干扰。

一是劳动力市场供需失衡。截至2021年第四季度，法国失业率降至7.4%，比疫情前（2019年第四季度）低0.8个百分点，达到2008年以来的最低水平。[①] 然而，法国失业率整体高于欧元区平均水平，尤其是青年和中老年群体的失业率依然偏高。疫情反弹引发大规模员工缺勤，尤其造成不能实行远程办公的行业瘫痪，劳动力市场供需不对称问题进一步放大，80%的中小企业面临招工难。法国政府在疫情中推动的向产业、企业和个人等定向救助和纾困措施继续发挥较大作用，未来如考虑到财政压力，逐渐减少或取消相关政策，法国就业形势依然存在转为恶化的风险。

二是通货膨胀压力上升。受国际油价和原材料价格上涨、欧洲央行持续量宽、政府大规模救助等因素影响，2022年2月法国通货膨胀率同比增长了2.5%，一年中增长了4.2%，创下20世纪70年代两次石油危机以来的最高水平。截至2022年2月，法国消费者价格指数（CPI）同比增速攀升至3.6%。其中，石油价格同比增长5.6%，能源价格同比增长3.6%，服务、工业制成品及食品价格均有不同程度的增长。此外，俄乌冲突进一步抬升法国能源价格和通胀水平。目前，法国政府制订并实施了应对通胀危机的"韧性计划"（Plan de résilience），包括提高最低工资、提升购买力、能源限价等措施。不过，法国对俄罗斯能源的依赖程度相比其他欧洲国家并不是很高，与对俄罗斯天然气依赖度高达55%的德国、100%的芬兰以及40%的欧洲整体水平相比，法国对俄罗斯天然气的依赖度还不到20%，在这方面，

---

① INSEE, « Produit intérieur brut（PIB）et ses composantes », le 25 février 2022, https://www.insee.fr/fr/statistiques/6206601?sommaire=6043936.

法国面临的通胀压力要小得多。

三是财政状况未得到改善。购买力是在本次法国总统大选中民众最为关心的议题。为尽量稳定居民购买力，抑制通货膨胀、失业等压力，2021年，法国政府并未减少在疫情中所实施的纾困措施，刺激性财政政策"火力未减"，因而法国财政"捉襟见肘""债台高筑"的状况并未得到有效缓解。[①] 截至2021年第三季度，法国财政赤字占GDP的比率达到8.1%，公共债务率升至116.3%。[②] 整体上看，法国经济仍面临高通胀、高赤字、高债务的"三高"窘境。

二 法国主要经济政策

在保持经济"带疫运行"的同时，2021年总统马克龙及法国政府继续积极回应民众诉求，为法国经济平稳增长创造了有利的内部环境。

（一）各项改革议程稳妥推进

社会政策方面，法国政府推出"大安全"社保计划，推迟引发较大争议的退休改革；出台"城市中心区行动计划"，加大信贷投放支持基建，改善市民居住环境，激发城市联合体在地方发展中的作用；为低收入家庭发放"通胀补贴"，保持原有煤气和电价以减轻民众能源成本负担。

就业政策方面，法国政府持续推进失业保险改革，收紧领取失业金的条件，实施高薪失业者补助递减措施；推出"青年就业承诺契约"和"一人一策"就业协助计划，发放"青年团结收入"补贴，鼓励青年参加职业培训，有效缓解就业难状况。

企业政策方面，法国政府将疫情初期"不惜一切代价"拯救经济的

---

① INSEE,《 Revenu, pouvoir d'achat et comptes des ménages 》, le 25 février 2022, https：//www.insee.fr/fr/statistiques/6206613? sommaire = 6043936.

② INSEE,《 Finances publiques 》, le 25 février 2022, https：//www.insee.fr/fr/statistiques/6206615? sommaire = 6043936.

"救急模式"调整为"定向扶持"受困企业的"救穷模式",推动欧盟加速审批通过法国本土1000亿欧元经济复苏计划,在此框架下,2021年向9000多家法国企业直接或间接注资710亿欧元;将受疫情冲击严重的法国企业的国家担保贷款拨付期再次延长至2022年6月,并重启2021年6月结束的"非全时失业补助"机制,缓解企业在远程办公状态下的薪资负担。

产业政策方面,法国国民议会通过《气候与韧性法》,加大对减排脱碳领域的投资,将所获450亿欧元的欧盟复苏基金中的50%用于生态转型,提前打造疫后经济新增长点;总统马克龙主持召开首届法国旅游峰会,出台"重振旅游计划",重点推动后疫情时代旅游业振兴;马克龙还在2021年底前推出总额300亿欧元的"法国2030"(France 2030)投资计划,面向科技创新、绿色经济、核能、氢能、航空航天等高科技领域,创造新投资空间;加强金属、稀土供应链建设,减少对进口金属原材料的依赖;加速推进数字化、5G、云计算建设,鼓励数字企业自主创新;将外资持有法国企业股份的门槛维持在10%,避免外资乘虚而入,维护法国、欧洲经济主权和产业自主。

(二)重塑工业竞争力:"法国2030"投资计划

自2017年马克龙就任总统以来,许多针对法国经济的结构性改革措施稳步推进,法国经济发生重大转变,但这些改革节奏已被疫情打乱。目前,法国最关键的问题是要结合恢复公共财政收入和实现国家再工业化,以培育法国经济的竞争力和吸引力。[1] 其中,经济转型和工业振兴是法国推动再工业化、重塑法国工业竞争力的核心议题。2021年10月12日,法国总统马克龙公布的"法国2030"投资计划[2],主要涉及半导体、生物制药、核能、

---

[1] Bruno Le Maire, « Déclaration de M. Bruno Le Maire, ministre de l'économie et des finances, sur la politique du gouvernement en faveur des PME », le 7 janvier 2020, https://www.vie-publique.fr/discours/272769-bruno-le-maire-07012020-pme.

[2] Emmanuel Macron, « Présentation du plan France 2030 », le 12 octobre 2021, https://www.elysee.fr/emmanuel-macron/2021/10/12/presentation-du-plan-france-2030.

电动汽车、农业等领域。"法国2030"投资计划旨在通过重振法国工业，提高法国经济通过创新实现增长的能力，投资目标主要集中于热点行业和领域，包括能源和工业脱碳（80亿欧元）、交通（40亿欧元）、健康（30亿欧元）、农产食品（20亿欧元）、微电子和机器人零部件供应（60亿欧元）、战略原材料供应（10亿欧元）、初创企业（20亿欧元）、针对战略部门的创新培训（25亿欧元）、文化（6亿欧元）、外太空和海底（14亿欧元）等。明确未来投资方向，确保法国在"未来工业"领域提升国际竞争力，从而将法国经济拉回"创新—生产—出口—营利"的"良性循环"轨道。该计划明确未来投资的重点将聚焦五大方向。

一是重启创新型核电建设。法国将在"法国2030"投资计划项下投资10亿欧元，发展"更加模块化"和"更加安全的"新一代小型核反应堆EPR2。为确保能源独立性并履行减排承诺，法国几十年来将首次在境内重新开启核反应堆建设，以确保法国能源独立和国内电力供应，在风能、太阳能等非化石能源短期内无法稳定供给的条件下，助力法国实现2050年前"碳中和"目标。

二是打造真正"绿氢"。"法国2030"投资计划制定了到2030年法国成为全球绿色氢能"领头羊"的目标。法国将建设两个大型电解设备工厂，通过研发并应用超高单槽产能电解槽，获得源自可再生资源、生产过程零碳排放的"绿氢"，完成工业去碳化，实现真正的绿色能源。

三是打通工业脱碳全产业链。投资40亿欧元发展电动和混合动力汽车，目标是到2030年总产量达到200万辆，并生产第一架氢能商用飞机。新冠肺炎疫情流行以来，全球半导体等关键中间品供应链薄弱、智能汽车屡屡"缺芯"的窘境为法国工业敲响警钟。为此，"法国2030"投资计划将在多个关键上游产业进行大规模动员，以确保法工业能够获取锂、镍等关键原材料，并投入60亿欧元提升在法国本土生产人工智能原件的能力，增加相关的电子元件产量，以保证芯片供应，最终将本土半导体产量提高一倍。

四是围绕民众需求投放资源。一方面投资20亿欧元用于农业创新，确

保法国国内农产食品供应和民众饮食健康、可持续、可追溯。另一方面向卫生健康产业投资30亿欧元，承诺未来在法国本土生产20种治疗癌症和慢性病的生物制药产品及尖端医疗设备，并积极发展智能基因技术。

五是完善数字化智能工业新生态。拟拨款8亿欧元发展机器人产业，一半用于制造人工智能机器人，另一半用于建设应用智能机器人的工业场景，并协助现有传统工业场地转型，通过高科技嵌入实现传统工业向数字化的转型。同时投资25亿欧元与大学和研究机构合作培养未来人才，改善初创企业研发生态，培育"French Tech"创新生态品牌，将地中海沿岸、法兰西岛大区、北部大区打造为三大创新制造业集群所在地。

"法国2030"这一宏大工业投资计划的推出，主要有三点深层次考量。

首先，马克龙着眼总统大选。"法国2030"投资计划将经济振兴、国力复兴的重点放回经济和工业本身，对国内极右翼和传统右翼秉持的"法国只有拒绝移民、聚焦安全才有未来"竞选理念进行直接回应和对冲，破除马克龙执政4年多来给外界造成的"法国在衰落"的不良印象，向民众展示只有马克龙才能指引法国发展繁荣的路径，堪称马克龙提前发表的"竞选演说"。

其次，抢抓绿色理念。尽管马克龙上台后不断巩固法国全球气候变化引领者地位，但随着法国及欧洲政治生态普遍"泛绿"，各党派绿色理念严重"内卷"，绿色规则不断严苛，绿色标准水涨船高，法国国内绿色经济发展水平与其全球雄心逐渐不再匹配。法国政府错愕地发现，在氢能领域，原本拥有技术和应用优势的法国传统制氢产业不再"绿色"；在核电领域，原本的工业"王牌"在绿色新牌局中不允许"再打"；在清洁能源领域，风能、太阳能发电技术稳定性迟迟难以突破。"法国2030"投资计划中被各界大书特书的新建小型核反应堆，正是法国政府在弃核压力和能源供给缺口的两难抉择之下的"折中方案"，既维持了到2025年将核电缩减至占总发电量50%的既定目标，也能保障法国国内电力供应安全，还能最大限度地顺应绿色发展和"碳中和"潮流，成为马克龙继续维系法国全球气候变化领导者地位的难得助力。

最后，正向聚合改革资源。马克龙执政5年，先后遭遇"黄马甲运动"、特朗普担任美国总统以及新冠肺炎疫情流行，国内结构性改革也壮志未酬，迫切需要更多政绩支撑连任，才有望在第二任期大展宏图。"法国2030"投资计划堪称马克龙积聚财源、推动改革的又一次尝试。"黄马甲运动"带给马克龙很大教训，即从劳方一侧推动改革会面临巨大社会惯性阻力，从资方一侧推动改革则将付出不成正比的时间和沟通成本。"法国2030"投资计划体现出，马克龙第二任期的执政思路已由"如何分蛋糕"转换为"先做大蛋糕"，通过勾勒更高质量的"再工业化"前景，提前为改革筹措财源，用绿色、数字化、人工智能等"新蛋糕"化解劳资双方既得利益者的疑虑和敌意。初步看，"法国2030"投资计划至少在理念上已获得法国国内较为广泛的支持。

（三）应对能源危机：重启核电建设

法国乃至欧洲能源长期依赖于俄罗斯石油、天然气供应，面临较大的地缘政治风险。从2021年开始，受制于乌克兰危机紧张局势，欧洲面临持续不断的能源供应危机，能源价格飙升，引发通胀担忧，重挫法国和欧洲的工业稳定和经济复苏。马克龙于2022年2月10日在贝尔福（Belfort）蒸汽轮机工厂发言时强调，稳定、廉价的能源供应是维护能源主权和工业竞争力的基础，法国不能依赖其他国家来保障能源供应，必须复兴核能捍卫经济主权。[1] 虽然发展可再生能源是应对气候变化、绿色低碳转型的大势所趋，但囿于可再生能源的间歇性缺陷，在当前向碳中和过渡过程中，需要在能源结构中保持适当比例的核能、天然气等"过渡"能源。法国始终坚持核电适用于应对气候变化，认为可再生能源的波动性和电量需求的增长无法保障法国能源供应的安全，因此核能必不可少。在法国推动下，欧盟委员会通过了一项关于应对气候变化的补充授权法案，将核能和天然气归为可持续投资的

---

[1] Elysée, « Reprendre en main notre destin énergétique ! », le 10 février 2022, https://www.elysee.fr/emmanuel-macron/2022/02/10/reprendre-en-main-notre-destin-energetique.

"过渡"能源，即将核能定义为"绿色"能源。目前，法国是全球唯一拥有核电站建设、运营、核燃料循环、核废料后处理、核安全保护等核电全产业链技术的国家。① 在全球应对气候变化趋势下，法国也在不断创新核电技术，积极研发更"绿色"的核电技术。出于在全球范围内推广核电技术的考量，法国将重启核电聚焦于以下两个领域：一是迭代大型核反应堆技术（EPR2），法国在欧洲三代压水堆技术（EPR）基础上，推出能效更高、成本更低、环保更强的EPR2技术，并计划到2050年，新建EPR2核电机组总容量达到2500万千瓦；二是发展小型核反应堆技术（SMR），在"法国2030"投资计划项下投资10亿欧元发展新一代小型核反应堆。新建小型核反应堆，实则是将大型核反应堆"化整为零"，配套于特定工业项目、基础设施，满足"用电大户"特定的电力需求。

三　法国经济前景展望

随着2022年4月法国总统大选临近，2022年上半年法国政治生活的"关键词"将转为总统选举。2021年，马克龙在第一任期的最后时段内全力保持经济复苏势头，为竞选连任积累资本，在最有可能短期出成绩的安全和外交事务领域重点发力。经济上只要能保持"过得去""不失速"就算完成任务。预计2022年法国政府仍将采取"带疫运行"的经济政策，继续常态化实施"救助型"宏观经济和产业政策，至少要充分利用好1000亿欧元本土复苏计划和450亿欧元"下一代欧盟"复苏基金份额，同时适当收缩财政支出规模，确保救助可持续、退出可自如。法国财政赤字占GDP的比例有望降降至5%，通胀率有望回落至2%以下。在消费领域，随着经济形势的改善，法国家庭收入亦将恢复增长，推动居民消费支出加速反弹，家庭储蓄率有望回归2019年的水平。外贸领域，在国际贸易复苏及旅游业、航空

---

① 杨成玉：《中法产业链合作的互补空间及重点领域研究——基于全球价值链的实证分析》，《法语国家与地区研究》2022年第1期。

业等受疫情冲击最严重部门回归正常化的带动下，2022年法国出口规模预计将呈现反弹，对国民经济增长的贡献将重回正向。

作为近年来法国政府推出的规模最大的投资计划，"法国2030"投资计划虽不失为面向未来的合理化规划，但其出台正值法国总统大选季，不可避免地遭遇大量质疑声音。除了马克龙竞选对手们"为黑而黑"的攻击指责外，计划本身能否顺利推行还面临诸多实际困难。一是计划内容与马克龙任内推动的多个产业细分规划大量重合，这些产业规划多数尚未取得成果，如何说服选民为新计划投"信任票"、拉住企业界形成合力存在疑问。二是疫情状态下，法国靠接受首批欧盟复苏基金度日，目标是2022年将赤字控制在GDP的5%以内，但"法国2030"投资计划要求2022年投入30亿~40亿欧元，如何合理筹集资金、找到产业投资与公共赤字的平衡点成为难题。三是无论2022年谁当选总统，法国政坛都将"重新洗牌"，新政府面临重新协调整合国内政治经济社会的艰巨任务，如何将"法国2030"投资计划具体项目和融资方式落到实处、避免"人走茶凉""另起炉灶"，有待继续观察。

受奥密克戎变异病毒传播影响，欧洲疫情仍未见顶，对法国经济社会的影响恐将继续延宕。世界经济大环境难有根本好转，外部需求持续减弱加上内生动力不足，根据国际货币基金组织（IMF）预测，2022年法国经济的增长率仅为4.1%，失业率仍将徘徊在8%。消费者行为不确定性有所增强，酒店、餐饮、航空等服务业仍面临疫情反弹的巨大不确定性影响，供应链再次面临中断风险，制造业恢复后劲不足，差异化复苏恐进一步放大法国的经济结构性矛盾。此外，如马克龙成功连任，过去5年任期颁布的一系列创新投资和疫后刺激举措就要进入"见真金白银"的关键阶段，常态化抗疫救助政策与大规模刺激计划也将进一步加剧法国财政平衡压力，债务率将保持在115%的水平线以上，持续挤占结构性改革空间。特别是法国政府推出的团结基金和社会税收减免措施将使法国财政收入大幅减少，恐会严重制约经济复苏的可持续性与稳定性。无论从主观意愿还是从客观条件上来看，2022年法国经济都难以实现彻底复苏和强劲反弹。

B.4
法国社会：新冠疫情下的法国"文化振兴"

张 敏*

摘　要： 法国是文化大国，文化政策是法国公共政策的一大亮点，文化产业是法国经济的重要部门。然而，自2020年2月开始流行的新冠肺炎疫情对于法国的文化发展造成了巨大冲击。本文梳理新冠肺炎疫情对法国文化事业和产业各个领域所造成的影响，重点分析政府在文化领域的紧急救助政策和长期发展规划对于文化事业和产业的影响和推动，特别是"法国文化振兴"计划，通过增加投资和政策倾斜，促进文化持续发展和繁荣。

关键词： 法国　文化事业和产业　"文化振兴"计划

一　引言

文化是法国的一张靓丽名片，是法国民众生活的必要组成部分，更是重要的公共事业和经济产业。中央和地方各级政府通过制定和实施文化政策，特别是通过公共财政拨款和分配，引导和扶持文化发展。这一文化发展模式体现了文化在法国的特殊地位。"文化例外"（exception culturelle française）是法国人文化自觉和文化自信的体现，使得法国文化不仅对本国也对世界其他国家产生了深刻的影响。尽管对于具体的文化相关行业领域的发展总是众

---

* 张敏，北京外国语大学法语语言文化学院副教授，研究领域为法国政治、法国文化政策。

说纷纭,甚至批评之声不绝,但总体来说,文化在法国享有特殊地位是国民和政府的普遍共识,法国是世界公认的文化大国和强国。

然而,自2020年新冠肺炎疫情在全球范围内流行以来,法国经历了数次程度和范围不一的封锁和解封,卫生防疫政策不断变化,经济、政治和社会生活的各个方面深受影响,文化发展和文化产业更是遭受重创。在这一形势下,法国文化领域两年来的起伏跌宕引发新的思考:文化是否依然是国计民生的"刚需"并享有特殊地位是否应得到国家大力扶持?在政府提出的2020~2030年"法国振兴"计划框架内,法国如何实现"文化振兴",以促进文化产业的恢复和发展?

二 法国文化领域遭受重创

文化发展关涉国民素质、民族传统和凝聚力、国家形象与国家安全,具有其特殊性。法国政府每年的巨额公共支出涉及文化事业和产业的各个领域:文化遗产、建筑、博物馆、档案、音乐、舞蹈、戏剧、造型艺术、图书和阅览等方面,促进文化艺术的创作、生产、推广和艺术培训,以及各地区的文化均衡发展,从而实现和加强文化上的"人人平等",使尽可能多的法国人受益于人类发展的文化成果。[①]

文化产业也是法国经济的重要部门。法国文化部援引法国国家统计与经济研究所的数据,2019年,法国人在文化和体育方面共消费了近1000亿欧元。如果从附加值角度推算,同时扣除中间性环节消费,法国文化经济总量规模接近500亿欧元,其中视听领域占比逾1/4,图书和媒体占15%,演出占15%,博物馆和名胜古迹占10%,总量在法国GDP中占比超过2%。仅

---

① 法国文化部2021年用于文化、传媒和图书等文化领域的预算总额为38.05亿欧元,2022年的预算总额为40.83亿欧元,增加了7.5%。数据来源:« Le projet de loi de finances 2022 pour la culture »,https://www.culture.gouv.fr/Actualites/Le-projet-de-loi-de-finances-2022-pour-la-culture。本文数据除特别注明,均来自法国文化部官方网站,https://www.culture.gouv.fr/。

从数据上看，2018年，法国的各类文化企业超过8万家，文化产业占法国GDP的2.3%，提供67万个工作岗位，涵盖了2.5%的从业人口。此外，还有分布在逾26万家文化协会工作的350万名志愿者。正如法国经济学家米利库多瓦（Alexandre Mirlicourtois）所强调的那样，文化产业的产值不仅超过法国食品工业，还远超包括汽车、飞机、火车在内的交通运输产业的总和。在整个经济产业链中，文化产业扮演着经济"引擎"的角色。以卢浮宫为例，作为世界上参观人数最多的博物馆，卢浮宫每年接待1000万人次的游客。而每年大约8500万人次的来法外国游客中很大一部分是受文化遗产和演出所吸引而慕名前来。[①] 文化产业对酒店和餐饮业以及旅游业，甚至对领先世界的奢侈品行业所起到的带动作用都至关重要。

2020年2月新冠疫情开始在法国流行，政府在最初的混乱之后不断调整抗疫措施，在"封城"和"解封"的反复循环过程中寻求抗击疫情和保障经济民生的平衡。虽然政府总体采取的是一种相对温和的策略，但基本的抗疫思路是基于"必要"和"非必要"的行业划分，关闭和限制部分"非必要"行业的经营，以力求兼顾经济社会发展和民众需求，同时进行较为有效的科学防疫。尤其是大规模接种疫苗之前，法国在2020年全年基本执行这一抗疫理念，某些领域因此严重受创，文化产业首当其冲。

据统计，在欧盟范围内，文化产业仅次于航空运输业，成为受疫情影响第二大的产业部门。根据欧洲作家和作曲家协会（Gesac）2021年1月向欧盟委员会提交的报告，2020年，欧盟成员国文化产业营业额减少了31.2%，损失了1990亿欧元。[②] 早在疫情之初的2020年5月28日，法国文化部发布的分析报告就指出，疫情将导致文化产业2020年的产值下降至少25%，即减少超过223亿欧元。文化部调研部门针对文化企业和个人进行的7800份

---

① « La culture joue un role moteur dans l'ensemble de l'économie française », *Le Monde*, 2021/05/19, https://www.lemonde.fr/economie/article/2021/05/19/la-culture-joue-un-role-moteur-dans-l-ensemble-de-l-economie-francaise_6080725_3234.html.

② Nathalie Lacube, « Pendant la crise sanitaire, la culture européenne compte ses pertes », *La Croix*, 2021/01/27, https://www.la-croix.com/Culture/crise-sanitaire-culture-europeenne-compte-pertes-2021-01-27-1201137274.

调查显示，疫情造成约一半（46%）从业者采用"部分工作"制。无论是音乐、出版、表演艺术、博物馆，还是文化遗产及其他，文化产业各部门都受到不同程度的长期影响。

在严格的"禁足令"要求之下，受疫情影响最大的文化行业毫无疑问是演出业，各类演出在2020年几乎处于完全停滞状态。春夏季节是文化现场演出的旺季，而第一波疫情造成的封禁迫使2020年4~8月所有的音乐节被取消。同样被取消的还有各类戏剧节和舞蹈表演等。根据估算，这些活动通常会有1810万人次入场，各种直接和间接消费可达15亿~18亿欧元。① 据法国表演艺术公共部门雇主联盟（Union syndicale des employeurs du secteur public du spectacle vivant）统计，其900名成员在2020年的收入损失总计超过9000万欧元。法国音乐剧和演出全国工会（Syndicat national du spectacle musical et de variété）估计业内损失高达230万欧元，相当于正常营业额的84%，并且有近一半的演出单位面临破产的危险。法国引以为傲的电影业也同样损失惨重。2020年电影院几乎空无一人，观影人数仅为6510万人次，相比于2019年的2.1亿人次，减少幅度惊人。法国国家电影和动画中心（CNC）表示，被搁置的影片存量超过300部。文旅行业同样受到巨大冲击。2020年3月至2021年5月，法国各类历史文化古迹博物馆关闭时间超过11个月，在有限的开放时间内，也必须按照防疫要求对参观人数进行限制。因此，2020年卢浮宫的参观人数同比下降72%，仅为270万人次（2019年为960万人次），收入损失达9000多万欧元。其他主要博物馆均有类似情况，如奥赛博物馆和橘园博物馆参观人数减少了77%，蓬皮杜艺术中心的参观人数减少了72%，凡尔赛宫的参观人数减少了75%。巴黎市各类博物馆2020年临时展览入场人数下降了52%，长期展览的入场人数下降了55%。

其他文化领域也受到一定程度的冲击和影响。以艺术展、画廊和拍卖部

---

① Martine Robert, « Les milliards d'euros perdus de l'annulation des festivals », *Les Echos*, 2020/05/05, https://www.lesechos.fr/industrie-services/services-conseils/exclusif-les-milliards-deuros-perdus-de-lannulation-des-festivals-1200615.

门为例，法国艺术展专业委员会在一项研究中显示，2/3的画廊在2020年至少损失了25%的营业额。损失相对较少的是图书业和音像制品业。尽管在第一次封禁期间，书店曾经被迫关闭，但阅读依然是法国人的重要需求，在禁足期间更是必不可少。2020年6月和12月，图书销售与2019年同期相比分别增长了32%和35%。从全年来看，图书销售下降的比例不超过3%。音乐行业是2020年文化领域的一个例外，流媒体在很大程度上拯救了这个行业。根据法国唱片出版联盟（Snep）的数据，音乐市场收入稳定在7.81亿欧元，付费订阅占销售额的53%，数字销售强劲增长了17.9%。

除了直接和间接的经济损失，就业问题同样令人担忧。文化领域绝大部分是小微企业和自由职业者，还有大批签订临时合同的演员和技术人员。以法国文化业最繁荣的巴黎大区为例，2017年有31万个文化工作岗位，包括14.7万个与文化职业直接相关的岗位，还有10.8万人从事文化职业，包括临时签约的演员。据法国《回声报》（Les Echos）在疫情之初的估算，仅演出行业就可能损失2.6万个就业岗位，而全行业临时就业岗位在2020年预计减少76%，永久性工作减少46%，就业风险延续至2021年。[①]

文化领域所遭受的并不仅仅是经济损失和失业危险，更严峻的问题在于疫情所带来的各种不确定性对行业所造成的负面影响。面对变化莫测的疫情起伏，封禁措施对人流聚集的文化行业影响巨大。文化行业往往执行封禁政策最早并且受限最多，在短暂解封时又往往成为最晚解封的行业，同时依然要遵守人流限制。文化领域的活动有一定的特殊性，涉及环节众多，从酝酿到实现耗时长。以现场演出节目为例，从准备到演出，跨度往往长达数月甚至数年，租用场地、招募人员、组织排练等各项活动都需要较长的周期。在疫情期间，不论是封禁期间的场地关闭、节目取消，还是解封时的恢复演出和展览，都需要巨大的时间成本，并且要可以预期。然而此次疫情的最大特

---

① Martine Robert, « Coronavirus: le spectacle vivant craint la destruction de 26.000 emplois cette année », Les Echos, 2020/05/28, https://www.lesechos.fr/industrie-services/services-conseils/coronavirus-le-spectacle-vivant-craint-la-destruction-de-26000-emplois-cette-annee-1206327.

点就是其不可预见性。这一不可控因素对于文化产业来说，不仅仅是经济危机和时间损失，更加剧了心理危机和行业压力。因此，前所未有的公共卫生危机成为笼罩在文化领域的阴云，带来巨大的危机感和悲观情绪。随着疫情不断延长，禁足政策不断反复，电影院、剧院等演出场所长期关闭，业内人士的不满和焦虑不断增加。2021年3月，法国导演协会发表致总统的公开信，800多名电影界人士联署发声，指出"电影业的噩梦，不只是2020年的噩梦，可能是未来两年甚至三年的噩梦"，表达对行业发展前景的担忧和对防疫政策的不满。几乎同一时期，法国最大的重金属摇滚音乐节（Hellfest）创始人本杰明·巴尔博（Benjamin Barbaud）也发表文章，呼吁政府考虑文化业的生存状况，改变防疫政策。

三 政府纾困与行业自救

面对文化领域前所未有的困难，扶持文化事业走出困境是政府抗疫措施的一部分。同时，文化产业部门也积极行动起来面对疫情冲击。

2020年3月，法国开始抗疫的第一阶段，政府采取较为严格的封禁措施和相应的卫生医疗措施以及经济补贴应对疫情。文化领域因其人员往来的密集性和接触性，在禁足令开始时理所当然成为执行封禁政策最严格的行业。同时，在抗疫最初阶段，政府并未有时间和精力来研究文化领域的行业特殊性并做出相应对策，文化事业和产业几乎成为"被遗忘的"角落。直到2020年5月6日，当政府决定从2020年5月11日起实行部分解封时，总统马克龙召开线上新闻发布会，宣布了对"遭受疫情重创的文化领域"的资助计划。马克龙的讲话重申了文化的重要性和特殊性，宣布将对文化领域的各个行业提供资金援助和各种减免措施，提高行业抵御疫情的能力。[①]

---

① « Déclaration de M. Emmanuel Macron, président de la République, sur les premières orientations du plan de soutien pour la culture, secteur durement touché par la crise sanitaire provoquée par le covid-19 », 2020/05/06, https：//www.vie-publique.fr/discours/274308-emmanuel-macron-06052020-plan-culture-crise-sanitaire-covid.

这些政策制定的基本思路是资金支持和合同保护，针对文化领域各行业的特点，对于影视、戏剧、音乐等行业提供资金和贷款，对从业人员的工作合同实行保护，同时配合政府的部分解封政策，图书馆、书店、音像制品店等文化场所可以有条件重新开业。

资金补贴是最重要的纾困方式。2020年7月，法国文化部宣布追加16亿欧元用于帮助文化领域渡过难关，相关措施包括直接援助、税收减免、担保基金、免除社会保险费、贷款等，政府总计筹措50亿欧元支持文化和传媒部门。① 其中9.5亿欧元用于支持和保护视听行业的艺术家和技术人员，7.06亿欧元用于现场表演和录制音乐，包括用于阿维尼翁艺术节的80万欧元。另有3.91亿欧元用于视觉艺术，5.25亿欧元用于遗产和建筑保护，2.17亿欧元用于图书业，3.2亿欧元用于电影和动画影像行业。文化产业和电影融资机构（IFCICI）还为文化和创意产业、图书、电影和动画影像行业提供2亿欧元贷款和担保基金支持。②

在这样的资金支持下，文化部门的中小企业和自由从业者可以按照规定享受"团结基金"以及每月数额不等的疫情补助金和税费减免。考虑到影视、演出等行业的特殊性，因疫情造成的取消、延后和各种不确定性对行业的各个环节都有巨大影响，增加了额外的有形和无形成本，文化部细化了对音乐、影视、视觉艺术等的支持计划，根据行业特点提出量身定做的方案。例如，对于影视、视觉艺术、表演等行业的临时演员，签订"信任协议"，将聘期延长至2021年8月底，帮助他们度过娱乐间歇期的"空白年"（année blanche）。针对私立演出机构，设立"私立演出机构紧急救助金"，从2020年5月起，对于受疫情影响被取消演出的私立机构进行相应的补贴，金额最高达到演出合同金额的20%。这一紧急救助项目随着疫情延长一直持续到2021年2月。对于各类被取消的巡回演出，可以根据条件申请"演

---

① 法国历届政府的组成和部门职责略有不同，本届政府法国文化部同时负责文化和传媒。
② « Crise sanitaire：1，6 milliard d'euros supplémentaires en faveur de la culture et des médias »，2020/07/10, https: //www.culture.gouv.fr/Actualites/Crise-sanitaire-1-6-milliard-d-euros-supplementaires-en-faveur-de-la-culture-et-des-medias.

出取消补偿金"和"退票补助"。考虑到影视剧后续拍摄的不确定性和预算增加等困难，文化部与国家电影中心针对实际取消或延迟的拍摄进行额外补贴，以影视保险费用的20%或120万欧元为上限。资金来源除了中央政府经费，还来自各地方政府和保险机构、银行等私营部门。对于受到疫情影响的音乐行业，向新成立的国家音乐中心（Centre national de la musique）提供5000万欧元资金，并与地方政府共同创建"音乐节基金"，以帮助各类现场音乐演出被取消的艺术家和行业企业。图书和音像出版行业也同样得到特别资助。2020年12月11日，经济部和文化部共同颁布政令，设立特别补助，免除出版商支付向个人客户寄送书籍和音像产品的邮费。符合要求的地方视听媒体和电台也同样可以得到政府的特别补贴，时间持续至2021年5月底。随着疫情发展和反复，政府还出台了更为灵活的措施，例如，为了减轻文化企业的负担，允许现场表演（戏剧、艺术节等）的文化公司或体育比赛组织者，在因公共卫生危机而被迫取消门票或订阅合同时，使用信用票据而非直接退款，这一政策有效期持续至2022年7月31日。

  政府提出的各项纾困措施具有一定的针对性，较为符合文化行业特点；同时也具有一定的持续性，资金救助部分缓解了文化机构和个人的经济压力。此外，马克龙讲话的态度较为诚恳，透出寻求理解和支持的意图，呼吁文化事业的各方参与者能够保持理想、兼顾现实，同时强调要保卫"文化主权"，保护法国和欧洲视听及电影产品在数字网络平台上的知识产权，增加产业营利，并宣布将增加对文化产品的公共采购，以促进文化事业的复兴和繁荣。马克龙希望这次公共卫生危机成为"重塑"法国文化发展模式的时机，建议根据疫情发展情况提出新的文化发展策略。所有这些都在一定程度上暂时缓解了文化领域的焦虑。

  与此同时，在文化部的倡导和文化界的主动参与之下，配合疫情和防疫措施的各种文化产品开始出现，文化的社会功能得以发挥。法国文化部建立了"家里的文化"资源网站（Culture chez nous）[1]，整合电影、演出、展览

---

[1] https：//www.culturecheznous.gouv.fr/.

等近千种文化产品，力求以线上形式为民众提供尽可能多的服务。众多文化机构和艺术家也通过各种线上形式，丰富民众的居家抗疫生活，鼓舞斗志。以卢浮宫为例，"线上卢浮宫"提供虚拟参观路线，并利用"放大镜"等信息技术方便观众在线欣赏艺术品。通过在社交网络平台同步更新讲座、参观等活动内容，卢浮宫社交网络账户吸引了100万新增用户，2020年总订阅量达930万，官方网站的访问量增加至2100万次。凡尔赛宫则提供丰富的线上图文解说资料，推出了全新虚拟现实服务"这是您的宫殿"，用户可以使用虚拟现实设备免费享受法语、英语或中文的线上参观讲解服务，从各个角度欣赏凡尔赛宫的内部构造、藏品和馆藏家具。蓬皮杜艺术中心在线开通免费艺术课，注册人数超过10万人，视频累计点播300余万次。奥赛博物馆通过视频网站直播室内音乐会，视频订阅用户增长了60%。音乐专业的艺术家和爱好者制作虚拟合唱团的视频放在网上，将多个国家的参与者聚集在一起，用数字音乐会的形式为法国和全世界民众提供精神食粮。2020年6月，钢琴家伊斯马尔·马尔干（Ismaël Margain）倡议创建的流媒体平台RecitHall在互联网上直播音乐会、大师班或音乐节组织者录制的古典音乐演出，并为那些项目一夜之间被取消、又没有可能在自己的网站上播放视频的独立音乐家提供播出平台。① 2020年12月19日，在坎佩尔拍摄了无现场观众的网络音乐节cyber fest-noz，并由法国布列塔尼电视台播出。② 除了各类免费的文化产品，各文化机构也积极采取自救措施，利用商业平台进行资金筹措。卢浮宫在2020年9月配合展览推出影片《卢浮宫之夜：列奥纳多·达·芬奇》（*Une nuit au Louvre*：*Léonard De Vinci*），在全球展映，并且通过慈善拍卖、与企业合作等形式增加收入。

疫情期间的各类文化活动主要围绕流媒体展开，网络成为分享文化艺术最为便捷的方式。各种线上展览避免了禁足期间民众与文化生活的脱节，有利于拉近民众与文化产品的距离。线上文化活动也在一定程度上促进文化产

---

① https：//www.recithall.com/.
② «L'industrie musicale face à la crise sanitaire», 2020/11/07, https：//www.radiofrance.fr/francemusique/podcasts/reportage/l-industrie-musicale-face-a-la-crise-sanitaire-2534819.

品数字化的发展，丰富了文化产品，为各类文化机构注入更多活力。但是，线上文化产品不能代替现场演出和参观带来的体验感，也不利于文化产出和交流。一些业内人士甚至担心，部分民众消费文化产品的习惯会因此改变，满足于在电脑屏幕前观看而不是亲身参与体验。对于文化事业和产业来说，疫情带来的这些变化充满"危险"但也蕴藏"机遇"。文化的再塑和振兴成为公共文化政策的关键词。

四 法国"文化振兴"势在必行

在法国，文化作为重要的公共事业和经济产业，一直享有特殊地位。政府的保护和扶持为法国文化发展和繁荣提供源源不断的动力。面对疫情，"文化振兴"同样成为"法国振兴"计划的重要组成部分。2020年9月，法国政府宣布投入20亿欧元用于"法国文化振兴"计划（France Relance pour la Culture），"重建文化部门""重塑文化政策"，以促进"文化再次繁荣"，为"法国文化模式注入新的活力"，并确立了5个优先事项：文化遗产修复及保护；资助表演艺术和公共创意机构；通过具体的就业援助和专项公共委托计划以及加强高等文化教育来支持艺术家和年轻创作者；巩固战略文化部门（新闻、电影和视听、图书等）；加强对文化和创意产业的投资。

作为世界文化遗产和建筑最丰富的国家之一，文化遗产体现了法国的吸引力和文化影响力，文化遗产的保护与文化旅游密切相关，对法国经济发展影响重大。文化遗产保护和开发一直是法国文化部的工作重点。新冠疫情使得国际旅行停滞，国际游客大幅度减少，也影响了正在进行和亟待开展的文保工作，不利于吸引国内外游客。因此，"文化振兴"计划制定了一项全新的"大教堂方案"，同时投入专项资金加速对于全国重点文物建筑的修复和保护。文化部还与地方政府合作，共同投资修复法国各地的市属或私人文化遗产。此外，对于享有盛誉的重要的博物馆和展览馆，如卢浮宫博物馆、凡尔赛宫、奥赛博物馆、橘园博物馆、蓬皮杜艺术中心等，也提供专项资金帮助恢复活动,以保持法国文化的吸引力。

表演和视觉艺术行业是法国文化的优势行业,也是因疫情受创最重的行业,2020年的损失超过70亿欧元。除了已有的各项资助和补偿措施,还有特别预算来帮助恢复剧院、音乐会、影院的正常运营。特别是有影响力的巴黎国家歌剧院、法国喜剧院、巴黎爱乐乐团、东京宫等艺术机构,都获得了专有资金。中央和地方政府还共同出资,帮助地方表演艺术机构,如戏剧、舞蹈、街头艺术和马戏团等渡过难关,迎来新的发展。

为了减少疫情对就业的负面影响,保护和发展文化产业的就业岗位,"文化振兴"计划设立专项资金,加强对文化从业者的支持,并通过公共订购的方式,重点支持青年艺术家。同时,加大对高等文化教育机构和数字化的投入,为文化创作和发展提供新的动力。

法国文化产品的国际影响力和传播力是法国文化产业的优势。2013年至2016年,法国文化产品出口的增长速度是其他出口增长速度的2倍。针对法国电影和视听产业,文化部提出"出口和吸引力"方案,由法国电影中心牵头,针对产业链创作、制作、分销、宣传等各个环节,提供方案和资金,增加对在法国创作和拍摄的作品的支持,加强对展览商、电影节、电影图书馆和讲习班等行业载体的扶持。考虑到疫情对于文化产品输出的影响,"文化振兴"计划特别提出要加强数字平台的分销力度和能力。图书、广播、传媒等被视为关系国家发展战略的重要文化领域,因为疫情也受到不同程度的影响,同样也获得了国家资助。

"文化振兴"计划不仅要解决疫情带来的危机,而且要促进文化领域更好地面向未来。文化创新和数字化转型是面向未来的最好选择。法国文化部与经济、财政和振兴部以及欧洲和外交事务部实行跨部门合作,在政府"未来投资计划"框架内,投入4亿欧元,旨在加速法国文化和创意产业的数字化转型,促进文化行业的恢复,同时加强法国在全球数字经济中的地位。

法国文化部和相关行业协会根据疫情状况对于不同文化行业的发展进行充分评估和考量,制定符合实际、可行度较高的方案,争取配套资金尽快到位。从 2020 年 9 月到 2021 年 9 月,"文化振兴"计划预算中 65%的资金已经到位,50%的配套贷款已得到落实,在获得贷款资助的文化企业中,67%是中小企业,体现出文化领域的行业特点。"大教堂方案"的 52 项修复计划中已有 37 项注册开工,37 项中央和地方合作的市属及私人古建筑修复项目中已有 32 项注册开工。法国电影中心负责的"出口和吸引力"项目的 1.65 亿欧元预算已全部到位,3762 家电影行业企业和个人获得资助。创意产业和数字化发展已有 6 个立项项目,经费超过 1 亿欧元。

"文化振兴"计划延续法国文化政策的传统,强调公共资金投入和政府引导,同时注重中央和地方的合作,积极发挥各级各类公共文化机构和组织的作用。在政府支持和行业努力下,法国文化事业在疫情不断变化中艰难发展,力争实现"丰富各地区文化生活""创新法国文化模式""加强文化产业优势"的总体目标。

B.5
法国外交：马克龙的欧洲政策评析

王 朔*

摘 要： 马克龙是欧洲新生代政治家的代表人物，2017年在改革呼声中上台，誓言要实现法兰西的再次复兴。在马克龙的政策体系中，国内改革、欧洲建设和大国地位三位一体，而欧洲政策是其中重要一环，其思想根基则是进步主义、欧洲主义和多边主义相结合。当前，法国和欧洲正深处内外困境，刚刚连任总统的马克龙将欧洲政策作为主要着力点，积极推动欧洲战略自主，以期内外结合，实现其理想抱负。总体来看，马克龙的欧洲政策虽有一定理想主义色彩，但面临诸多现实挑战，同时也有机遇，其发挥的积极作用不容忽视。这也正是马克龙被称为"最后一位欧洲总统"的原因。

关键词： 法国 马克龙 欧洲政策

2021年是欧洲面临挑战的一年，新冠疫情持续，经济乏力，社会震荡，政治分化，大国竞争加剧。英国正式脱离欧盟标志着欧洲真正进入"后脱欧"时代，"铁娘子"默克尔离开政坛，德国新的三党大联合政府稳定性堪忧，意大利和西班牙亦受限于内部诸多问题。此时，被称为"最后一位欧洲总统"的马克龙力图重启陷入困境的欧洲一体化，让欧洲更加团结，在大国竞争中追求战略自主。可以说，马克龙的欧洲主义

---

* 王朔，北京外国语大学国际关系学院教授，主要研究方向为欧洲一体化、欧洲经济及英法德等国别问题。

思想不仅将决定法国的政策走向,而且将在很大程度上给欧洲乃至国际格局带来一定影响。

一 主要思想

马克龙在其出版的自传《变革》中明确提出要再次复兴法国,这不仅是他个人的理想抱负,也涉及法国的前途和命运。在马克龙的政策体系中,国内改革、欧洲建设和大国地位是三位一体的,其背后的思想渊源是进步主义、欧洲主义和多边主义,而这三者也共同构成了马克龙的欧洲政策根基。

首先是进步主义。所谓进步主义,其最核心的主张就是"不为万物,只为进步"。马克龙曾师从哲学大师、世界顶尖思想家保罗·利科和雅克·阿塔利,深受法国自启蒙运动以来的进步主义思潮熏陶。他提出,应该明确什么是具有进步性的,如身份认同、开放社会、环保、平权、基本福利保障、全球化、欧洲一体化、科技现代化等,同时还要将具体政策"置于技术层面","少谈主义,多就事论事",崇尚方法上不拘一格,即便是"搅局""越界",亦在所不惜。[1] 马克龙言行时常标新立异,喜欢制造新概念,抛出新思想引发争议。例如,他提出的"西方霸权衰落论"和"北约脑死亡论"就曾让举世哗然,更被西方世界认为是"异类"。又如,他在接受《巴黎人报》采访时曾言辞激烈地称:"对于那些未接种疫苗者,我真想把他们气死。"颇有语不惊人死不休之感。[2] 当然,无论是面对法国结构性桎梏和强大的社会惯性,抑或是面对后脱欧时代人心涣散的欧洲,马克龙要想有所作为,不秉持这样一种进步主义的理念,不拿出点破釜沉舟的气势显然是行不通的。

---

[1] 慕阳子:《马克龙和他的"法国梦"》,《世界知识》2018年第1期。
[2] « Europe, vaccination, présidentielle... Emmanuel Macron se livre à nos lecteurs », *Le Parisien*, le 4 janvier 2022, https://www.leparisien.fr/politique/europe-vaccination-presidentielle-emmanuel-macron-se-livre-a-nos-lecteurs-04-01-2022-2KVQ3ESNSREABMTDWR25OMGWEA.php.

其次是欧洲主义。马克龙深受罗卡尔派元老、欧盟委员会前主席德洛尔的影响，自认是戴高乐—密特朗主义的传承者，坚信法国兴衰荣辱系于欧洲，将欧洲视为法国力量的"倍增器"、国内改革的"催化剂"。对于已经深入融入欧洲一体化的法国，无论是国内改革还是对外政策，都离不开欧洲这个框架，要想突破现有桎梏，很重要的一点就是要在欧洲建设上下功夫。因为只有欧洲好了，法国才能好；反之欧洲不好，法国也不会好到哪里去，可谓一荣俱荣、一损俱损。马克龙认为，必须建立一个更务实、更高效、更具保护性的欧洲，才能实现战略上的真正自主。他强调，所谓战略自主就是让欧洲做自己的主人，无论是经济还是外交，都可以独立明确地做主，为此应强化机制建设，不断深化一体化，让欧洲朝着一个真正的合众国方向发展。

最后是多边主义。法国曾是世界霸主之一，然当下已是明日黄花，只能算是一个中等强国，但法国上下始终抱有大国情结，仍然期望发挥超出自身实力的影响力。当年戴高乐坚持独立自主、维护大国地位、对抗美国控制等主张一直深刻地影响着法国的对外政策，无论是主动退出北约的军事一体化组织，积极推动欧洲一体化，还是保持与苏联的沟通对话，以及在西方大国中第一个与新中国建交，等等，戴高乐主义思想可谓无处不在。从欧洲层面而言，多边主义是一体化的根基所在，只有坚持"和而不同"的多边主义才能解决困扰欧洲的战争与和平问题，才能解决经济社会协同发展问题，才能让欧盟作为重要一极在世界上占有自己的地位。在当今世界格局中，法国和欧洲要切实维护自身利益，必须高举多边主义旗帜，在气候变化、数字化、地区热点问题上积极发声，在大国关系中扮演沟通桥梁和中间人的角色，充分发挥所谓"非规制性权力"，使国际格局朝有利于自身利益的方向发展。

因此，进步主义、欧洲主义和多边主义的有效结合，国内改革、欧洲建设和大国地位的相辅相成，是马克龙欧洲政策的根本所在。如果马克龙在国内改革方面做得好，法国的情况有所改善，那么他在欧洲建设上自然也更有发言权，也就更能代表欧洲在国际上展现法国的大国地位。同时，如果欧洲建设做得好，无疑也会增强他在国内执政的正当性，反过来更有利于其推动国内改革，提升法国国力，以争取法国的大国地位。因此，欧洲建设无疑是非常重要的平台，既是联通法国内政外交的中间环节，也是马克龙实现连任、一展雄心抱负的依托。

二　机遇

首先是马克龙得以顺利连任。马克龙的改革之路现正可谓"行百里者半九十"，继续接下来的5年任期至关重要。马克龙作为一个年轻的政治素人，走的是非左非右的中间路线，在法国传统政治中并非主流，其之所以能够在2017年脱颖而出，主要是法国民众不愿背上"欧洲病夫"和"欧元区定时炸弹"之名，而左右两大政党包袱沉重又一直难有作为。从目前看，民众虽然对马克龙仍有许多不满，强大的社会惯性使一些人仍对改革政策有所抗拒，但总体来看民众的求变心理仍在，这是马克龙连任的重要基础。而相比之下，其他党派尤其是左翼社会党仍然陷入分裂，极右翼的勒庞和泽穆尔"互怼"，难以合力对马克龙形成足够的挑战。在2022年4月10日举行的法国总统大选第一轮投票中，马克龙获得27.85%的选票，勒庞获得23.15%的选票，极左翼梅朗雄获得21.95%的选票，而社会党与共和党两大传统政党的候选人得票率则均低于5%。[①] 这说明，法国政坛已呈现极左、极右和中间力量三分天下之势，马克龙未来执政恐面临更多挑战，但不管怎么说，其连任有利于法国政治的稳定，也有助于法国欧洲政策的连续性。

其次是英国"脱欧"留下权力真空。2016年英国公投"脱欧"，到2021年1月正式离开，这对欧洲的打击无疑是非常沉重的。欧盟不仅政治、经济、军事力量被极大削弱，更因为一体化进程只进不退的神话破灭，在软实力上尤其是国际声誉方面蒙受巨大损失。民众对欧盟的质疑普遍上升，成员国也更倾向于各自为政，甚至跟欧盟谈条件、要好处。可以说，欧洲一体

---

① «Décision n° 2022-195 PDR du 13 avril 2022»，法国宪法委员会网站，https://www.conseil-constitutionnel.fr/decision/2022/2022195PDR.htm。

化正处于前所未有的危急时刻,未来前途未卜,加强团结、凝聚共识日益成为头等大事。马克龙一直坚决反对英国"脱欧",不仅曾力劝英国留下,而且在谈判中坚决主张给英国以惩罚,不能给其他成员国留下不好的示范。当然从另一面看,英国"脱欧"也给了欧洲继续推进一体化的机会,毕竟少了英国这个"捣蛋分子",也少了一些阻碍。事实上,在马克龙的积极推动下,欧洲一体化取得了一定进展,尤其是在一直比较困难的防务领域。目前,英法两国在渔业、移民和海关问题上仍交锋激烈,甚至要闹上法庭,而法国在欧盟对英政策上不仅充当排头兵,同时也在很大程度上扮演主导者的角色,积极倡导欧洲团结的马克龙也因此获得了更多领导欧洲的正当性。

再次是德国领导力相对下降。在战后的欧洲一体化进程中,法德一直是"发动机",其中法国扮演着重要的政治旗手角色。随着两德统一,德国实力不断增强,法国开始呈相对下降趋势,尤其是欧债危机给了德国前所未有的机会。默克尔沉着稳定、表现出色,在危机解决过程中发挥了主导作用,也事实上将德国推上了欧洲领导者的角色,时任法国总统奥朗德不得不感叹欧洲主导权已经发生了转移。2021年9月,德国举行联邦议会选举,执政多年的联盟党败北,新一届政府由中左翼社民党与左翼绿党、右翼自民党联合组成,但该政府普遍不被外界看好,认为三党无论是在意识形态还是政策主张上,无论是在气候变化、财政预算还是对外关系上均有一定分歧。德国媒体就形容称:"红绿灯联盟的屋梁嘎嘎作响……这个联盟有一个总理和一个外交部部长,但还没有团队……朔尔茨和贝尔伯克正以全世界都能听到的不和谐声音开始这个新时代。"① 在英国"脱欧"的情况下,欧盟内部再次出现权力空白,这给了马克龙一个争取更多话语权的机会,成为一体化的主导力量,法国也可能重新成为欧盟的政治旗手,再次平衡因为债务危机而变化了的法德关系。

---

① "Baerbock und Scholz lassen die ganze Welt hören, wie sehr es zwischen ihnen knirscht", *Focus*, 23 Dezember 2021, https://www.focus.de/politik/deutschland/gastkommentar-von-gabor-steingart-nord-stream-china-es-knirscht-zwischen-scholz-und-baerbock-ein-team-bilden-sie-nicht_id_27613256.html.

最后是战略自主迫切性上升。当前正值世界百年未有之大变局，国际关系加速重组，大国竞争日趋激烈，欧洲身在其中可以说是压力极大。欧洲显然不愿意夹在中美之间被迫选边站，更希望根据自己的利益来选择对外政策。尤其是当下的跨大西洋关系已经变得越来越复杂，虽然拜登宣告"美国回来了"，一再拉拢欧洲盟友，重塑所谓"价值观联盟"，也让一些欧洲的亲美派感到欢喜鼓舞，但拜登在本质上仍然是坚持"美国优先"，尤其是美国国内的政治困局更是束缚了其手脚，难以根本摆脱特朗普的影响。美国先是在没有通知盟友的情况下匆忙从阿富汗撤军，丢下一个烂摊子，搞得欧洲人措手不及。随后，美国在印太搞美英澳军事同盟（AUKUS），再次将欧盟抛在一边。尤其是美国怂恿澳大利亚撕毁与法国的潜艇合同并自己取而代之，不仅让法国损失了12艘潜艇高达560亿欧元的大单，更让马克龙大失颜面。当前俄乌冲突，美国不断炒作战争风险，既从战略上遏制俄罗斯，也绑架欧洲对北约的依赖，更借液化石油气和军火大发横财，服务于民主党的中期选举，全然不管可能擦枪走火、危及欧洲盟友的安全。无论是对美国自私自利的失望，还是对特朗普可能回归的担心，都促使欧洲越发意识到战略自主的重要性，这使积极倡导这一主张的马克龙更易获得支持。

三 挑战

虽然马克龙有想法，也有所作为，但事实上，无论是法国还是欧洲所面临的现实都表明，要想实现根本性的改变并非易事。在连任前景可期的情况下，马克龙的欧洲建设努力仍面临来自三个层面的挑战。

第一个层面是法国国内。法国深受传统体制和思维桎梏，阻碍了社会的变革，民粹主义思潮日益抬头。马克龙上台后遇到多次危机，无论是"贝纳拉事件"①，还是"黄马甲"运动，还有自1995年以来最大规模的罢工运

---

① 2018年5月1日，马克龙的私人保镖贝纳拉涉嫌在非执勤时殴打示威者，引发舆论热议，在野的共和党在议会发起对马克龙政府不信任投票，成为马克龙就任总统以来遭遇的首次政治危机。

动，特别是新冠肺炎疫情的持续，迫使其不得不将改革的脚步停下来。在2022年总统大选即将到来之际，马克龙转而将重点放在了欧洲建设上，力争以此为主要突破点，借外交成就提升自己的信任度。但目前，法国民众对欧盟的认同度是非常低的，更有人明确质疑马克龙耗费资源和精力是在搞"形象工程"。根据IFOP民调所一项名为"欧洲主权"的调查，40%的法国受访者希望欧盟成员国拥有更多"国家主权"，而只有29%的法国人希望在一个更加一体化的欧盟框架内拥有"欧盟主权"；与之形成鲜明对比的是，站在"欧盟主权"这一方的意大利人和德国人分别有50%和43%。法国人的"欧洲自豪感"也比较低，有68%的法国受访者为自己是欧洲人感到自豪，而因身为法国人感到骄傲的比重有87%，而德国这两个比例都是77%，意大利是75%和89%。德国《法兰克福汇报》就此评论称，上述民调显示，法国总统马克龙2017年在索邦大学发表的关于"重建主权欧洲"的演讲并没有在法国"开花结果"。[1] 事实上，问题的苗头已经显现。2022年元旦，为庆祝法国担任欧盟轮值主席国，巴黎凯旋门上升起了欧盟的旗帜，此举遭到很多人的质疑，右翼和极右翼政党借此猛烈抨击马克龙，最后迫使政府不得不在三天后将欧盟的旗帜撤下。法国《回声报》据此刊文称："这样的局面是这些候选人针对欧盟现有运作对抗意愿的体现。他们中没有一个是要求法国干脆退出欧盟的，但所有人都认为法国应该重新恢复一部分主权。"[2] 因此，马克龙的欧洲建设努力能在多大程度上得到法国民众的认同仍存在不确定性。

第二个层面是欧洲内部。欧债危机导致的南部欧洲与北部欧洲的矛盾，乌克兰危机中凸显的东部新欧洲与西部老欧洲的分歧，都说明英国的"脱欧"虽是例外，但绝非偶然。欧洲一体化走到今天，最大的问题就在于红

---

[1] "Eine enttäuschte Liebesbeziehung mit Europa", *Frankfurter Allgemeine Zeitung*, 25 Dezember 2021, https：//www.faz.net/aktuell/politik/ausland/umfrage-franzosen-sind-skeptisch-gegenueber-europa-17699466.html.

[2] « Le drapeau européen, symbole d'un clivage politique français », *Les Echos*, le 5 janvier 2022, https：//www.lesechos.fr/idees-debats/cercle/opinion-le-drapeau-europeen-symbole-dun-clivage-politique-francais-1376828.

利的创造和分配方面出了问题，没有足够的利益，就难以让成员国再朝一个方向走下去。同法国国内一样，欧洲许多国家同样受到民粹思潮的冲击，社会分化带来的政治碎片化和传统政党的式微，都加剧了欧洲内部的离心主义。马克龙面临的就是这样一个四分五裂的欧洲，而且他也同样受到其他成员国民众的质疑。有的人认为，马克龙代表的是一种法式的利己主义，因为他的欧洲主义是建立在维护法国利益基础上的，更多的是想占其他成员国的便宜。也有人认为，马克龙代表的是一种法式的冒险主义，法国不可能为整个欧洲提供安全保护，跟美国和北约闹独立是将欧洲置于危险之中。更有人认为，马克龙代表的是一种法式的虚无主义，法国的实力不如德国却不自知，根本不可能提供什么像样的公共产品，只能是"雷声大雨点小"。日本《选择》杂志就认为："法国越是想领导一个'法国式'的欧洲，就越会招致其他国家的冷眼相对。"[1] 美国《外交事务》杂志刊文也认为："马克龙的欧洲愿景是有缺陷的……法国不能代表欧盟，如果它试图承担这一角色，有可能进一步分裂欧洲大陆。"[2]

第三个层面则是国际格局。世界正处于深刻重大的调整变化之中。一方面，新冠肺炎疫情与固有结构性问题叠加。除了疫情本身的应对问题，全球供应链紧张以及通胀的快速上升表明经济复苏还有非常大的不确定性，社会不满情绪在积累，政治体制失灵日渐突出，内部困境外化趋势明显，外交利己主义情绪上升。另一方面，大国之间博弈越来越激烈。美国搞了一系列同盟针对中国，同时借乌克兰问题对俄战略施压，欧洲夹在其中压力很大，既碍于西方同盟不得不选边站队，又不愿意城门失火殃及池鱼，尤其是为美国的战略利益牺牲自己，心情可以说非常矛盾复杂。美国为维系自己的全球霸权，不会任由欧洲掌控更多自主权。在潜艇事件之后，拜登政府表面上积极与法国沟通，公开承认欧洲防务一体化是对北约的有益补充，但在接下来的乌克兰事件中翻手为云，利用安全危机进一步分化新老欧洲，也极大加强了

---

[1] 转引自《法国为何成不了欧洲领袖》，《参考消息》2021年11月18日。
[2] Francis J. Gavin & Alina Polyakova, "Macron's Flawed Vision for Europe", *Foreign Affairs*, https：//www.foreignaffairs.com/articles/europe/2022-01-19/macrons-flawed-vision-europe.

欧洲对北约的依赖,更通过制造能源危机向欧洲转移国内通胀成本。欧洲外交关系协会(ECFR)的一份报告指出:"自2008年金融危机以来,相对于其欧洲盟友,美国变得越来越强大。跨大西洋关系并没有像21世纪初的趋势那样变得更加平衡,而是更受美国主导。从根本上说,欧洲在俄乌危机中缺乏能动性是由于西方联盟中权力日益失衡。"① 因此,只要欧洲的安全还需要靠美国领导的北约来保障,只要债务危机之后美强欧弱的对比趋势不发生改变,只要英国离开以后的欧洲不能团结一致,那么欧洲在很多时候就只能是一个利益攸关方,而不是决定者。

四 前景

马克龙的欧洲政策是逐渐发展的,而且在内外环境的变化下正不断调整。早在2017年9月,上任仅4个月的马克龙就在巴黎索邦大学发表题为《欧洲倡议:一个主权、统一、民主的欧洲》(Initiative pour l'Europe: une Europe souveraine, unie, démocratique)的演讲,正式提出重建欧洲的政策主张,并指明了其欧洲政策的四大基本方向:深化法德合作、加强欧盟防务、深化欧元区经济改革、增强欧盟在生态和数字科技方面的国际引领作用。② 随后,2018年4月,马克龙在接受法国BFM电视台采访时称:"我相信一个主权的欧洲。我相信我国在取决于它的这些问题上的主权:移民、安全等问题……但我相信欧洲主权。我认为欧洲的觉醒应该来自这一主权。"③ 接着,2019年3月4日,马克龙又发表了题为《实现欧洲复兴》(Renaissance

---

① Jeremy Shapiro, "Why Europe has no say in the Russia-Ukraine crisis", *ECFR*, Jan. 27, 2022, https://ecfr.eu/article/why-europe-has-no-say-in-the-russia-ukraine-crisis/.

② « Initiative pour l'Europe: Une Europe souveraine, unie, démocratique »,法国总统府网站, https://www.elysee.fr/emmanuel-macron/2017/09/26/initiative-pour-l-europe-discours-d-emmanuel-macron-pour-une-europe-souveraine-unie-democratique。

③ « Revoir l'intégralité de l'interview d'Emmanuel Macron sur BFMTV-RMC-Mediapart », *BFMTV*, le 15 avril 2018, https://www.bfmtv.com/politique/revoir-l-integralite-de-l-interview-d-emmanuel-macron-sur-bfmtv-rmc-mediapart_VN-201804150126.html.

européenne）的"告欧洲同胞书"，指出英国"脱欧"是对欧洲一体化的一次重大打击，但并不妨碍欧盟本身会获得历史性的胜利，欧洲一体化必须迎难而上，法国必须带领欧盟前进并致力于捍卫欧洲模式，必须从自由、保护和进步（la liberté, la protection et le progrès）三个方面实现欧洲的复兴。① 2020年11月16日，马克龙在接受法国《大陆杂志》采访时进一步明言："我相信欧洲战略自主……不依附他国，是在当代国际关系当中发挥影响力的条件。……只有在我们（欧盟）对自身严肃以待，并打造基于主权的国防战略时，美国才会把我们当作盟友来尊重。""经历过两德统一，欧洲解决了自身面临的危机。如今，欧洲需要在四个领域奋斗，分别是教育、卫生、数字科技与环保，需要大规模投资。"② 2021年9月28日，受潜艇事件刺激的马克龙访问希腊时称："欧洲人应该要让自己受到尊重，十年来美国一直把焦点放在自己身上，并且将其战略利益重新导向太平洋区域，这么做是美国的权利，但是我们不要为此承担后果，否则就太天真或者会是个大错。"③ 2021年12月9日，马克龙又高调宣称，欧洲大陆的目标应该是创造"一个在世界上活跃、拥有完全主权、可以自由选择并掌握自身命运的强大欧洲"④。

马克龙的欧洲政策带有一定的理想主义色彩，也有被人指摘之处，尤其是在现实条件下其中的一些目标很难实现。但瑕不掩瑜，必须承认马克龙的主张总体上是积极的。首先，他将个人的政治雄心和法国的大国复兴与欧洲的战略自主结合起来，是在做加法而非减法，最终目的是实现各方共赢，更

---

① « Pour une renaissance européenne »，法国总统府网站，https://www.elysee.fr/emmanuel-macron/2019/03/04/pour-une-renaissance-europeenne。
② « La doctrine Macron: une conversation avec le Président français »，*Revue Grand Continent*, le 16 novembre 2021, https://legrandcontinent.eu/fr/2020/11/16/macron/.
③ "Macron tells Europe to 'stop being naive' after France signs defence deal with Greece", Sep. 28, 2021, https://www.reuters.com/world/europe/greece-buys-three-new-french-frigates-boost-european-defence-2021-09-28/.
④ « Intervention du Président Emmanuel Macron au Sommet pour la démocratie organisé par les États-Unis »，法国总统府网站，https://www.elysee.fr/emmanuel-macron/2021/12/09/intervention-du-president-emmanuel-macron-au-sommet-pour-la-democratie-organise-par-les-etats-unis。

易赢得人心。其次,马克龙政策的提出恰逢欧洲正处于一体化方向不明、离心力加大之时,因而其被视为抵御民粹主义的坚强堡垒,更具政治正确性。最后,当前大国竞争带来的欧洲安全局势恶化也说明马克龙所提倡的欧洲战略自主的紧迫性。

自2022年1月起,法国开始担任欧盟轮值主席国,这无疑给了马克龙一展抱负的难得机会。在新年讲话中,马克龙高调宣布了包括体制改革在内的一系列举措,再次力推欧洲战略自主,让法国再次成为欧洲的"领导者"。现在,摆在他面前最直接的问题就是再次燃爆的乌克兰危机,如何与其他成员国尤其是德国协调应对,在危机中最大限度地保证欧洲的安全利益,无疑是对马克龙的一次严峻考验。

政 治 篇
Politics

B.6
法国社会党的衰退和主要政党的变化对法国政党格局的影响

吴国庆*

摘　要： 法国左翼社会党在2022年总统选举中遭遇惨败，其推举的伊达尔戈所得选票在12名总统候选人中排名第十。社会党的惨败是社会党历史上第四次衰退的延续。与此同时，社会党为筹备第十六届立法选举，号召左翼大联合，形成"新埃皮内"，但并未获得左翼任何政党的响应，不得已加入极左"不屈的法兰西"引领的"环保与社会人民新联盟"，其已从昔日的左翼领头羊沦落为左翼联盟和极左政党的小跟班。左翼社会党和右翼共和党的衰退，以及国民联盟走强和极左"不屈的法兰西"强势崛起，导致法国现有政党格局的解构和重构，可能形成中间政党居优，由中间政党复兴党、右翼共和党、左翼社会党、极右国民联盟和极左"不屈的法兰西"组成的五极化的新政党格局，

---

* 吴国庆，中国社会科学院欧洲研究所研究员，研究领域为法国政治与社会。

但最终的格局形成还要看第十六届立法选举甚至参议院和地方选举的结果。

关键词： 总统选举　社会党　左翼　共和党　政党格局

一　法国社会党的衰退

（一）2022年总统选举中惨败

2022年4月10日，法国在第五波新冠肺炎疫情和俄乌武装冲突背景下举行了法兰西第五共和国第十二届总统选举的首轮投票（以下总统选举和立法选举都是指法兰西第五共和国总统选举和立法选举）。根据法国内政部和法国宪法委员会修正的数据：12名正式总统候选人得票率分别为：中间政党共和国前进党（République en Marche, REM）马克龙（Emmanuel Macron）为27.85%、极右国民联盟（Rassemblement national, RN）勒庞（Marine Le Pen）为23.15%、极左"不屈的法兰西"（France insoumise, FI）梅朗雄（Jean-Luc Mélenchon）为21.95%、极右"光复党"（Reconquête!）泽穆尔（Éric Zemmour）为7.07%、右翼共和党（Les Républicains, LR）佩克雷斯（Valérie Pécresse）为4.78%、左翼欧洲生态-绿党（Europe Écologie Les Verts, EELV）雅多（Yannick Jadot）为4.63%、中间政党抵抗运动（Résistons）拉萨尔（Jean Lassalle）为3.13%、左翼法国共产党（Parti communiste français, PCF）鲁塞尔（Fabien Roussel）为2.28%、右翼法兰西崛起（Debout la France, DLF）杜邦-艾尼昂（Nicolas Dupont-Aignan）为2.06%、左翼社会党（Parti socialiste, PS）伊达尔戈（Anne Hidalgo）为1.75%、极左反资本主义新党（Nouveau parti anticapitaliste, NPA）普图（Philippe Poutou）为0.76%、极左工人斗争（Lutte ouvrière, LO）阿尔托（Nathalie Arthaud）为0.56%。马克龙—勒庞决战第二轮的场景时隔5年再次上演。

社会党总统候选人伊达尔戈的得票率排在 12 名总统候选人中的第十位，也就是 12 名总统候选人中倒数第三位。在传统的左翼政党（社会党、法国共产党、欧洲生态-绿党）总统候选人中，她的得票率排在最后一位。与 2017 年第十一届总统选举首轮投票比较，当时社会党总统候选人阿蒙（Benoît Hamon）的得票率为 6.36%，在 11 名正式总统候选人中排在第五位，他也是传统的左翼政党中唯一的总统候选人。他在首轮投票中的得票率虽然越过 5% 的竞选经费报销线，但还是使社会党陷入财政危机，社会党被迫出售总部大楼。而在 2022 年的首轮投票中伊达尔戈远未达到 5%，从而使社会党在 2022 年总统选举中遭到惨败，家底也快要赔光了。

社会党在 2022 年总统选举中惨败的主要原因有以下几点。其一，社会党的竞选纲领未能吸引选民。伊达尔戈于 2022 年 1 月 13 日公布了竞选纲领《为了更好共同生活的 70 条建议》①，列举了经济领域、环保领域、社保领域、教育领域、安全领域、外交领域以及民主建设等方面的建议和措施，但重点不突出，未能激发选民的兴趣，从而未能获得选民尤其是社会党传统选民的同情和支持。其二，社会党的总统候选人没有获得全党一致的支持。社会党于 2021 年 10 月 14 日在里尔召开的党内选举大会上，伊达尔戈以 72% 的绝对多数选票战胜竞争对手、勒芒市市长勒福尔（Stéphane le Foll），作为该党统一的总统候选人并获得社会党第一书记富尔（Olivier Faure）正式确认，但仍然有一些社会党精英各行其是。社会党经济部前部长蒙特堡（Arnaud Montebourg）于 2021 年 9 月 4 日宣布参加总统选举，11 月他出版的新书名为《投身参选》（l'Engagement），兼有"承诺"之意，2022 年 1 月 10 日他成立名为"使命"（Engagement）的新政党，为复出政坛铺路。社会党司法部前部长托比拉（Christiane Taubira）也于 2022 年 1 月 15 日在里昂宣布参加总统选举。社会党在统一总统候选人方面又一次分裂，从而削弱了伊达尔戈作为社会党总统候选人的声誉和影响力。其三，与 2017 年总统选举首轮相比，那时社会党总统候选人是传统左翼（社会党、欧洲生态-绿

---

① https：//www.2022avechidalgo.fr/notre_programme.

党、法国共产党)唯一总统候选人,投给左翼总统候选人的选票比较集中。而本次首轮总统选举中,传统左翼政党都有自己的总统候选人,亮出各自的选举纲领,投身竞选运动,争取选民特别是传统左翼选民,从而造成社会党总统候选人选票的分散,减少了所得选票的数量。其四,在当前法国政治和思潮向着极右和极左两极分化的形势下,法国选民特别是传统左翼选民转向极右或极左总统候选人,把相当数量的选票投给勒庞或梅朗雄,从而导致社会党总统候选人伊达尔戈选票流失。

(二)从左翼领头羊沦落为左翼和极左翼"小跟班"

自1971年6月在塞纳河畔埃皮内(Épinay)召开社会党各个派别与共和制度大会党(Convention des institutions républicaines,CIR)合并大会后,社会党浴火重生,其实力日益壮大,影响力日益扩张,逐渐成为法国左翼的主力、中坚和领头羊。无论在法国全国性选举还是地方性选举中,社会党自始至终都是法国左翼的主要力量,无论在执掌政权时期还是在野时期,社会党都是法国左翼的中流砥柱。很长一段时期内,社会党的实力和影响力在法国左翼中无与伦比。

直到2021年9月,社会党召开的第79次全国代表大会还认为,社会党仍然是法国左翼的中坚力量和中流砥柱,仍然是左翼从事政治替换的核心,并要极力实现在2022年总统选举第二轮投票中由左翼总统候选人与马克龙对决。① 大会强调联合左翼是社会党一贯坚持的战略,并号召为了政治替换筹备一个"新埃皮内"(nouvel Épinay),实现所有社会主义者、所有的左翼和所有的公民新力量,包括法共、左翼新组织——公共广场(Place publique)、新形势(Nouvelle donne)、公民网络(Réseaux citoyens)、市民社会参与者(Acteurs de la société civile)等左翼大联合。大会提问:既然社会党能够在地方选举中与左翼实现联合,为何不能在2022年总统选举中实现左翼大联合呢?

---

① https://partisocialiste92.fr/79eme-congres-du-parti-socialiste/.

法国社会党的衰退和主要政党的变化对法国政党格局的影响

不过，无论在2022年总统选举首轮投票前还是首轮投票后，社会党提出的左翼大联合以再次实现埃皮内的号召，都没有得到任何左翼政党的响应，社会党已丧失了号召力。而极左"不屈的法兰西"党的候选人梅朗雄凭借在总统选举首轮得票率排行第三并同排行第二的勒庞得票率相差无几的底气，多次声称下一步的目标是要在第十六届立法选举中成为总理并与马克龙实行共治，积极而主动地扛起"左翼联盟"的大旗。

"不屈的法兰西"最先同欧洲生态-绿党谈判，并于2022年5月1日达成协议，建立起"环保与社会人民新联盟"（Nouvelle union populaire écologique et sociale），成为左翼大联合的先驱。左翼联盟的目的是通过立法选举赢得议会多数，从而把梅朗雄送上总理宝座并组成左翼政府，实现与马克龙的中左共治。在协议中，欧洲生态-绿党分得100个选区。

接着，"不屈的法兰西"与法国共产党于5月3日达成协议，法共加入"环保与社会人民新联盟"。法共当天公告称："我们希望在一个宏大纲领的基础上联合一切支持这个纲领的力量，同时尊重各方的多元性和独立性。"法共全国书记鲁塞尔表示："1936年5月3日，人民阵线（Front populaire）赢得了立法选举。2022年5月3日，我们团结在'环保与社会人民新联盟'的旗帜下。"[①] 在协议中，法共分得50个选区。

由于丧失了扛起左翼大联合的资本，社会党不得不屈尊就下。社会党全国理事会于2022年4月20日通过了与"不屈的法兰西"谈判、联合进行第十六届立法选举的决议。[②] 但两党谈判比较艰难，一则两党在意识形态上差距较大；二来两党在选举历史上从来没有结盟过。尽管如此，社会党第一书记富尔坚持谈判并在双方妥协的基础上于2022年5月4日达成协议，社会

[①] « Législatives：le PCF officialise son accord avec LFI »，2022/05/04，https：//www.lalibre.be/international/europe/elections-france/2022/05/03/legislatives-le-pcf-officialise-son-accord-avec-lfi-TGUC6XDPFVE5XJBGXGPBZZFDXM/? outputType=amp.

[②] « Législatives：la majorité du PS en faveur d'un dialogue avec La France insoumise l »，https：//www.bfmtv.com/politique/elections/legislatives/legislatives-la-majorite-du-ps-en-faveur-d-un-dialogue-avec-la-france-insoumise_AN-202204190715.html.

党加入了"环保与社会人民新联盟"。① 在协议中,社会党分得70个选区。两党达成协议后,社会党内立即出现反对的声音,尤其是党内几个"大佬"如前总统奥朗德(François Hollande)、前总理卡泽纳夫(Bernard Cazeneuve)。农业部前部长、勒芒市市长勒福尔声称不接受该协议的约束,准备"退党"另起炉灶参加立法选举。

"不屈的法兰西"积极主动扛起左翼联盟大旗并先后同欧洲生态-绿党、法国共产党和社会党达成"环保与社会人民新联盟"的举措证明,一向充当左翼和左翼联盟领头羊角色的社会党已经让位给极左"不屈的法兰西",沦落为左翼和极左翼的"小跟班"。但是,"不屈的法兰西"这种领头羊,正如波尔多大学孟德斯鸠研究所研究员多米尼西(Thierry Dominici)所评价:"事实上,梅朗雄通过左翼民粹主义来融合左翼力量,以便像西班牙左翼政党'我们能'一样,创造出葛兰西(Antonio Gramsci)所说的反霸权力量。换句话说,在这次立法选举活动中,比利时哲学家穆夫(Chantal Mouffe)所设想的、与右翼民粹主义和生产主义相对立的左翼民粹主义框架,可能会围绕梅朗雄这个代表人物进行整合。"②

二 法国社会党的衰退加速法国政党格局的解构和重构

(一)社会党的衰退是社会党史中第四次衰退的延续

由法国工人运动和社会主义运动各个流派于1905年4月联合成立的统一社会党(Parti socialiste unifié,PSU)在其历史上经历了四次衰退。第一次衰退是在1920年图尔代表大会上,主张接受共产国际(Internationale

---

① « Accord entre la France insoumise et le Parti socialiste pour les prochaines élections législatives », le 4 mai 2022, https://www.parti-socialiste.fr/accord_entre_la_france_insoumise_et_le_parti_socialiste_pour_les_prochaines_elections_legislatives.
② 靖树:《极右派为何在法国"爆红"?梅朗雄担任总理前景如何?欧时专访法国政治学者》,《欧洲时报》2022年5月9日。

communiste）21 条的、以加香（Marcel Cachin）为首的多数派（占党员 3/4）分裂出去另成立法国共产党，以勃鲁姆（Léon Blum）为首的少数派（占党员 1/4）坚持继承社会党衣钵。社会党严重的分裂导致社会党衰退，直到 20 世纪 30 年代才东山再起。

第二次衰退发生在第二次世界大战爆发时，社会党议员半数以上投靠维希伪政权，从而导致了法兰西第三共和国的灭亡；另一部分社会党精英带领余下的力量参加抗击德国法西斯的斗争，并参加了以戴高乐（Charles De Gaulle）为首的全国抵抗运动委员会（Conseil national de la Résistance，CNR）。社会党严重的分裂导致社会党衰退，直到第二次世界大战后期才恢复元气。

第三次衰退是从 1958 年法兰西第五共和国成立以来，社会党就戴高乐个人的评价、戴高乐主义、第五共和国宪法、第五共和国政治体制发生严重的分歧，其组织处于四分五裂状态，并不断地产生裂变，形成众多的派别，从而使社会党实力和影响受到严重的削弱，在总统选举和立法选举中屡屡失败。社会党直到 1971 年埃皮内大会后才止住衰退，浴火重生。

第四次衰退是从 2012 年社会党人奥朗德当选总统和社会党成为执政党开始。由于社会党未能兑现竞选总统时期提出的"改变，就是现在"[①] 的许诺，加上社会党党内矛盾重重，以及不断分裂、阶级基础削弱、党员队伍老化、左翼政党不团结且各行其是，2017 年在第十一届总统选举和第十五届立法选举中丧失了政权和执政党地位，之后在野时期（2017～2022 年）在法国政坛上进一步被边缘化。2022 年第十二届总统选举中伊达尔戈的惨败和筹备第十六届立法选举过程中社会党沦落为左翼联盟和极左翼"小跟班"，则是社会党第四次历史性衰退的延续。

（二）社会党的衰退加速了法国政党格局的解构和重构

社会党曾经在法国 1974～1988 年的左翼、右翼两极化政党格局和

---

① 〔法〕弗朗索瓦·奥朗德：《改变命运：奥朗德自述》，刘成富、房美译，译林出版社，2013，第 143 页。

1988~2017年左翼、右翼、极右翼三极化政党格局中居优势地位，构成政党格局中强大的一极，主宰和引导了法国政治和政党格局的走向。

社会党在2012年第十届总统选举中赢得总统宝座，接着在同年第十四届立法选举中获得过半数席位，跃居法国第一大党，继1981年后再创历史辉煌。社会党拥有了总统、总理、议会两院以及地方议会多数的席位，其实力和影响力如日中天。社会党在左翼（社会党）、右翼（人民运动联盟）、极右（国民阵线）三极化政党格局中居优势地位。但是，社会党的鼎盛时期也是社会党走向衰退的开始，随着时间的推移，其实力和影响力逐渐萎缩，直到2017年在第十一届总统选举和第十五届立法选举中丧失了总统宝座和全国第一大党地位，导致原有政党格局的解构和重构，从而诞生了以中间政党（共和国前进党）居优势地位，由中间极（共和国前进党）、左翼极（社会党）、右翼极（共和党）、极右极（国民联盟）组成的四极化政党格局。自此，社会党的实力和影响力进一步式微，在法国政坛上日益被边缘化，最终在第十二届总统选举中惨败，在左翼联盟中由领头羊变成"小跟班"。

与此同时，构成四极化政党格局中一极，并处在优势地位的共和国前进党在2017年之后的参议院选举、地方议会选举和欧洲议会选举中成绩平平或遭到挫折。在2022年总统选举中马克龙虽然当选连任，但在第二轮决战中所得选票一半是因为选民反对极右勒庞而投的选票。4月24日选胜的当晚，马克龙坦承："我知道很多同胞给我投票，并不是因为赞成我的竞选纲领，而是为了抵制极右翼。"① 共和国前进党的实力和影响力有所削弱，于2022年5月5日改头换面，改名为"复兴党"（Renaissance），旨在重振中间政党及其奉行的中间主义路线。

与此同时，作为四极化政党格局中一极的极右国民联盟虽然在2017年以后的参议院选举和地方议会选举中未能获得进展，但在2019年第九届欧

---

① « Déclaration de M. Emmanuel Macron, président de la République, sur sa réélection à la Présidence de la République française et le projet de son deuxième quinquennat, à Paris le 24 avril 2022 », https://www.vie-publique.fr/discours/284950-emmanuel-macron-24042022-presidence-de-la-republique.

洲议会选举中取得较好的成绩，从而使该党的实力和影响力有所发展。特别是在2022年第十二届总统选举中，其总统候选人勒庞在首轮投票中的得票率排名第二，进入了第二轮，同首轮得票率第一的马克龙决战。在决战中，马克龙以58.55%的选票战胜获得41.45%选票的勒庞，连任总统。不过，与2017年同样是马克龙和勒庞两人进入第二轮角逐相比较，当时后者败北，与前者得票率差距为32个百分点；而2022年总统选举决战中两人得票率差距已经缩小到17个百分点。这说明，国民联盟的实力和影响力已有较大的提升。

与此同时，作为四极化政党格局中一极的右翼共和党在2017年之后的参议院选举、地方议会选举和欧洲议会选举中，总体实力和影响力有所回升，党员数量有所增加。共和党欲顺势而为，计划在2022年第十二届总统选举中赢得总统宝座。共和党通过党内初选选出法兰西岛大区议会议长佩克雷斯为该党的总统候选人。在总统竞选期间，佩克雷斯的民调节节上升，一度在各个政党总统候选人中排名第二，有望进入第二轮决赛。但是，其一，她的竞选纲领未能获得选民的青睐；其二，她的竞选集会缺乏声势，本人演讲也缺乏鼓动性，还经常出现口误，致使在选战后期民调一路下跌；其三，她始终没有得到本党许多"大佬"如萨科齐（Nicolas Sarkozy）等人的大力支持。最终，在总统选举首轮投票中，佩克雷斯得票率仅排在12名总统候选人中的第五位，未能进入第二轮角逐。由于她的得票率未能越过5%的竞选经费报销线，从而给共和党财政造成700万欧元的缺口，她个人也负债500万欧元，被迫求助网上募捐。共和党实力和影响力有所下降。

与此同时，四极化政党格局之外的极左"不屈的法兰西"，在2017年总统选举首轮投票中，其总统候选人梅朗雄获得选票排名第四，仅次于马克龙、勒庞和当时的共和党总统候选人菲永（François Fillon）。接着，该党在第十五届立法选举中再次取得好成绩，所获席位排名第四，仅次于共和国前进党、共和党、社会党。"不屈的法兰西"如同一匹黑马，令法国政界和舆论界刮目相看。其党员数量增长迅速，2017年4月有党员32.8万名，6月立法选举后号称有党员50.8万名。"不屈的法兰西"的迅速崛起冲击着四极化政党格局。此后，该党在2017年之后的参议院选举和地方议会选举虽然未获得进展，但在2019年5月第九届欧洲议会选举中获得的选票排名第五，其实力和影响力继续上升。引人注目的是，"不屈的法兰西"的党魁梅朗雄在本年度总统选举首轮投票中得票率在12名总统候选人中排名第三，与排名第二的勒庞得票率相差无几。与2017年总统选举首轮投票中的得票率（19.58%）相比较，梅朗雄在这次总统选举首轮投票中的得票率上升了3个百分点，从排名第四上升到第三，震惊了法国政坛。"不屈的法兰西"和梅朗雄进一步崛起的主要原因在于以下两点：首先，"不屈的法兰西"以"极左民粹主义"为指导思想，梅朗雄的竞选纲领充满"劫富济贫"的内容，迎合了正在极左化的选民的需要；其次，梅朗雄善于营造竞选声势，其演说具有振奋人心的效果，吸引了众多选民，特别是下层草根选民和青年人。"不屈的法兰西"进一步崛起、"爆红"和引领左翼大联合，直接导致了四极化政党格局的解构和重构。

综上所述，居优势地位的中间政党共和国前进党变弱、极右国民联盟走强、"不屈的法兰西"强势崛起并成为左翼领头羊、传统两大党——右翼共和党与左翼社会党变弱，导致了四极化政党格局的解构和重构，特别是左翼社会党严重的衰退和丧失了左翼领头羊的作用，进一步加速了四极化政党格局的解构和重构。

三 四极化政党格局解构和重构导致的 五极化新政党格局有待最终完成

2022年总统选举首轮投票结果公布后，法国和欧洲政界及舆论界纷纷发表评论，感言法国政治和政党格局发生了变化，"五年前马克龙当选后开始的政治重组正在加剧。4月10日第一轮总统选举的结果不仅反映了新的色彩平衡，也反映了主角的变化"。[①] 左右翼主宰时代不再，政治格局和政

---

① 法国《十字架报》（*La Croix*）2022年4月11日。

党格局重组。比利时媒体《自由比利时报》社论作者德梅斯（Dorian de Meeûs）强调指出："法国是一个需要重塑政治格局的国家。"①

法国和欧洲政界及舆论界部分人士开始做出判断，经过2022年总统选举首轮投票后，法国形成了共和国前进党代表的中间政治、国民联盟代表的极右政治和"不屈的法兰西"代表的极左政治三大政治势力，三者在首轮投票中的得票率加起来占选票总数的72.95%，为绝对多数，从而"三分天下"。巴黎政治大学教师、散文家贾伊兹（David Djaïz）认为，马克龙-勒庞-梅朗雄的三人组代表了政治格局的新路线，代表了三种意识形态。② 部分人士还认为，为筹备第十六届立法选举，由复兴党、民主运动（Mouvement démocrate，MoDem）、地平线党（Horizons）组成的"在一起"（Ensemble）联盟，以及由"不屈的法兰西"、欧洲生态-绿党、法国共产党和社会党组成的"环保与社会人民新联盟"，实际上就是法国的"精英阵营 VS 平民阵营"的格局。③

笔者认为，由2022年总统选举结果、社会党继续衰退、国民联盟走强和"不屈的法兰西"崛起导致以中间政党居优势地位，由中间政党复兴党、极右国民联盟、右翼共和党、左翼社会党组成的四极化政党格局正在解构和重构，极左"不屈的法兰西"有可能进入重构的新政党格局，从而初步形成以中间政党复兴党居优势地位，由中间政党复兴党、右翼共和党、左翼社会党、极右国民联盟、极左"不屈的法兰西"组成的五极化政党格局，但这一过程尚未完成，主要理由如下。其一，某些法国政界和舆论界认为，由于传统两大党社会党与共和党的衰退，被剔除出政党格局不无道理，但也应该看到第十五届国民议会中，共和党拥有105席，组成了第二大党团；社会党拥有30席，组成了第四大党团。在2020年改选后的参议院中，共和党拥

---

① 比利时《自由比利时报》（*La Libre Belgique*）2022年4月11日。
② 《法国大选：政治重组加剧　左右派主宰时代不再》，〔法〕《欧洲时报》2022年4月12日。
③ 法国左翼社会活动家、人文主义者及随笔作者米尼亚尔（Jean-Pierre MignardI）接受法国《玛丽亚娜》（*Marianne*）杂志的访谈，https://www.marianne.net/politique/gauche/jean-pierre-mignard-jean-luc-melenchon-a-fait-le-travail-que-dautres-ne-faisaient-plus。

有148席，组成了第一大党团；社会党拥有65席，组成了第二大党团。在地方议会中，共和党与社会党都保有强大的根基，基本上两党平分天下。其中，社会党人伊达尔戈担任法国首都巴黎市市长已经长达20年之久，共和党人佩克雷斯从2015年担任法兰西岛大区议会主席至今。社会党与共和党虽然衰退，但仍然是法国政党格局中两支不可忽视的重要政治力量。其二，还要看第十六届立法选举的结果，甚至下届参议院部分改选和地方选举的结果，特别是社会党与共和党在上述选举后的结果，才能最终得出原有政党格局解构和重构导致新政党格局诞生的结论。

B.7 法国2021年反恐形势与马克龙政府的应对*

武亦文**

摘　要： 法国自2015年至今多次遭受不同规模不同性质的恐怖袭击，反恐始终是法国政府的优先考量之一。2021年，法国反恐局势呈现新的特点，个人激进化趋势更为明显，宗教极端势力、极右势力和其他极端思想同时带来不稳定因素，反恐难度加大。为此法国政府采取了一系列措施，在国内加强立法与管控，对外调整在非洲萨赫勒地区的整体反恐政策。未来法国反恐局势仍然严峻，法国政府希望通过加强国际合作寻找解决思路。

关键词： 马克龙　法国反恐　恐怖袭击　恐怖主义

自2015年1月《查理周刊》事件后，法国连续遭遇多次大规模群体性恐怖袭击事件，政府加大了情报收集和分析工作力度，挫败了多起团体策划活动。自2019年起，法国本土发生的恐袭事件逐渐转变为单人作案，给社会带来更大的恐慌。而2020年10月发生的中学教师被斩首事件将法国反对恐怖主义和宗教极端势力的讨论推向顶峰，有关反恐的新闻也多次成为法国媒体的头条报道。为了安抚人心，法国政府数次强调反恐在政府工作中的核心地位，法国国内安全局（Direction générale de la sécurité

---

* 本文受北京外国语大学2020年度双一流重大标志性项目"英法双语跨学科全球治理拔尖人才培养项目"资助，项目号259501021002。
** 武亦文，北京外国语大学北外学院讲师，主要研究方向为法语国家与地区社会问题。

intérieure，DGSI）因此被法国分析人士称作最繁忙的机构，其既要面对被宗教极端势力洗脑、随时准备"圣战"的群体，还要面对蠢蠢欲动的新纳粹主义，更要警惕具有极右倾向、时刻准备夺取国家政权的军人和来自境外、试图发动政变的个体。[1] 该评价也表明法国对于恐怖主义有了更广泛的定义，目前主要分为四个维度：内部威胁（例如科西嘉分裂恐怖主义）、外部威胁（萨赫勒地区基地组织等）、可同时给内部和外部造成威胁的势力（例如法国和西班牙境内的巴斯克分裂主义）和跨国混合威胁（例如煽动侨民或非国民施行暴力行为的宗教恐怖主义）[2]，多种极端思想都被法国列入恐怖主义的范畴。

与 2015~2017 年相比，法国近两年遭受的恐怖主义袭击方式呈现新特点，由原先准备充分的团体行动逐渐演变为单一作案；教师、警察等代表共和国价值观的个体成为首要受害者；恐怖袭击的源头也由单一宗教因素发展为多重极端思想。对于法国政府来说，通过情报收集与分析预防恐怖袭击、挫败恐袭行动的难度增加。为了提高反恐效率，马克龙政府及时调整了对内对外的反恐政策，并多次强调反恐目前仍然是法国和欧盟内政与外交的重点之一。本文尝试分析 2021 年法国恐怖袭击事件的特点与法国政府采取的措施，从而对马克龙政府反恐政策做一个系统回顾和梳理。

一 法国2021年恐怖袭击的特点

从 2015 年 1 月《查理周刊》恐怖袭击事件开始，法国陆续遭遇多次针对平民的规模性袭击。2015 年 11 月的巴塔克兰剧院恐袭造成 130 人遇难。2016 年 7 月尼斯英国人大道的卡车袭击造成近百人伤亡。反恐因此成为时

---

[1] Pierre Touzier, « Lutte contre le terrorisme: principaux enjeux et défis », *Revue Défense Nationale*, 2021/7（N° 842），pp. 18-22，https：//www. cairn. info/revue-defense-nationale-2021-7-page-18. htm.

[2] François Dieu, « Quelques observations sur le positionnement institutionnel de la lutte anti-terroriste », *Sociétés*, 2021/2（n° 152），pp. 27-35，https：//www. cairn. info/revue-societes-2021-2-page-27. htm.

任奥朗德政府的首要任务。近年来,法国规模性、团体性恐怖袭击事件减少,但是个人行凶、无差别袭击事件增多,在法国社会造成了一定恐慌。总体来说,2021年的法国恐袭事件有以下几个特点。

第一,针对特定群体行凶与无差别袭击并存。2020年10月发生的教师被斩首事件因其残忍度和受关注度成为部分恐怖分子模仿的对象,其行为被恐怖分子视为向恐怖组织效忠的表现。2021年法国再次发生模仿性割喉事件。4月23日在巴黎西南郊伊夫琳省(Yvelines)朗布叶(Rambouillet)市,一名突尼斯裔男性持刀袭击警察局的一名女性工作人员,受害者喉部被刺中两刀,当场死亡,凶手本人也在行凶现场被警察开枪击毙。2022年2月14日,巴黎北站再次发生一起袭警事件,一名男子手持印有"所有警察都是混蛋"字样的刀具威胁警察,随后被击毙,法国政府认为该事件与恐怖主义有关。警察与教师作为法兰西共和国价值观的维护者和传承者并不是第一次成为恐袭目标。除去这两个特定群体,无差别袭击仍然存在。2021年12月,法国国内安全局挫败一起预谋案件,两名23岁男子被捕。两人原计划在圣诞节假期前后在大型商场、学校和人流密集街道持刀无差别伤人。① 两起案件的凶手此前均不在情报和反恐单位重点观察的名单上,对凶手突然激进化的原因和渠道仍未得出结论。这类型的恐怖袭击难以预防,给法国政府反恐带来不小的挑战。

第二,多重极端思想同时存在。法国对恐怖主义有了更广的定义,多种极端思想给法国社会造成不同程度的伤害。

首先是本土居民受极端宗教思想影响而激进化。2021年4月针对警察局工作人员的袭击有明显的极端宗教色彩。凶手于2009年来到法国,随后取得合法居留身份。法国政府认为极端宗教势力是巨大的威胁,给国家制造"内部的敌人"。近些年来恐怖袭击案件分析表明,凶手更多是法国本土居民,受极端宗教影响变得激进而参与恐怖行动,来自境外的恐怖分子数量减

---

① « Terrorisme: un projet d'attentat au couteau pendant la période de Noël a été déjoué par la DGSI », https://www.francetvinfo.fr/faits-divers/terrorisme/antiterrorisme/terrorisme-un-projet-dattentat-au-couteau-d-ici-noel-a-ete-dejoue-par-la-dgsi_4874103.html.

少。然而这种内部产生的敌人对法国国情和社会的了解程度更高，隐藏能力极强，一旦采取行动造成的破坏往往更大。

其次是民族分裂主义。2021年5月23日，在科西嘉岛圣马丁诺迪洛塔市（San-Martino-di-Lota）一住宅楼工地发现一辆被安放可燃气体装置的吊车。装置已被点燃，但是由于装备自身问题并未发生爆炸。① 警方在现场发现用科西嘉语书写的相关标记。后续又发生几次类似事件，将科西嘉独立运动和分裂主义再次推向大众视野。法国对于恐怖主义内部威胁的认定主要就是针对科西嘉分裂主义者，他们始终极力抵抗法国本土的文化和政治。科西嘉民族主义者主张使用他们自己的文化和语言，认为学习法语是政府强制文化趋同的表现。分裂主义集团希望科西嘉岛完全独立并试图采用军事行动解放该岛。2018年马克龙拒绝给予科西嘉语法国官方语言的地位，法国政府与科西嘉分裂主义者的冲突再次升级，带有科西嘉独立色彩的分裂主义行动数量上升，成为该地区政府反恐工作的重点。

最后，2021年4月13日发生在法国孚日市（Vosges）的一起儿童失踪事件（Affaire Mia）暴露了法国社会流行的另一极端思想——活命主义（survivaliste）。活命主义与极端政治势力相连，有多个不同的派别和组织，其中一部分偏向极右势力，认为国家饱受犯罪和宗教极端势力摧残，岌岌可危；另一派支持极左政治势力，追求自给自足的生活方式并试图推翻资本主义。② 活命主义者认为自身的行为和主张并非暴力，而是为随时可能到来的外部危险和世界末日采取的正当防卫行为。该起儿童绑架事件由受害者米娅（Mia）的亲生母亲策划，这名女性此前由于酗酒和暴力行为被剥夺对女儿的抚养权。该起绑架案件共有5名男性参与实施，这些犯罪嫌疑人之前互不

---

① « San Martino di Lota: tentative d'attentat contre une grue du chantier de la future résidence "Pietramare" », https://france3-regions.francetvinfo.fr/corse/haute-corse/san-martino-di-lota-une-grue-du-chantier-de-la-future-residence-pietramare-endommagee-dans-un-incendie-2103232.html.

② « Les renseignements s'inquiètent de la radicalisation de certains survivalistes », https://www.bfmtv.com/police-justice/les-renseignements-s-inquietent-de-la-radicalisation-de-certains-survivalistes_AV-202106140051.html.

认识，但是同属某一活命主义极右组织，崇尚无政府主义，均受过一定的军事化训练，有能力策划并施行军事化行动，煽动力与行动力极强，能在较短时间内组成有作战规模的团体。法国警方还在绑架犯位于巴黎的公寓里发现了军事化爆炸装置和用于制造炸弹的材料。① 然而这并不是在法国领土发生的唯一一起与活命主义相关的极端案件，受该思想影响的群体甚广，甚至包括军人。2021年5月，一名退伍军人来到前女友家中袭击她的现男友后与警方发生冲突并持枪逃往一处森林。经调查，该男子隶属另一极右派活命主义组织，会使用武器，政府不排除当事人再次发动恐怖袭击的倾向与可能。

退伍军人极右化从一定程度上反映了法国军队内部日益明显的极右化倾向，引发政府警惕。2021年4月，100名法国退役高级军官和1000名下级军官向总统马克龙提交了一封600字的公开信，强调法国正处于危险中，正在被宗教极端主义者瓦解，如果不采取行动，将会爆发内战，战士们将为保护法兰西价值观陷入险境而牺牲性命，而马克龙需要为此负责。这些军官还声称，他们在军队中获得了广泛的支持，并准备好支持重视国家安全的政界人士。马克龙政府对此做出表态，认为军队干政是发生政变的苗头，并痛批这些军官与极右翼政治势力的联系，指名道姓斥责法国老牌极右翼政客勒庞插手军队事务。对于政府而言，隐藏在军队的恐怖势力更值得关注。一旦军人与反政府恐怖组织建立联系，可因其在武器使用、作战指挥等方面的优势更快地在恐怖主义团体中实现地位上升。而一些军人因为受过系统的训练，熟悉法国战略部署，甚至能够帮助恐怖主义势力策划针对法国的袭击②，更精准地确定袭击目标。③ 所以军队内部的极右化和激进化带来的危害不亚于法国境外的恐怖组织。与上文提到的活命主义有关，法国军队内部受该极端

---

① « Enlèvement de Mia: le profil inquiétant des ravisseurs présumés de la fillette dans les Vosges », https://www.francebleu.fr/infos/faits-divers-justice/enlevement-de-mia-le-profil-inquietant-des-ravisseurs-presumes-de-la-fillette-dans-les-vosges-1618559647.

② « Ces anciens militaires français devenus djihadistes », https://www.la-croix.com/France/Securite/anciens-militaires-francais-devenus-djihadistes-2019-12-18-1201067296.

③ Noël Roger, « Qui commettra le prochain attentat de masse en France? », *DSI*, 18 décembre 2020.

思想影响越发严重，越来越多的军人有极右活命主义倾向，甚至有军人模拟场景进行演练，时刻准备抵御所谓的世界末日和反击国家敌人，在军队内部制造不稳定因素。军队公开信事件被看作欧洲难民危机和恐怖主义蔓延的后续，如何面对越发明显的社会分裂和民粹主义趋势、减少国内矛盾成为马克龙需首要解决的内政问题之一。

值得一提的是，法国社会还存在一些潜在的、处于"待机"状态的不稳定因素。恐怖袭击的目标对象不一定是法国人，但是暴力行为发生在法国领土，仍然会给社会造成一定的恐慌。2020年6月，一名16岁的车臣青年在法国第戎市（Dijon）街头被一群北非毒贩殴打，随后引发了法国车臣移民对北非移民实施群体性"复仇"，双方在第戎市街头混战3日。法国及西欧等国境内的车臣移民大多为两次车臣战争期间从俄罗斯前往当地定居，也有一些不满俄车臣共和国总统卡德罗夫的异见者，他们平日安分守己，散落在法国各个城市。但是车臣人群体意识极强，一旦出现针对个体的不公平行为，整个群体往往会集体行动。再加上他们大多数有作战经验，能在短时间内形成分工明确且高效的作战计划。虽然此次事件只是针对北非移民，但是车臣群体对于攻击者的激烈反应、短时间内表现出"一呼百应"的战斗力足以成为潜在的威胁，给法国政府敲响了警钟。

第三，网络"加速器"效应明显。网络在传播仇恨与组织恐怖袭击活动中扮演愈发重要的作用。它成为加速激进化的帮凶，并成为恐怖宣传、招募人员、传授暴恐技术、筹措资金、组织和策划恐怖袭击、实施网络攻击和破坏的重要工具。2020年的教师被斩首事件是因为学生家长在网络上公布了老师的信息，讨论其课堂展示的幻灯片中关于伊斯兰先知形象的内容，刺激了年轻激进的凶手。车臣与北非移民的群体报复事件也是先由车臣人在社交网络上发布消息，召集法国各地的车臣人来第戎"参战"，受到动员的还有来自邻国比利时、德国的车臣移民。而2021年绑架儿童事件的犯罪分子更是通过社交网络共同加入某活命主义组织并响应米娅母亲所谓"保护孩子"的号召参与绑架行动的。根据法国媒体报道，社交网络上持续流传对法国和法兰西价值观仇恨的言论，以及鼓吹世界末日的评论。[①] 大多数被挫败的恐怖袭击嫌疑人都在网络上同基地组织和"伊斯兰国"组织有千丝万缕的联系。法国境外的恐怖势力可以通过"虚拟在场"的形式，以网络为载体对身处法国的激进分子进行更深层次的洗脑和培训。

总体来说，法国政府2021年反恐行动虽然取得了一定的成果，极大减少了规模性群体事件，但是个体激进化和各类极端思想仍然给法国带来严重挑战，法国反恐局势仍然值得政府持续关注。

二　马克龙政府采取的措施

为了有效遏制恐怖主义势力，法国采取了国内反恐与国外反恐相结合的政策，对内加强立法、情报收集和人员武器管控，对外促成多国共同参与全球安全治理。

马克龙政府首先延续以往的反恐政策，在保证言论自由、宗教自由的前提下加大对宗教极端势力的打击，在司法领域、情报收集和边境检查方面逐步强化警察的权力，尤其加强了对非法移民的管控。国防部、内政部、财政部与司法部通力配合，严格管控恐怖主义资金链，监视可疑资金转移，多管齐下，遏制恐怖势力发展。

马克龙政府还通过立法确保反恐在政府工作中的重要地位。2021年初，法国国民议会以压倒性优势通过《反分裂主义法案》，该法案旨在打击宗教极端主义和分裂主义，加强监管宗教组织、维护共和国原则与价值观、规范家庭教育、管控社交网络平台、警惕网络仇恨。[②] 网络监控就是其中的重要

[①] « Ultra-droite: la crainte d'un passage à l'acte face à une menace "de plus en plus caractérisée, violente et ciblée" », https://www.francetvinfo.fr/replay-radio/le-choix-franceinfo/ultra-droite-la-crainte-d-un-passage-a-l-acte-face-a-une-menace-de-plus-en-plus-caracterisee-violente-et-ciblee_4854253.html.

[②] « Que contient le projet de loi contre le "séparatisme" adopté en première lecture par les députés? », https://www.francebleu.fr/infos/politique/que-contient-le-projet-de-loi-contre-le-separatisme-islamiste-vote-ce-mardi-par-les-deputes-1613467255.

组成部分。由于恐怖主义内容的信息与其他类别的信息不同，传播速度更快，范围更广，更加具有杀伤力和煽动力，更容易制造恐慌，与共和国价值观背道而驰，因而成为政府制定反恐政策的重要考量。情报部门通过大数据和算法加强对可疑人员的监控①；使用人脸识别技术追踪并与欧盟其他成员国实行情报共享和数据对比；在社交媒体平台通过关键字排查等方法有效识别有极端倾向和激进化趋势的言论和人员，并实现快速准确定位追踪。法国内政部部长达尔马宁（Gérald Darmanin）还提出要加强对恐怖分子出狱后行动轨迹和网络言行的监控，以确保他们完全与恐怖组织断绝联系，并在紧急事态下及时采取行动。②

马克龙政府更加强调加强军队管理和武器管控。由于军队表现出不可忽略的极右趋势，政府必须采取行动防止极右思想进一步蔓延。法国历史学家弗朗索瓦（Stéphane François）指出，军人对于民主共情力较低，对于秩序的要求更高，因此更容易表现出爱国主义甚至是民粹主义倾向，但是军人更多是按照自己对等级、制度和权力的理解去定义"祖国"这一概念。这种受极右思想影响的军人更容易受到鼓动采取行动，为所谓"真正的法兰西"服务。③ 为此，法国在加强军队思想管控的基础上加强了武器管控，以确保武器持有者不会威胁共和国安全和价值观。虽然法国是欧盟成员国中武器管控最严格的国家，但是公民仍然可以持有用于射击和狩猎的步枪和弹枪。枪支拥有者需要完成一系列行政手续和培训，政府也不断更新禁止持枪人员名单。然而在较为严苛的条件下，法国还是出现了多起持枪伤人事件。2021

---

① « Projet de loi antiterroriste：" Il faut avoir la capacité d'explorer les réseaux sociaux"，plaide l'ancien juge Jean-Louis Bruguière »，https：//www.francetvinfo.fr/monde/terrorisme-djihadistes/projet-de-loi-antiterroriste-il-faut-avoir-la-capacite-d-explorer-les-reseaux-sociaux-plaide-l-ancien-juge-jean-louis-bruguiere_4603013.html.

② Gérald Darmanin，« Aujourd'hui，nous avons des sortants de prison qui ont terminé leur peine pour terrorisme，nous ne souhaitons pas les garder en prison mais continuer à les surveiller »，France Inter，https：//www.dailymotion.com/video/x80xefj.

③ Maxime Macé，Pierre Plottu，« Pourquoi y a-t-il autant de militaires dans les groupes d'ultradroite? »，Slate.fr，2021/12/06，http：//www.slate.fr/story/220095/pourquoi-souvent-militaires-officiers-gendarmes-groupes-ultradroite-terrorisme-extreme-droite.

年 3 月，一名男子被指控家庭暴力，并枪杀了 3 名前来营救其伴侣的宪兵。这名男子此前已经多次表现出暴力倾向，但是并未引起相关部门重视，未被列入禁枪名单。法国政府决定加强对个体危害性的诊断，完善黑名单机制，并提高民众的警觉意识，鼓励民众向政府举报有危险行为或倾向的人①，尽量从源头杜绝武器伤人事件。

另外，法国政府还对宗教管理机构进行改革。2022 年 2 月 5 日，法国伊斯兰论坛（Forum de l'islam de France, Forif）成立，其前身是代表法国穆斯林群体与政府对话的法国穆斯林信仰委员会（Conseil français du culte musulman, CFCM），该论坛成立的目的是加强对伊斯兰宗教的管控，促进该宗教法国化。法国伊斯兰论坛由原法国穆斯林信仰委员会部分神职人员和政府从警察局中选取的非宗教人员组成，限制法国穆斯林团体与北非伊斯兰国家的联系，防止在法穆斯林群体受宗教极端主义影响，确保法国世俗主义与共和国价值观在该群体生活中的主导作用。法国伊斯兰论坛每年预计召开一次会议，将围绕 4 个主题进行工作：第一是延续法国穆斯林信仰委员会原本的工作；第二是对伊斯兰宗教领袖伊玛目（imam）的工作内容、时长、薪资等进行更为明确的界定；第三是确保《反分裂主义法案》的实施，尤其要保证清真寺管理机构透明化；第四是保证伊斯兰宗教信仰场所的安全和对穆斯林群体的保护。但是论坛对于宗教信仰资金来源和使用未做明确规定。②法国宗教管理机构的改革引入了世俗人员，这表明国家正式参与宗教信仰管理，以确保世俗原则与其他共和国价值观不可侵犯的地位。

在对外反恐方面，马克龙政府也调整了相关政策。非洲是法国参与维和行动、打击恐怖主义的主要战场之一，萨赫勒地区更是重中之重。法国于

---

① « La détention d'armes est-elle suffisamment encadrée en France ? », https：//www.bfmtv.com/societe/la－detention－d－armes－est－elle－suffisamment－encadree－en－france_AV－202106100281.html.

② « Coup d'envoi pour le nouveau Forum de l'islam de France », *Le Point*, 2022/02/05, https：//www.lepoint.fr/religion/coup-d-envoi-pour-le-nouveau-forum-de-l-islam-de-france-05-02-2022-2463499_3958.php.

2014年正式开启"新月形沙丘"行动，与马里、尼日尔、乍得、布基纳法索、毛里塔尼亚5国共同打击恐怖主义。法国因此可在西非地区长期合理合法地驻军，维护法国在非洲地区的影响力和国家利益。马克龙在萨赫勒地区的反恐政策也经历了多次变化。为了实现自己的欧洲主张，马克龙呼吁欧盟作为整体参与萨赫勒反恐行动，但是这一号召并未得到大多数成员国的支持。萨赫勒地区反恐行动效率日渐降低。2020年末2021年初有5名法国维和士兵牺牲[1]，2021年3月的维和行动甚至造成了平民死亡。[2] 国内国际对于萨赫勒反恐政策的讨论给法国政府带来了一定的压力。与此同时，法国与马里政府、阿尔及利亚政府在反恐问题上始终未能达成共识，三国对于法军存在的必要性和维和行动的策划与实施存在分歧，一定程度上影响了该地区反恐的效率，而美军撤离阿富汗更是让法国陷入尴尬的境地。随着法国新一届总统大选临近，"新月形沙丘"行动在法国国内引发更多质疑，2021年6月，马克龙宣布于2022年初结束该行动，并重新调整萨赫勒地区反恐战略和战术，弱化法国一国主导萨赫勒地区反恐的形象，法国只是作为参与的一方与欧盟、美国和非洲当地国家一同参与打击恐怖主义行动。[3] 法国在这一地区逐步减少陆军力量，但是维持空军力量；反恐的区域由马里北部转移到马里、尼日尔与布基纳法索三国交界处。[4] 马克龙强调，在萨赫勒的反恐政策还会随着当地反恐局势的变化进一步做出调整，将从务实角度出发，维护法国的切身利益。

---

[1] « Soldats français tués au Mali："L'option la plus sûre serait d'évoluer vers une mission de maintien de la paix" »，https：//www.tf1info.fr/societe/soldats-francais-tues-au-mali-l-option-la-plus-sure-serait-d-evoluer-vers-une-mission-de-maintien-de-la-paix-2174107.html.

[2] « Mali：l'ONU conclut que le groupe touché par une frappe aérienne à Bounty était majoritairement composé de civils »，https：//news.un.org/fr/story/2021/03/1092952.

[3] « Pourquoi l'opération Barkhane n'a pas réussi à endiguer l'insécurité au Sahel »，https：//www.france24.com/fr/afrique/20220205-pourquoi-barkhane-n-est-pas-parvenu-%C3%A0-endiguer-l-ins%C3%A9curit%C3%A9-au-sahel.

[4] « Fin de l'opération Barkhane：quelle stratégie pour les forces françaises au Sahel？»，https：//www.france24.com/fr/afrique/20211014-fin-de-l-op%C3%A9ration-barkhane-quelle-strat%C3%A9gie-pour-les-forces-fran%C3%A7aises-au-sahel.

三　结语

　　反恐是马克龙2017年当选法国总统时强调的核心议题之一，国民安全更是马克龙内政与外交政策的重心之一。法国反恐的角度从原先重点打击宗教极端势力发展为如今同时打击多种极端思想；从防范大规模团体性恐袭到加强对极端化、激进化个体的定位和追踪；从重点排查宗教领域到对军队、宗教管控并行，并更加强调国家间合作共同对抗恐怖主义。马克龙在国外的反恐政策受国际国内环境影响也做出了相应调整，尤其是改变了在非洲萨赫勒地区的反恐重点。总体来说，马克龙的反恐政策在预防恐袭方面发挥了一定的作用，但是未来仍然需要加强国内各部门合作，以及在欧盟层面和国际层面的合作。恐怖主义是全人类的敌人，反恐也是中国提出构建人类命运共同体安全维度的考量，加强全球安全治理将成为未来国际合作的核心议题之一。

B.8 从《2019~2025军事规划法》更新案博弈看马克龙的安全防务政策

李书红*

摘　要： 军事规划法是国家安全防务政策的体现，2021年6月，法国政府没有如期向议会提交《2019~2025军事规划法》更新草案，引起参议院不满，拒绝接受总理的相关说明。本文透过更新案中参议院与政府的分歧，通过对《2017国家安全防务战略指南》和《2021战略更新指南》的分析，探讨马克龙安全防务政策的核心内容和特点，展望《2019~2025军事规划法》的未来以及马克龙安全防务政策的可延续性。

关键词： 《2019~2025军事规划法》 《2017国家安全防务战略指南》 安全防务政策 马克龙

　　军事规划法是法国关于安全防务领域财政投入及目标设定的法律。由于军事项目周期长，从20世纪60年代开始，法国在财政年度预算制的基础上，制定跨年度的军事规划法，规划未来4~7年国家在军事领域的财政投入。2018年3月，法国国民议会和参议院讨论、通过了政府提交的《2019~2025军事规划法》（Loi de programmation militaire 2019-2025）草案；同年7月，马克龙总统正式颁布《2019~2025军事规划法》，明确未来7年法国在

---

* 李书红，北京外国语大学法语语言文化学院副教授，研究领域为欧盟、法国对外政策、法语国家与地区研究和法语教学。

从《2019~2025军事规划法》更新案博弈看马克龙的安全防务政策

安全防务领域的资金投入规划和任务目标。

由于军事规划法涉及的时间跨度较大，因此，根据实际情况，更新调整规划法部分内容是此类法律在实施中颇为常见的做法。《2019~2025军事规划法》第7条规定，政府应当在2021年底前对《2019~2025军事规划法》加以更新调整，总结文件中各项目标的实施情况以及相应的资金使用情况，更好地明确2025年前法国在安全防务领域的财政投入和人员配备，以便此项法律的后续实施。然而，2021年2月，法国国防部部长弗洛朗斯·帕尔丽（Florence Parly）在国民议会军事委员会听证会上表示暂时不会制定《2019~2025军事规划法》更新提案。2021年6月22日和23日，让·卡斯泰（Jean Castex）总理援引《宪法》第50条第1款的规定[1]，未向议会提交《2019~2025军事规划法》更新草案，而是以声明的形式向国民议会和参议院说明了《2019~2025军事规划法》的实施情况。虽然国民议会通过了政府的此项声明（345票支持，52票反对，83票弃权）[2]，但参议院却以236票对46票[3]的表决结果拒绝接受卡斯泰总理的声明。本文透过有关更新案中参议院与政府的分歧，通过对《2017国家安全防务战略指南》（Revue stratégique de défense et de sécurité nationale 2017，以下简称《2017战略指南》）和《2021战略更新指南》（Actualisation stratégique 2021，以下简称《2021更新指南》）的分析，探讨马克龙安全防务政策的核心内容和特点，展望《2019~2025军事规划法》的未来以及马克龙安全防务政策的可延续性。

---

[1] 根据法国《宪法》第50条第1款规定，政府可就某一特定事项在议会做出声明，交由议会讨论，在此情况下，议会可就政府声明做投票表决，但政府无须对此承担责任。具体内容详见 https：//www.assemblee-nationale.fr/connaissance/constitution.asp。

[2] «France：adoption de la loi sur la programmation militaire à l'Assemblée nationale »，2021/06/23，https：//www.aa.com.tr/fr/monde/france-adoption-de-la-loi-sur-la-programmation-militaire-%C3%A0-l-assembl%C3%A9e-nationale/2282630.

[3] «Loi programmation militaire：vote surprise du Sénat qui refuse de renouveler sa confiance »，2021/06/24，https：//www.paris-normandie.fr/id206088/article/2021-06-24/loi-programmation-militaire-vote-surprise-du-senat-qui-refuse-de-renouveler-sa.

一 参议院与政府的分歧

参议院和政府的分歧主要集中于两点,即更新《2019~2025军事规划法》的必要性和《2019~2025军事规划法》的执行情况。

(一)参议院观点

参议院认为,无论从法律角度还是从《2019~2025军事规划法》的实施角度,政府都应该如期提交《2019~2025军事规划法》更新草案。从法律角度,制定并提交更新草案是《2019~2025军事规划法》的明文规定,政府理应遵守。同时,议会也有权严格监督《2019~2025军事规划法》的实施,这也是2018年参议院批准此项法律草案的前提条件之一。再者,《2019~2025军事规划法》详细列明了2019~2023年每一年的军费预算及规划,但并未对2024~2025年的情况做详细说明。文件只规定这两年的具体方案将在2021年根据届时的经济发展环境和状况,在《2019~2025军事规划法》更新案中做进一步的规划,以便制定出更加合理的军费方案。由此可见,安全防务的后续发展需要进一步细化。此外,《2019~2025军事规划法》指出,为提升法国的军事实力,国家将加大在军事上的投入,2019~2022年军费预算年增投入预计为17亿欧元,2023年将达到30亿欧元,同前4年相比年增金额几乎增加了1倍[①],如此大的增幅不仅需要结合具体的经济发展状况做进一步的确认,还需要对具体方案逐条加以分析讨论,这是议会审批预算的正常程序,也是2021年提出更新案的主要目的之一。因此,参议院认为政府理应根据法律条款,提交《2019~2025军事规划法》的更新草案。

就《2019~2025军事规划法》的实施情况而言,参议院外交和防务委

[①] 根据《2019~2025军事规划法》,2019~2023年的法国军费预算总额将达到1978亿欧元,到2025年预期达到2950亿欧元,2025年法国军费预算在国内生产总值中占比将达到2%。

从《2019~2025军事规划法》更新案博弈看马克龙的安全防务政策

员会在其报告中指出,由于新冠肺炎疫情的影响,法国国内生产总值的预期增幅已经发生变化,低于2017~2018年制定《2019~2025军事规划法》时的增长预期。换言之,制定《2019~2025军事规划法》的经济参数发生了变化。在此情况下,无论是2%的军费占比目标还是重大项目的规划都会变得没有实际意义,或者无法达成预期结果。面对诸多变化,更新调整《2019~2025军事规划法》的必要性更加凸显,只有如此才能更好地规划使用军费投入,合理确立优先发展项目,有效提升法国的军事能力。此外,参议院外交和防务委员会在其报告中还指出,虽然政府表示2019年和2020年的军费支出与《2019~2025军事规划法》内容基本一致,但这只是表面现象,实际上国防部对相关项目做了调整,加大了对重大项目的投入,导致部分计划项目只能延期。此外,参议院外交和防务委员会认为国防部低报了军费追加款数额,同时也担心在没有正式更新《2019~2025军事规划法》的情况下,政府对军工项目的调整会影响该项法律确立的最终军事能力目标的实现。因此,参议院要求政府尽可能地公开《2019~2025军事规划法》的落实情况,让该项法律的执行情况更加透明,同时参议院也可借助更新案的讨论,进一步规范《2019~2025军事规划法》的实施,切实行使议会的监督权。

(二)政府观点

让·卡斯泰总理和弗洛朗斯·帕尔丽部长在议会发言时主要从3个角度阐述了政府的观点。其一,政府执行《2019~2025军事规划法》的力度和取得的成效开了军事规划法落实情况的先河,"这是几十年来首部得以严格遵守和落实的军事规划法"[1],说明政府有决心并有能力恪守《2019~2025军事规划法》的目标。其二,在此基础之上,卡斯泰和帕尔丽表示将继续努力,全力按照文件规定,落实相关内容,提升法国的军事能力,"我们不会

---

[1] « Déclaration de Mme Florence Parly, ministre des armées, sur la programmation militaire, à l'Assemblée nationale le 22 juin 2021 », https://www.vie-publique.fr/discours/280513-florence-parly-22062021-loi-de-programmation-militaire.

放弃，将全力实施《2019~2025军事规划法》，直至2025年"。① 此外，卡斯泰指出，受疫情影响，2020年法国的国内生产总值较2019年下滑了7.9%②，按照这个数值计算，《2019~2025军事规划法》中列出的国防开支占国内生产总值2%的目标已经提前达成。其三，卡斯泰和帕尔丽分别指出，目前新冠肺炎疫情的持续时间尚无定论，其对法国未来经济发展的影响难以预测，更新调整军事规划法所需要的重要参数暂时无法确定。与此同时，国际安全局势日趋紧张，发展走向扑朔迷离，基于如此之多的不确定性，政府决定"在现阶段，不向议会提交《2019~2025军事规划法》更新草案"，但"将在经济和财政形势明朗化后"着手制定更新草案。③ 虽然法国政府方面认为更新《2019~2025军事规划法》的时机尚不成熟，但鉴于军事规划法的重要性及其涉及金额巨大，卡斯泰希望议会能就《2019~2025军事规划法》的执行情况及未来可能的调整方向展开辩论，提供意见。另外，帕尔丽还指出，国防部官方网站中公布了《〈2019~2025军事规划法〉执行情况晴雨表》（Baromètre de la Loi de programmation militaire），让每个法国人都可以了解该项法律文件的落实情况，了解法国军队现代化进程中每一步的情况。

（三）分歧解析

从各位参议员在参议院的辩论发言中可以看出，参议院之所以拒绝卡斯泰总理的说明，一方面是担心政府在实际操作中偏离《2019~2025军事规划法》，但更重要的一方面是认为政府的做法是对议会的忽视，正如参议院

---

① « Déclaration de Mme Florence Parly, ministre des armées, sur les priorités de la politique de défense, à Paris le 13 septembre 2021 », https：//www.vie-publique.fr/discours/281489-florence-parly-13092021-politique-de-defense.
② 资料来自法国国家统计与经济研究所官网，https：//www.insee.fr/fr/statistiques/5387891#titre-bloc-1。
③ « Déclaration du Premier ministre relative à la loi de programmation militaire, au Sénat », 2021/06/23, https：//www.gouvernement.fr/partage/12336-declaration-du-premier-ministre-jean-castex-relative-a-la-loi-de-programmation-militaire-au-senat.

从《2019~2025军事规划法》更新案博弈看马克龙的安全防务政策

外交和防务委员会主席所言："疫情及其对公共财政的巨大影响等因素使我们所处的大环境发生了不利的变化，但正是因为如此，我们才更加需要一部新的法律……诸如军事规划法如此重大的事项应当深思熟虑、细致研讨，而不是通过仅仅几个小时的议会辩论就做决定。"① 社会党参议员托德施尼（Jean-Marc Todeschini）也指出："我们不能认可政府无视《2019~2025军事规划法》第7条规定，擅自决定延迟更新规划法，我们无法接受这样的做法。"② 政府方面则重点强调自己在落实《2019~2025军事规划法》上的"历史性"成就，也不认可参议院外交和防务委员会报告中关于防务追加款的内容，同时政府着重突出疫情影响的不确定性，以此说明更新《2019~2025军事规划法》的条件尚不成熟。

虽然参议院的意见并没有对政府产生实质性的影响，但其态度毕竟同2018年支持此项法律的情况形成了巨大反差，在法国2022年总统选举和议会选举日益临近的情况下，具有一定的政治影响。尽管如此，《2019~2025军事规划法》依然在逐步落实当中，2021年10月，国民议会通过了2022年的国防预算草案，409亿欧元的预算总额与《2019~2025军事规划法》中的预期保持一致。此外，马克龙总统在2022年1月向军队致辞时也不失机会地盛赞《2019~2025军事规划法》的执行情况，认为"自该项法律颁布以来，政府严格遵守了《2019~2025军事规划法》"③，表现出对政府的支持。

实际上，政府之所以选择推迟更新《2019~2025军事规划法》，与2022年总统大选关系紧密。大选在即，马克龙能否连任仍属未知，在这种情况下，在反对派占多数的参议院中，更新案有可能成为政治博弈的战场，一旦

---

① « Armée：le Parlement va se pencher sur la loi de programmation militaire »，*Capital*，2021/06/22，https：//www.capital.fr/economie-politique/armee-le-parlement-va-se-pencher-sur-la-loi-de-programmation-militaire-1407144.

② « Armée：le Parlement va se pencher sur la loi de programmation militaire »，*Capital*，2021/06/22，https：//www.capital.fr/economie-politique/armee-le-parlement-va-se-pencher-sur-la-loi-de-programmation-militaire-1407144.

③ Macron，« Vœux aux armées »，2022/01/19，https：//www.elysee.fr/emmanuel-macron/2022/01/19/voeux-aux-armees-du-president-emmanuel-macron.

受阻，马克龙将陷入十分被动的境地，影响其连任。因此，政府选择颁布新的安全防务战略指南，即《2021更新指南》，进一步确认《2019~2025军事规划法》的合理性和有效性，并据此对《2019~2025军事规划法》中的重点项目进行微调，将其他后续问题留给大选之后。

2022年大选之后，《2019~2025军事规划法》会面临何种命运？如果马克龙连任，更新案会做出何种调整？如果爱丽舍宫易主，作为法国安全防务政策的重要体现，《2019~2025军事规划法》是否会被废止？要回答这些问题，就需要透过《2019~2025军事规划法》把握马克龙的安全防务政策，探究其可持续性。

二　马克龙的安全防务政策

2007年以来，法国历届总统都会在就任后颁布《国家安全防务白皮书》，说明其防务政策的纲领性内容，为军事规划法提供参照和依据。2017年10月颁布的《2017战略指南》就是在刚刚就职的马克龙总统的授意下，解析法国所处的国际环境，说明法国安全防务选择的纲领性文件，基本等同于之前的《国家安全防务白皮书》："《2017战略指南》为《2019~2025军事规划法》确立了愿景和战略框架……《2019~2025军事规划法》确立了未来7年里法国防务政策的方向。"[1] 2021年1月，鉴于疫情的影响、中东不稳定因素加剧以及大国博弈进一步升级等安全环境的变化，法国政府推出了《2021更新指南》，结合新的安全形势对2017版文件做了补充。这份篇幅仅为《2017战略指南》一半的文件再次确认了马克龙安全防务政策的合理性和有效性，并突出了欧盟以及国际合作的重要性，强调了新型军队建设中现代科技的地位。但是对于国家安全防务政策的说明主要集中在《2017战略指南》当中。实际上，《2017战略指南》的编撰得到了马克龙总统的密

---

[1] Assemblée nationale, « Projet de loi relatif à la programmation militaire pour les années 2019 à 2025, Exposé des motifs », https://www.circulaires.gouv.fr/dossierlegislatif/JORFDOLE000036584151/?detailType=EXPOSE_MOTIFS&detailId=.

切关注，充分体现了其安全防务理念及政策核心，即突出战略自主，强化安全防务能力。正如马克龙在《2017战略指南》的序言中所述："只有一个强大的法国，一个掌握自己命运的法国，才能为当代重大危机提供答案，才能够推广自己的价值观，才能够维护自己的利益。实现这一雄心离不开一流的外交和国防，离不开一支强大的军队。"①

（一）坚持加大投入，满足强军需要

为建设一个强大的法国，提升国家安全防务能力，增加投入是必不可少的环节。冷战结束后，法国同许多国家一样享受和平红利，缩减军费开支，2001年的"9·11"事件后，受国家安全局势的影响，法国的军费投入有所增加，但2008年欧债危机爆发，法国的军费预算再次受到冲击。2015年，《世界报》发文指出，25年间法国的军费预算减少了20%（按照恒定欧元计算）。② 同年，法国遭受一系列恐怖袭击，奥朗德总统宣布追加国防预算，但最终，2015年和2016年的法国安全防务预算仅占国内生产总值的1.8%和1.79%。③ 长期的投入不足必然影响法国的安全防务能力，在国际局势日趋紧张的背景下，增加安全防务预算似乎势在必行。然而，当选总统后的马克龙虽然将提升法国的国际影响力、维系法国军事大国的地位确立为其执政的既定方针，但同时他又面临着压缩公共开支、按照欧盟的规定将赤字率降至3%以下的严峻挑战，在此情况下，各方纷纷瞩目马克龙如何在貌似相互矛盾的两者间寻找平衡。《2017战略指南》的颁布对此给予了明确的回答：文件明确了强化国家军事力量、提升国家战略自主能力的防务政策方针，决定大幅度增加军事投入，并再次设定了将安全防务预算在国内生产总值中占

---

① Ministères des armées, « Revue stratégique de défense et de sécurité nationale 2017 », https://www.vie-publique.fr/sites/default/files/rapport/pdf/174000744.pdf.

② A. Pouchard, « En euros constants, le ministère de la défense a perdu 20 % de son budget en 25 ans », Le Monde, 2015/04/29, https://www.lemonde.fr/les-decodeurs/article/2015/04/29/le-ministere-de-la-defense-a-perdu-20-de-son-budget-depuis-vingt-cinq-ans_4625187_4355770.html.

③ 数据来自法国参议会官网，https://www.senat.fr/rap/r16-562/r16-5621.html.

比提升至2%的目标①，彰显了马克龙坚定的强军决心。然而，作为一项中长期的军费规划，军事规划法每年要与当年的财政预算相结合，政府是否按照军事规划法的预期向议会提交军费预算案不仅反映出国家的经济发展状况，也在一定程度上体现出政府在执行既定防务政策、落实军事规划法上的意愿。② 在新冠疫情导致法国国内生产总值大幅下滑的情况下，法国政府多次表示坚决贯彻马克龙的安全防务政策，仍然按照《2019～2025年军事规划法》申报年度军费预算并严格加以贯彻实施，这在某种程度上也让政府有底气面对议会的质疑。需要指出的是，正如参议院外交和防务委员会报告所言，即便《2019~2025军事规划法》能够得到完全落实，到2025年，法国武装力量的装备仍然存在不足，积重难返的法国安全防务领域需要更为长期的持续投入和发展，否则很难真正实现"战略自主"。为此，《2021更新指南》重申了增加安全防务投入的必要性。

（二）强调战略自主

独立自主一直是法兰西第五共和国的既定方针，但是在戴高乐时期，防务领域的独立自主主要是指与美国及北约保持一定的距离。随着冷战的结束、欧盟的发展、欧美协调和国际安全局势的变化，防务的自主性有了新的内涵。从《2017战略指南》和《2021更新指南》都可以看出，马克龙强调的"战略自主"具有一定的双重性。一方面，作为国家主权和行动自由的体现，战略自主被列为法国防务政策目标中的优先项目。文件指出，当今的国际体系充满着不稳定因素和不确定性，为维护自身利益，法国应当保持其战略自主，保留独立决策和行动的能力。战略自主主要体现在法国的军事工业、科技、行动能力等方面，同时也体现在其积极的、强有力的外交政策方面，是民事和军事手段紧密结合之下，综合面对挑战的自主能力。据此，军

---

① 《2014～2019军事规划法》第6条中也列出了此项目标，但最终没有达成。
② F. Richter, « Les budgets de défense en France : une difficulté chronique du respect des lois de programmation militaire ? », *Les Champs de Mars*, 2018/1 No. 30, pp. 407–417, https://www.cairn.info/revue-les-champs-de-mars-2018-1-page-407.htm.

工科技和武器装备在《2019~2025军事规划法》中占有重要地位。值得关注的是，两份战略指南文件在强调法国战略自主性的同时，还将其与欧盟的战略自主建设紧密结合在一起，同以往相比，文件更加关注法国的战略自主同欧盟战略自主的对接，关注法国国家利益与欧盟整体利益之间的关联。马克龙不仅在《2017战略指南》的序言中明确表明了欧盟防务发展的重要性以及法国推动欧盟安全防务政策发展的意愿，还在2020年2月关于法国防务战略和威慑力量的主旨演讲中再次强调了这一点，为《2021更新指南》确定了基调。法国国防部部长在《2017战略指南》前言中也指出："法国应当保持双重雄心，即一方面保持自身的战略自主，另一方面建设更加强大的欧盟，以应对彼此面临的各种共同挑战。"[1] 战略自主的这种双重性俨然是针对现代安全挑战的特点做出的回应："法国无法单独面对当今世界的各种挑战，在实现最大可能的自主的同时，我们也必须清醒地意识到在越来越多的领域，国家的自主也具有相对性……美国和欧盟是法国不可或缺的伙伴，互为补充，对于盟友和伙伴而言，战略自主能力是法国信誉的体现。"[2] 在战略自主的内容上，《2017战略指南》指出，战略自主离不开情报自主，离不开独立的局势分析能力、自主行动能力和预警能力。据此，《2019~2025军事规划法》也相应地将这些内容列入其优先项目当中，尤其是情报和局势分析能力建设被放在了突出的地位。

（三）保持核威慑能力

配合上述战略自主原则，马克龙的安全防务政策还突出强调了核威慑力量的重要性以及境外安全防务行动能力的建设。《2017战略指南》指出，在当前瞬息万变的国际局势下，核威慑力量在法国防务政策中占据核心地位，维持长期有效的核威慑力量是"保卫国家关键利益、确保国家独立以及决

---

[1] Ministères des armées, « Revue stratégique de défense et de sécurité nationale 2017 », https://www.vie-publique.fr/sites/default/files/rapport/pdf/174000744.pdf.

[2] Ministères des armées, « Revue stratégique de défense et de sécurité nationale 2017 », https://www.vie-publique.fr/sites/default/files/rapport/pdf/174000744.pdf.

策自由的终极保障"①。作为防务战略的支撑点、基石，核威慑被列为法国防务战略的五大功能之首（核威慑功能、保护功能、了解与预警功能、干预功能和预防功能），与其他四项功能相辅相成，互为补充，无论在保障法国自身领土安全方面，还是在维护同法国利益休戚相关的国家周边地区安全，以及维护与法国有切身利益的地区安全方面，核威慑力量都是法国军事能力的重要体现，不仅如此，在法国出于国际责任而介入的军事对抗行动当中，核威慑力量同样发挥着重要作用。《2021更新指南》也再次明确了"核威慑力量和常规力量共存的长期性"②。此外，《2017战略指南》还强调，法国的核威慑力量仅限于其防御功能，核武器的使用遵循《联合国宪章》的有关规定，仅限于正当防卫下的极端情况。同时文件规定，法国的核威慑力量也服务于北约和欧洲的安全与防务需要。

（四）强化境外行动能力

法国军事力量境外行动能力是马克龙在强调领土防务的重要性时着意突出的项目。提升境外行动能力不仅有助于法国履行其作为北约、联合国、欧盟等国际组织成员的义务，同时，在当今各种安全威胁在空间上已经不再遥远的世界中，境外军事行动能力也是维护法国自身防务安全的重要手段。文件指出，安全防务战略的军事外派功能、保护功能和预防功能之间的关系已经变得十分紧密，由此对武装力量的建设模式及其装备供给也提出了新的要求，这种新型的武装力量既能够在其熟悉的法国境内完成任务，也能够在环境迥异的境外地区有效地达成目标。实际上，建设新型武装力量也是马克龙安全防务政策中的重要一环。

---

① Ministères des armées, « Revue stratégique de défense et de sécurité nationale 2017 », https://www.vie-publique.fr/sites/default/files/rapport/pdf/174000744.pdf.

② Ministère des Armées, « Actualisation stratégique 2021 », https://www.defense.gouv.fr/sites/default/files/dgris/REVUE%20STRAT%202021%2004%2002%202021%20FR.pdf.

（五）建设新型武装力量

打造一支"兵种齐全、兵力平衡""能够应对各种威胁""能够在各种环境条件下"展开"有效行动"的新型武装力量，是"实现国家战略自主和行动自主的唯一手段"，是"战略自主的前提条件"，新型武装力量离不开核威慑战略的支撑，离不开"拥有必要能力的情报部门"的配合，军事规划法应当确保法国在未来一直拥有这样类型的武装力量，这就是安全防务领域的"2030目标"（Ambition 2030）。[①]《2017战略指南》在对新型武装力量说明中，详细解析了法国武装力量的五大功能，即核威慑能力、保护功能、了解与预警功能、干预功能和预防功能。指出新型武装力量的建设不仅需要提升法国的自身实力，还需要开展有效的外部合作。在此基础上，《2021更新指南》着力强调了网络防御、空间安全、人工智能、情报分析以及能源独立的重要性。

三 结语

参议院拒绝政府关于更新《2019~2025军事规划法》的说明，主要原因在于对更新案的必要性理解与政府意见相左，而并未对《2019~2025军事规划法》折射出的国家安全防务政策提出异议。综合《2019~2025军事规划法》更新案讨论以及《2017战略指南》和《2021更新指南》可以看出，马克龙的安全防务政策不仅以保卫国家领土安全为基本任务，而且是马克龙提升法国大国地位、开展积极外交执政方针的重要环节。虽然自主性、核威慑保障是第五共和国安全防务政策的传统，新型军队建设也是对冷战后法国军队现代化建设的延续，强调法国安全防务发展与欧盟安全防务政策的关联以及北约在法国安全防务中的重要地位也是21世纪以来法国安全防务

---

① 参见《2017战略指南》。Ministères des armées, « Revue stratégique de défense et de sécurité nationale 2017 », https://www.vie-publique.fr/sites/default/files/rapport/pdf/174000744.pdf。

政策的常规项目，但是几十年来，法国对安全防务的投入不断缩水，军费支出往往让步于公共财政支出等其他"刚需"。在这一背景下，马克龙强军的决心尤为引人注目。尤其是在疫情冲击下，面临国家经济和财政状况的大幅下滑，坚持按照原规划增加安全防务投入，落实军事规划法核心内容，这些举措更有意义。从这个角度分析，一旦提升安全防务能力、配合积极的外交政策、服务于巩固和改善大国地位的执政方针出现调整，在经济环境严峻的情况下，《2019~2025军事规划法》的未来令人担忧。然而，正如《2017战略指南》和《2021更新指南》对国际安全局势及挑战做出的分析，马克龙的安全防务政策是对现实安全需求做出的回应，他承袭了第五共和国安全防务的传统，也赋予了该传统新的时代意义，强调了新型武装力量应当具备的能力，由此可见，其防务理念的现实性可以为《2019~2025军事规划法》的进一步细化和落实提供依据，其安全防务政策也可呈现较为合理的延续性。

B.9
新冠疫情下的法国防务与安全理念

——《2021战略更新指南》评析

慕阳子*

摘　要： 在新冠疫情全球蔓延、地缘政治危机持续演变的背景下，马克龙政府于2021年初发布《2021战略更新指南》。该文件认为当前国际战略环境加速恶化，法国和欧洲面临多重安全风险，必须持续加大对防务与安全的投入，否则法国将走向不可逆转的"战略降级"。该文件还回顾了法国近年来在安全与防务领域的工作进展，并提出法国未来应在联盟关系、防务工业和科技、维护"国家韧性"及"未来武器"制造等领域重点发力。该文件在法国发展自身战略理论、保持防务预算增长势头、塑造欧盟战略文化等方面或发挥重要作用。

关键词： 马克龙政府　防务与安全　战略文化

法国是老牌资本主义国家、传统欧陆强国和拥核国，也是联合国安理会常任理事国之一，拥有较强的军事能力、先进的防务技术水平和深厚的战略文化根基。马克龙上台后，同样重视法国防务与安全战略的构建与实施，2017年10月发布《2017国家安全防务战略指南》（RSDSN 2017），2018年7月签署《2019~2025军事规划法》（LPM 2019-2025），2020年2月在法国军事学院系统阐述法国的"防务与威慑战略"。在新冠疫情全球蔓延、地缘

---

* 慕阳子，中国现代国际关系研究院欧洲所副研究员，主要研究领域为法国政治与安全。

政治危机持续演变的新背景下，马克龙政府于2021年1月发布《2021战略更新指南》（Actualisation stratégique 2021，以下简称《更新》）。该文件经由法国政府、议会及学界广泛磋商，并听取了法国重要伙伴与盟友国家的建议，最终以50页的篇幅全面展现了法国对当前国际安全环境的看法，回顾了法国近年来采取的防务与安全政策，并提出了未来发展的重要方向。本文将对《更新》的主要内容进行总结与评析。

一 环境评估

《更新》认为，国际战略环境在疫情催化下加速恶化，各地区与各领域冲突和对抗持续加剧，大国竞争强势回归，现有多边秩序和安全框架被严重削弱，法国和欧洲不仅受到安全威胁，更面临自身"战略降级"（déclassement stratégique，即战略地位和影响力下降）的挑战。

（一）安全风险日益复杂多元

一是脆弱地区危机外溢。欧洲东北侧翼冲突不断，非洲仍是滋生争端和恐怖主义的温床，中东的政治进程并未使紧张局势降温，阿富汗前景仍有较大不确定性等。随着全球人口增长，以上脆弱地区的政治、经济与社会关系日益紧张，加剧地区动荡，并引发大规模移民与难民潮，持续冲击欧洲边界安全与内部稳定。该问题正成为土耳其等移民与难民中转国向欧盟施压的"工具"。疫情则进一步增加欧洲应对人口流动的复杂性与困难性。

二是重要资源对外依赖。由于历史与价格等因素，预计2040年化石能源在全球能源结构中占比仍高达80%。[①] 随着传统石油产量下降、天然气需求上涨、非传统碳氢化合物的发展，全球化石能源生产与运输的地理版图或

---

① 除特别标注外，文中数据均来自《更新》原文，Le Ministère des Armées, « Actualisation Stratégique 2021 », le 27 janvier 2021, https：//defense.gouv.fr/dgris/presentation/evenements/actualisation-strategique-2021。

将被重绘。未来，法国和欧洲在原油上仍受制于海湾国家，在天然气上则更加依赖俄罗斯（历史生产国）、美国（新兴能源大国）、土耳其（过境国）等欧盟外国家。此外，疫情使欧洲认识到自身在产业链上对中国等国家的依赖，尤其体现在医药品、生活用品、原材料等方面。

三是"圣战"恐怖主义威胁不减。从宗教、意识形态、社会、政治和经济角度来看，有利于"圣战"组织发展的结构性因素未减反增。"圣战"主义者正抓住各种机会不断发展壮大，"圣战"现象仍将是未来几十年全球安全的主要挑战之一。"伊斯兰国"极端组织虽在军事上受创，但仍然在非洲和亚洲暗中蓬勃发展，尤其善于利用社交网络发挥强大破坏力。基地组织则在萨赫勒、也门、阿富汗、叙利亚等地区危机中汲取养分，同样处于"再崛起"阶段。2020年底发生在法国和奥地利的恐怖袭击事件再次证明，西方国家仍是"圣战"者的"优先目标"。

四是武器扩散风险上升。大规模杀伤性武器及其运载工具不断扩散，朝核、伊核、叙化武等危机加剧局势紧张。同时，核武器、放射性武器、细菌武器、化学武器的运用正变得越来越"无底线"。如部分国家在核武器上采取不透明、恐吓，甚至勒索的态度。生化合成技术被用于恐怖袭击的可能性上升，但疫情恰恰揭露了西方国家从预警机制到健康系统的脆弱性。常规武器方面同样如此，现代化战斗机和新式导弹的扩散使地区大国野心不断膨胀。

五是对抗领域与模式更加模糊。国际竞争已扩展至所有领域，网络、太空、深海正成为新冲突空间。同时，竞争对手越来越寻求将军事与非军事、直接与间接、合法与非法手段相结合，对外发动混合战，包括网络操控、滥用"长臂管辖"、雇用非国家军事团体发动袭击等各种形式。这些攻击行为往往具有模糊、隐蔽、避免公开冲突等特征，大大增加了法国和欧洲国家防范应对的难度。

（二）各方竞相追逐权力战略

一是美国聚焦大国竞争。美国的安全政策正在经历长期调整，愈发聚焦与中俄，尤其是与中国进行战略竞争，同时逐渐降低对阿富汗、伊拉克等所谓"次要战场"的军事介入，并要求盟友更多"承担自身安全责任"。法国同意美国对战略竞争态势的分析，但不赞成特朗普政府以来美国疏离多边主义、试图重塑两极格局、忽视恐怖主义威胁的行为。法国和欧洲希望与拜登政府重启跨大西洋对话，扭转美国的单边主义倾向。

二是中俄拓展战略空间。俄罗斯经济手段受限，但持续推进军事现代化，发展非军事工具，对外挑战美国霸权，并借助先进的军事能力、私人军事公司和高超的外交手腕，向中东、非洲、东南亚和拉美等地投射影响力。面对俄罗斯的"战略机会主义"及其在直接涉及法国安全利益中的关键作用，法国选择以平衡的方式回应，坚持立场但保持接触。中国拥有强大的经济实力和工业实力，不断提高其军事技术水平和投射能力。疫情则进一步揭示中国的战略抱负和中西制度模式的分歧。为此，欧盟持续将中国同时定位为"制度性对手"、经济竞争者、谈判与合作伙伴。

三是地区强国扩大影响。在美国战略重心转移背景下，伊朗、土耳其等国抓住契机填补空缺，不断强化自身实力，采取更加冒险、激进的战略，积极介入叙利亚、伊拉克、利比亚等地区冲突，并在部分议题上与俄罗斯和中国进行"交易"，形成协调，排除西方及国际与地区组织，加剧地区与全球动荡。

（三）欧洲的安全与战略地位面临挑战

冷战以来用于维护欧洲安全的多边框架正被不断弱化。俄罗斯2007年中止《欧洲常规武装力量条约》（FCE），2014年不再执行《布达佩斯备忘录》（Mémorandum de Budapest）与《赫尔辛基最终议定书》（Acte final d'Helsinki）。美国2020年退出《开放天空条约》（Traité Ciel ouvert）。《维也纳文件》（Document de Vienne）的更新与调整遇到阻碍。2019年《中导条约》（FNI）的中止更使欧洲面临新的军备竞赛风险。鉴于军控条约部分废止、核力量多极化、网络与太空战场化等挑战，欧洲大陆的不稳定性大大上升。面对威胁，欧洲已开始提升其防务预算，但该势头仍受到经济危机的影响。

如在2021~2027年欧盟多年期财政预算框架内，欧洲防务基金（Fonds européen de la défense）获得70亿欧元预算拨款，用于军事机动性（Mobilité militaire）的项目仅获得15亿欧元，较欧盟委员会最初的提案分别降低了40%和75%。此外，北约对维护欧洲大陆安全始终具有重要意义。在北约内部，各成员国表现出增加防务努力的积极信号，但对于危机的认知并不相同，有些成员国更倾向于双边合作，大大降低了北约的团结与效率。总体来看，欧洲正站在"十字路口"，如不快速组织起来应对安全挑战，必将走向不可逆转的"战略降级"。

二 政策回顾

《更新》指出，面对安全环境的恶化，法国近年来系统性审视并调整其防务与安全战略，在《2019~2025军事规划法》框架内持续增加财政投入，并努力与盟友和伙伴进行协作，在多方面取得成效。

（一）明确战略重点

正如马克龙在2020年2月讲话中所强调的，核威慑战略始终是法国安全与核心利益的保障，可预防大国间的直接对抗、保障常规力量的行动自由。且鉴于法国的核心利益愈发具有"欧洲维度"，法国愿在独立自主的原则上与欧洲盟友展开关于核威慑的战略对话，共同打造欧洲核威慑文化。与此同时，法国逐渐深化其在网络、太空、人工智能等新安全领域的战略构想。2017年1月建立网络防御司令部，2018年1月发布《网络防御战略评估》（Revue stratégique de cyberdéfense），2019年1月提出"进攻型网络作战"的基本原则，首次明确法国网络力量的进攻性属性。2019年7月发布《太空防务战略》（Stratégie spatiale de défense），9月正式组建太空司令部并将空军更名为"空天军"（Armée de l'Air et de l'Espace）。2019年9月发布《为防务服务的人工智能》报告（Intelligence artificielle au service de la défense），确定了军队使用人工智能的优先领域和路线图，提出建立伦理道德委员会、发展可信的人工智能应用技术、出台数据管理的指导原则等措施。

（二）增加财政投入

《2019~2025军事规划法》着眼重塑防务战略和重振防务力量，改变了法国过去30年来防务财政递减的局面，推动军队向可持续、现代化模式转变，以应对未来的风险挑战。该框架下，2019~2025年防务预算总额为2948亿欧元，年均增长5%，计划到2025年防务预算达到GDP的2%；逐年增加部队员额，2025年前增加6000个岗位，使法军的总兵力达到27.5万人，其中2019~2022年增加1500个岗位。法国近2年已大幅增加对核武器、常规武器、情报、太空、网络等领域的投入，同时通过改善军队管理与待遇，有效提升了军队的招募吸引力和人员忠诚度。

（三）与盟友和伙伴加强合作

单个国家的努力难以应对战略不稳定加剧的大趋势，法国持续寻求在欧盟、北约及其他多边机制内开展共同行动。

一是支持欧洲防务建设。2016年欧盟发布其"全球战略"以来，欧洲防务合作取得诸多进展，如2017年启动"永久结构性合作"（PSC），欧洲防务基金2021年起开始支持部分合作项目，欧洲整体对外行动能力不断提升。如欧盟马里军事训练行动部队（EUTM）得到了持续强化，"伊里尼"（IRINI）海军行动为维护地中海稳定与欧洲边界安全发挥了重要作用。

二是重视北约集体行动。北约是欧洲大陆集体防务的基础、跨大西洋的重要纽带及欧洲核文化的一部分。近年来，法国积极参与北约的集体防御行动，如在"波罗的海空中警察"行动（La Police du Ciel dans les États baltes）中发挥重要作用，同时大力推动北约进行战略思考，重新定义盟友关系和跨大西洋分工合作，要求北约重视欧洲的角色与安全关切。

三是推动欧洲内部的小多边和双边合作。作为对欧盟和北约的补充，法国2017年提议"有能力和意愿"的欧盟国家展开更紧密的防务合作，2018

年发起"欧洲干预倡议"(IEI)。目前该倡议已有13个成员国,成为欧洲集体行动的"孵化器",鼓励盟友增加对涉欧洲核心安全领域的投入。如在非洲萨赫勒地区,法国在"塔库巴"(TAKUBA)特遣队框架下动员部分欧洲国家派兵支持马里、尼日尔的军队。此外,法国与德国、西班牙、英国、比利时等欧洲国家在不同领域加强合作,持续强化双边纽带。

四是在中东、非洲和印太等地区发展伙伴关系。非洲和中东地区直接关乎法国安全和利益,法国长期为当地伙伴国的军队提供军事培训、作战、战后重建等方面的支持。印太地区是地缘战略演变的核心地带,中美竞争、中印关系紧张、印巴冲突、气候变化等危机交织。为保持自身地缘战略的延伸力,法国鼓励欧洲伙伴更多投入印太,并与印、澳、日等国发展战略伙伴关系。此外,虽然存在政治分歧,但法美在双边防务上仍保持良好合作关系,无论在欧洲、印太、中东,还是在非洲,美国依然是法国无法取代的"全方位盟友"。

三 未来重点

《更新》表示,法国要提升应对恐怖主义、混合战、高强度对抗等各种危机的能力,未来应重点围绕联盟关系、防务工业和科技、维护"国家韧性"及"未来武器"制造四大方面进行努力。

(一)促进欧洲战略主权建设

一是夯实欧洲防务。法国应引领欧洲在战略自主方面继续取得突破,建立真正的"欧洲安全防务支柱",首要任务是推动欧盟制定"战略指南针",打造欧洲统一战略文化,持续加强欧盟在军事指挥机制、海空行动能力、情势评估、"欧洲和平基金"(FEP)等方面的建设。

二是降低对外依赖。法国希望推动欧洲继续扩展能源供应渠道,增加对核心科技的研发投入,完善贸易审查等政策工具,不断降低欧洲在能源、工业和科技等领域的对外依赖,确保自身主权安全。

三是应对混合战威胁。法国支持欧洲持续提升对混合战的预测、侦察、理解与反制能力，将外交、法律、经济、信息、情报与行动手段相结合，维护欧盟及其成员国的安全与利益。

（二）夯实防务工业与科技基础

防务工业与科技是实现战略自主的重要组成部分，也是国民经济的关键领域。和其他经济部门一样，欧洲防务部门也部分依赖外国供应商，尤其是中国，涉及计算机设备、药品、口罩、制造武器的关键原材料等。为此，欧洲应更好地识别供应链上的风险，提升欧洲在人工智能、网络、电磁、纳米等关键技术领域的自主权；在防务出口方面注重保护核心技术；扩大防务创新投资，既包括长期投资，以加快技术突破、掌握具有战略意义的新技术，也包括短期投资，将来自民用部门的新技术改造用于军事领域。

（三）提升军队维护"国家韧性"的能力

2015年恐袭、2017年安的列斯群岛飓风、2020年以来的新冠肺炎疫情等危机一再证明"全能军队"的重要性。尤其是在经历新冠肺炎疫情危机之后，法国应充分考虑军队在特大危机中维护国家基本职能正常运转的重要作用。未来，法国应着力打造兼具"保护"与"修复"功能的防务安全战略，并为军队提供更好的资源、手段和社会环境。如在反恐方面，军队虽有执行"警惕海盗计划"（Plan Vigipirate）和"哨兵行动"（Opération Sentinelle）的多年经验，但面对威胁的演变，尤其是核武器、放射性武器、细菌武器、化学武器在恐怖主义行动中的应用，军队应及时获得新的培训和资源。

（四）为"未来战争"做好准备

随着地缘政治持续动荡，竞争领域和规模的扩大，"大国间直接对抗"的可能性已无法忽略，法国和欧洲应着眼长远，加大投入，持续推进军事现代化进程。2025年之前，法国将接收部分新型护卫舰、核潜艇、中型装甲车，并为阵风战斗机配备F4系统。着眼2030年，法国还将推动欧洲范围内的重大防务项目，如法英导弹系统、法德未来地面作战系统、法德西未来空中作战系统、新一代航空母舰等。

四 结语

《更新》系统全面地阐释了新冠疫情背景下法国的防务与安全理念，折射出法国对安全环境恶化和自身战略地位降级的深深忧虑，更加强调法国推动欧洲实现战略自主的必要性，具有多重意义。

首先，有利于法国防务与安全战略理论发展。在《更新》对国际战略环境的判断基础上，法国国防部2021年11月4日发布《国防总参谋长战略愿景》（Vision stratégique du chef d'Etat-major des armées），建议法国以"更具战略性的方式"去理解国际形势的演变，尤其要适应混合战带来的新挑战，提出了以"竞争—争执—对抗"三大概念（Compétition - Contestation - Affrontation）为核心的"新型冲突关系模型"，要求法军积极行动，既能赢得"战争前的战争"，又要能够进行"高强度对抗"[1]，并据此提出了法国军队未来建设的主轴。

其次，为法国在防务与安全领域维持"高预算雄心"提供依据。《更新》反复强调，法国要成为"维护世界和平安全的平衡性力量"，必须以"强大、高效、灵活的防务工具为支持"。在经历2021年阿富汗撤兵、美英澳建立"奥库斯"安全联盟（AUKUS）等风波后，法国对美国的战略信心持续受挫，进一步坚定了加强自身防务投入的决心。在经济受到疫情冲击的情况下，法国依然严格按照《2019~2025军事规划法》，实现防务预算连续4年的增长，2022年防务预算达409亿欧元，已较2017年的军费开支增长

---

[1] Le Ministère des Armées, « Vision Stratégique du Chef d'Etat-major des Armées », le 4 novembre 2021, https：//www.defense.gouv.fr/ema/chef-d-etat-major-des-armees/actualite/la-vision-strategique-du-chef-d-etat-major-des-armees.

了26%，创历史新高。① 其中，太空、网络、情报、量子技术、人工智能、定向能武器为重点投入领域。

最后，为欧盟战略调整贡献"样板"。《更新》不仅彰显了法国全球战略视野和雄心，也为欧盟新一轮战略评估和改革提供了"法国思路"。法国在2022年上半年担任欧盟轮值主席国期间，将重点推动欧盟敲定"战略指南针"②，明确界定欧盟的战略主权、安全威胁、伙伴关系、国防工业雄心等，并试图以共同立场参加2022年6月在马德里举行的北约峰会，在美欧防务联盟中更好地维护自身利益。

---

① *Le Figaro* avec AFP, « Le budget défense 2022 atteindra près de 41 milliards d'euros, le 13 septembre 2021 », https：//www.lefigaro.fr/flash-eco/le-budget-defense-2022-atteindra-pres-de-41-milliards-d-euros-20210913.

② Emmanuel Macron, « Discours du Président de la République à la conférence de presse du 9 décembre 2021 », le 9 décembre 2021, https：//presidence-francaise.consilium.europa.eu/fr/actualites/discours-du-president-de-la-republique-a-la-conference-de-presse-du-9-decembre-2021/.

B.10
法国左右翼民粹主义比较研究

张 莹*

摘　要： 伴随着欧洲经济危机、欧债危机的发生和发展，法国国内经济不景气，社会矛盾加剧，移民、安全问题层出不穷，左右两大民粹主义势力——激进左派"不屈的法兰西"和极右派"国民联盟"的发展呈上升态势。2017年的法国总统大选彻底颠覆了法兰西第五共和国以来左右两大主流党派轮流执政的政治传统，中间派马克龙当选，反精英、反建制的左右两派民粹主义党派风头强劲。2022年法国总统大选成为2017年大选的"升级版"，再次印证了极左、极右两派民粹主义政党得票率不断攀高的趋势。通过社会经济和政治视角下的选情分析可以看出，左派民粹主义和极右派民粹主义两者具有思想上和选举行为上的相近性，有相近的现实根源和背景，亦有相似的社会和选民基础，但在价值观、选举行为、观点及社会经济地位上两派又有不少差异，在政治方面差异巨大。

关键词： 法国大选　民粹主义　国民联盟　激进左派

法兰西第五共和国历史上，政治生活可谓泾渭分明，左右两派轮番执政，其势力交替演变的过程也反映出法国的社会经济变化以及政治力量平衡

---

* 张莹，华中科技大学外国语学院法语系讲师，研究领域为法国文化、国际关系。

的演变。自20世纪80年代起,除去极少特殊情况①,法国社会党已成为左派的主要力量②,与此同时,右派则由自由保守派控制。然而,2017年法国总统选举第一轮打破了法国政治舞台上的这种固定结构:社会党候选人最终排名第五,而右派候选人第一轮就惨遭淘汰,是第五共和国成立以来第一次。最终,成立仅一年的中间派"共和国前进党"推出的候选人马克龙夺得总统宝座,而无论传统左翼还是传统右翼的候选人均被淘汰。在2017年的总统选举中,以梅朗雄为代表的左派激进党"不屈的法兰西"自20世纪70年代以来首次超过社会党,而极右派候选人玛丽·勒庞带领"国民阵线"击败共和党候选人弗朗索瓦·菲永,进入第二轮投票。马克龙不仅在第二轮获得了很高的选票③,其组建仅一年的"共和国前进党"在之后的立法选举中也获得了国民议会的绝对多数。④ 同2022年的总统选举一样,2022年的立法选举再次宣告了法国两大传统政党的衰退,确认了政治领域碎片化的发展趋势。传统右翼共和党与左翼社会党在选举中的式微成就了马克龙及其代表的自由中间阵营的当选⑤,但同时也给了左翼激进党和极右翼党派长足发展的空间。此后,"社会经济危机和政治重组导致了民粹主义的抬头以及反建制的投票"的论调甚嚣尘上。这一观点在2012年总统选举时就曾被提出,并用以解释左翼激进党和极右翼党派的崛起。⑥ 由此可以看出,左派激进党和极右党派之间存在一定的共通之处。

2017年法国总统选举和立法选举标志着法国政治趋势的转折,颠覆了

---

① 极右派候选人让-玛丽·勒庞进入2002年总统大选第二轮,而左派社会党候选人莱昂内尔·若斯潘在第一轮便被淘汰。
② 冯阳:《"梅朗雄现象"是否意味着极左翼政党的崛起?》,《法国研究》2018年第4期,第60~68页。
③ 马克龙获得了超过66%的选票,这是继2002年希拉克战败让-玛丽·勒庞时获得的超过82%选票以来的最高选票。
④ 50名从属于总统大多数、支持马克龙政策的候选人当选议员,还有313名"共和国前进党"成员,其他则属于参加了政府联盟的政党团体。
⑤ Bruno Amable, Stefano Palombarini, *L'illusion du bloc bourgeois. Alliances sociales et avenir du modèle français*, Paris: Raisons d'agir, 2017.
⑥ Raphaëlle Besse-Desmoulières, Abel Mestre, « Mélenchon-Le Pen: le match des populismes », *Le Monde*, 7 février 2012.

政治领域的传统。极端党派在选举中的崛起折射出法国的社会和经济危机，以及传统党派在民众中的失信。法国民众开始极端化，极左、极右翼党派又利用民粹主义口号煽动，这些现象在选举阶段表现得尤为明显。民粹主义的做法往往是推出一名候选人，他（或她）有极端诉求，能煞有介事地控诉既有政治经济社会秩序，善于利用大众传媒与建制派的冲突以及在社会群体对抗基础上发表"蛊惑人心"的言论。这些言论和行动往往能够有效赢得下层选民的选票。下层选民由于政治资本薄弱，感到或是实际遭受社会地位的下降而心生不满，因此更容易被反建制的言论所吸引。左翼激进党和极右党派都利用民粹主义的概念，因此在思想上有一定的相近性和一致性。两者都对基于新自由主义理念所建立起的社会经济秩序提出异议，而新自由主义曾解决了左右派的划分问题。在新的历史条件下，虽然欧洲各国历史不同、发展各异，但欧洲社会经济危机时期，政坛格局常常出现以下共同现象：要么是左派激进党崛起，要么是极右党崛起，要么是两者一齐高歌猛进。由于左派激进党和极右党派在思想和行动上有相近性，他们往往共享同一选民基础。对于这些选民而言，选左还是选右往往是时局所致，而非因为党派的理念和行动纲领不同。

通过对2022年法国总统大选进行研究，我们从社会经济和政治角度出发，分析左派激进党梅朗雄和极右派勒庞在思想上的共通性，同时找出两者的差异，试图探讨其选民是否能够互相转换，进而剖析两者对总统选举和立法选举乃至政治格局的影响。

一 法国左派激进党和极右派相近性的现实根源及背景

欧洲多个国家都经历了金融危机与主权债务危机，它们采取的紧缩政策造成各国民众怨气冲天，政坛动荡。法国亦是如此，经济发展乏力，社会结构性矛盾日益突出，移民问题、国内安全问题频出。无论是传统左派执政还是传统右派执政，政策效果都不尽如人意，极左翼和极右翼激进运动抬头。

法国2017年的总统选举中，传统的左右翼政党均马失前蹄，而左翼激

进党和极右翼政党却一路高歌猛进。① 法国政坛的变化反映了脆弱的社会经济现状。在此背景下，左翼激进党的梅朗雄和极右派的勒庞采用的民粹主义理念对选民有很大吸引力。

2017年法国总统大选之后，极右翼的"国民阵线"采取了一系列"去极端化"措施，拉拢右翼党派，包括2018年将党名更改为"国民联盟"（Rassemblement national）及发布柔化纲领等，以更加务实的态度扩大选民基础。因此，"国民联盟"党员与支持者人数大增，在2019年欧洲议会选举中超过总统马克龙所领导的"共和国前进党"成为法国在欧洲议会拥有席位最多的政党。2020年法国市镇选举中，"国民联盟"也在更多市镇、包括一些大市镇取得胜利，意味着地方选民对其转型的认可和肯定。② 左翼激进党"不屈的法兰西"的领袖梅朗雄则采取民粹主义立场，完全拒绝与社会党缓和关系，拒绝采取开放的态度联合其他左翼。③

2022年法国总统选举时，新冠肺炎疫情并未消退，俄乌冲突爆发并持续发酵，法国经济在双重打击下更为乏力，社会矛盾激化。纵观此次大选，选举格局出现了新变化。由于环境议题在选举中的权重加强，极右翼"国民联盟"在"移民"和"安全"等主要传统议题外，也紧跟环境民粹主义的潮流将"环境"问题纳入其议题，蚕食逐步崛起的绿党专属议题和势力范围。④ 与此同时，第一轮投票中排名第四的"网红"候选人泽穆尔（Éric Zemmour）关注移民、国内安全、宗教等问题，继承了极右翼论调，蚕食了"国民联盟""去极端化"后的选民基础。⑤ 媒体人出身的泽穆尔能言善辩，与同样擅长辩论的梅朗雄在电视上公开辩论，他对支持者的政治倡导对第二

---

① 梅朗雄获得了自1969年以来激进左派最高选票19.58%，勒庞也获得了"国民阵线"史上最佳成绩。此外，排名第一的马克龙和排名第四的梅朗雄之间的得票率差异非常之小（小于5个百分点），这也是前所未有的。
② 陈刚、李佳琪：《2017年法国总统大选后国民联盟的政治革新与成效》，《法国研究》2021年第4期，第36页。
③ 〔法〕让-努马·迪康热：《法国社会党：2017年以来的法国社会民主主义力量现状》，赵超译，《当代世界与社会主义》2019年第5期，第142页。
④ 王红艳：《环境民粹主义在欧盛行的原因及其政治影响》，《当代世界》2021年第9期，第56页。
⑤ 杨成玉：《"网红"泽穆尔：法国总统大选的黑马？》，《世界知识》2021年第21期，第39页。

轮选举结果也起到了举足轻重的作用。梅朗雄凭借日益上升的威望，希望对法国今后的政策施加更多影响。他公开提出要问鼎总理一职，希望与马克龙构成新一轮"左右共治"。梅朗雄建立平等、绿色世界的理念及其反欧盟、反北约的主张在年轻选民中得到支持。民调机构 Ipsos-Sopra Steria 的一项调查显示，在第一轮投票中，42%的18~24岁年轻人未投票，而31%的18~24岁年轻人投票支持梅朗雄。第一轮投票后，巴黎等地的大学生出于对该轮选举结果的不满上街游行，高呼"不要马克龙，也不要勒庞"的口号，更有甚者打出"马克龙辞职！把位子让给梅朗雄"的标语。①

总之，法国左派激进党和极右翼党派的上升无不植根于现实的困顿、前景不明朗及社会矛盾交织：民粹主义在全球抬头，欧洲及法国的政治极端化明显。法国国内经济增长乏力，社会结构性矛盾长期得不到纾解，改革阻力巨大，国内安全问题频出，加之新冠肺炎疫情持续和俄乌冲突的冲击，法国普通民众"获得感"极弱，对建制派及社会"精英"极其失望。民众希望能找到其他为其发声的渠道，左翼激进党与极右翼政党因此成为其发泄不满的"出气口"并一路走强。

二 激进左派和极右派的选民基础和社会基础——下层选民的两极化

激进左派和极右派有一定的交集，因为他们的社会基础和选民基础相似。这两派都宣扬社会分裂的观点，都发表反建制的言论，旨在召集"人民"对抗精英。精英被左翼民粹主义视作统治阶层，被右翼民粹主义视为建制派。此处的"人民"，是作为政治主体提出的，被视作现有精英政策的牺牲品，更宽泛地说，指被既有政治经济社会秩序排除在外的人，传统上由社会底层（如雇员、工人）、年轻人、失业人员以及未能从全球化中获益的人构成。

---

① 《不要马克龙也不要勒庞，法国学生不满第一轮投票结果爆发抗议》，https://www.163.com/dy/article/H50I7RVO0552DNJF.html。

从社会底层群体的投票率可以清晰地看到，他们毫无意外地偏向于两名民粹主义候选人。民调机构 Ifop 就 2022 年法国总统大选第一轮所进行的调查结果显示，在第一轮投票中，58%的雇员投给了这两位候选人中的一位（即 25%投给了梅朗雄，33%投勒庞），62%的工人也是在这两位中选择了一位（即 27%投梅朗雄，35%投勒庞）。① 要知道，这两位候选人获得的整体选票仅占 45.3%，由此可见社会底层群体的贡献率之高。在工人及雇员的投票数中，勒庞居第一，梅朗雄居第二；在总体票数排名中，勒庞居第二，梅朗雄第三。退休人员以外的未就业群体的投票中，勒庞占 22%，而梅朗雄高达 34%，在此类选票中居首。在就业类型中，两位候选人在失业者中都获得了较高选票，梅朗雄获得 30%，勒庞为 32%，马克龙仅为 11%。②

从投票者的收入水平来看，收入越低的人，越喜欢投票给勒庞和梅朗雄。根据民调机构 Ipsos 的调查，投票给梅朗雄和勒庞的群体中有一半以上的选民月收入低于 2000 欧元。在月收入低于 1250 欧元的选民中，梅朗雄得到了 28%的选票，勒庞得到了 31%的选票。在此类选民中，勒庞得票率居首，梅朗雄紧随其后，远超马克龙。在月收入介于 1250 欧元到 2000 欧元之间的选民中，梅朗雄和勒庞分别获得 25%和 26%的选票。而在月收入超过 3000 欧元的选民中，梅朗雄和勒庞的得票率远低于他们在选举中的整体得票率。③ 在社会底层，尤其是在工人和雇员中，出现了明显的右派民粹主义和左派民粹主义的两极分化。

有反建制倾向的选民常常自认为是全球化中的失败者，也是大多投票给梅朗雄和勒庞的群体。在 2017 年总统选举中，56%梅朗雄的选民被定义为

---

① Ifop et Fiducial, « Présidentielle 2022-Sondage jour du vote：Profil des électeurs et clés du scrutin (1er tour) », 10 avril 2022, https：//www.ifop.com/wp-content/uploads/2022/04/118997-Rapport-JDV-PRE22-T1-ENS-22h00-FINAL.pdf.

② 在 2017 年的选举中，失业者给"国民阵线"投票的比例略低（20%），而投给梅朗雄的比例则高达 32%。

③ Ipsos et Sopra, « Election Présidentielle 2022：sociologie des électorats et profil des abstentionnistes », 10 avril 2022, https：//www.ipsos.com/sites/default/files/ct/news/documents/2022-04/Ipsos%20Sopra%20Steria_ Sociologie%20des%20e%CC%81lectorats_ 10%20Avril%2020h30.pdf.

全球化的失败者和受害者,勒庞的选民中这一比例则是68%,两者的比例均远高于该群体占总投票者的比例(42%)。① 在自我定义为全球化的失败者和受害者的选民中,有25%的选民支持梅朗雄,34%投票给了勒庞。超过半数的该类选民都投票给了民粹主义候选人,而这一比例在自视为全球化受益者的选民中只占24%。此外,根据民调机构Viavoice的调查,在支持勒庞和梅朗雄的选民中,54%的选民将全球化视作一种威胁(梅朗雄23%,勒庞31%)。② 这一比例在2022年总统大选中进一步上升,高达57%(梅朗雄26%,勒庞31%)。③

受教育水平的高低同样影响着选票的分布。支持梅朗雄和勒庞的选民一般受教育程度较低。在2022年选举中,19%获得文凭低于高中会考的选民把票投给了梅朗雄,36%投给了勒庞。在仅有高中会考文凭的选民中,25%支持梅朗雄,25%支持勒庞。而在拥有高等教育文凭的选民中,支持梅朗雄和勒庞的比例较低:梅朗雄只得到了20%受过高等教育选民的选票,而勒庞只得到11%。总体而言,反建制的选民多为年轻人,而老年人较少。原因之一在于年轻人常会质疑既有的社会秩序,而老年人更喜稳定,从而希望保持既有秩序。梅朗雄和勒庞在35岁以下的选民中得票率较高(前者32%,后者22%),而在超过65岁的选民中得票率较低(前者13%,后者18%)。马克龙更受年长选民的青睐,获得了39%65岁以上选民的选票,而梅朗雄和勒庞则更能吸引年轻选民。④ 2017年大选后,根据综合性别和年龄两个参数对选民进行的调查,投票给梅朗雄和勒庞的选民从性别和年龄

---

① Ifop et Fiducial, « Le profil des électeurs et les clefs du premier tour de l'élection présidentielle », 23 avril 2017, https://www.ifop.com/publication/le-profil-des-electeurs-et-les-clefs-du-premier-tour-de-lelection-presidentielle/.

② Viavoice pour *Libération*, « Enquête post-électorale: premier tour de l'élection présidentielle », 10 avril 2022, https://www.institut-viavoice.com/wp-content/uploads/Enquete-post-electorale-1er-tour-de-lelection-presidentielle-2022-Viavoice-pour-Liberation.-Avril-2022.pdf.

③ Viavoice, « Après le premier tour », 26 avril 2017.

④ Ifop et Fiducial, « Présidentielle 2022-Sondage jour du vote: Profil des électeurs et clés du scrutin (1er tour) », 10 avril 2022, https://www.ifop.com/wp-content/uploads/2022/04/118997-Rapport-JDV-PRE22-T1-ENS-22h00-FINAL.pdf.

两方面看都很相似，主要是35岁以下选民。其中，女性选民较男性选民为多。①

三 两种不同的社会基础

社会阶层、职业状态、收入、受教育水平、年龄、性别以及对待全球化的态度等众多指标虽然是影响选情的因素，但它们还不能全面反映法国社会群体的碎片化程度，也没有完全体现法国社会结构的复杂性。在一项基于2017年总统选举结果的研究中，政治学家卢克·胡邦（Luc Rouban）加入了家产等变量，更清楚地展示了梅朗雄和勒庞支持者的构成。② 梅朗雄和勒庞的支持者家产处于同一水平，远低于菲永和马克龙支持者的家产（以不动产和有价证券累加来衡量）水平，与阿蒙的支持者相比也较低。然而，尽管支持者的家产水平相差不多，但投梅朗雄票的选民比投勒庞票的选民拥有更高的专业技能水平（与菲永的选民专业技能水平相当），而阿蒙和马克龙的支持者专业技能水平最高。勒庞选民中的45.5%持有低于高中会考的文凭，这一比例在梅朗雄的选民中为30.7%；39%的梅朗雄选民拥有高等教育文凭，而这一比例在勒庞的选民中为24.9%。③ 胡邦结合了收入及文凭这两个变量，指出在教育水平相同的情况下，梅朗雄的选民收入更低。他的假设是，由于梅朗雄的选民接受过相对较高的教育但其专业技能水平却被社会"降级"，因此投票给梅朗雄本身就是一种反抗，是一种"相对失望"的表现。④ 而投票给勒庞的则是一些收入低又缺乏专业技能的人群，他们投票给

---

① Ifop et Fiducial, « Le profil des électeurs et les clefs du premier tour de l'élection présidentielle », 23 avril 2017, https://www.ifop.com/publication/le-profil-des-electeurs-et-les-clefs-du-premier-tour-de-lelection-presidentielle/.

② Luc Rouban, « Le peuple qui vote Mélenchon est-il le peuple ? », *The Conversation*, Octobre 2017, http://theconversation.com/le-peuple-qui-vote-melenchon-est-il-le-peuple-84724.

③ Ifop et Fiducial, « Le profil des électeurs et les clefs du premier tour de l'élection présidentielle », 23 avril 2017, https://www.ifop.com/publication/le-profil-des-electeurs-et-les-clefs-du-premier-tour-de-lelection-presidentielle/.

④ Ted Gurr, *Why Men Rebel*, Princeton: Princeton University Press, 1970.

勒庞是一种"绝对失望"的表现。如果以上假设成立，我们便可分析出高学历水平对政治偏好产生的影响，由此解释不同群体选举行为的差异性。换言之，大学教育意味着更高的政治资本水平及更高的文化资本水平，一般倾向于投票给左派（其中拥有高等教育文凭的选民投票给左派激进党的比例较高），说明给不同民粹主义投票的选民的价值体系存在差异。① 2022年总统大选中众多大学生对第一轮选举结果不满，以及公开支持梅朗雄再次证实了这一点，说明高学历对左派激进党有偏好。

此外，勒庞和梅朗雄的支持者居住的区域不同。法国选区划分实际上可反映一系列的社会不平等。社会底层主要生活在大城市的郊区、城郊或是农村地区。居住地人口密度越大，投勒庞票的比例越低：农村地区票数占26%，2万人以下的城市为30%，2万~10万人的城市为23%，10万人以上的城市为21%，而在巴黎市区仅为17%。② 大量的社会底层居住在巴黎郊区文化混杂的街区里，其中移民及移民后代的比例非常高。勒庞在这些区域内得票率不高，反映出她在该区域并不受青睐，她的排外立场大概使那些移民及后代感到担心。"国民联盟"的选民基础主要集中在环城远郊区、小城市及农村地区。相反，梅朗雄的选票根据居住地划分则显示出更为均质化的特点：在农村地区为19%，在巴黎为23%，在其他城市为23%。③

勒庞和梅朗雄所代表的右翼民粹主义和左翼民粹主义，虽然在选举中在底层社会中均获得了高票，但如果仔细研究两者的选民构成，便不难看出他们之间仍存在不小的差异。两者选民中下层社会阶级的结构不同：工人和雇员占梅朗雄选民的32%，占勒庞选民的39%。在梅朗雄的支持者中，14%为工人，18%为雇员，10%为企业管理人员或从事脑力工作，15%为商务中

---

① Luis Ramiro, "Support for Radical Left Parties in Western Europe: Social Background, Ideology and Political Orientation", *European Political Science Review*, 8: 1 (2016).

② Ifop et Fiducial, « Présidentielle 2022-Sondage jour du vote: Profil des électeurs et clés du scrutin (1er tour) », 10 avril 2022, https://www.ifop.com/wp-content/uploads/2022/04/118997-Rapport-JDV-PRE22-T1-ENS-22h00-FINAL.pdf.

③ Jérôme Fourquet, *Karim vote à gauche et son voisin vote FN. Sociologie électorale de l'immigration*, Paris: éditions de l'Aube/Fondation Jean-Jaurès, 2016.

介。勒庞的选民中6%是企业管理人员或从事脑力工作的人,15%为商务中介,22%是雇员,17%是工人。①

相对勒庞而言,梅朗雄的选民在不同社会底层中的分布更为平均。勒庞的选民与马克龙的选民相比,几乎在所有的指标上都相反。马克龙获得的选票基本随着城市规模变大而上升,而勒庞则是下降;收入越高的人群投票给马克龙的就越多,投票给勒庞的就越少。按不同的社会职业阶层投票看,马克龙在社会上层以及受过高等教育的人群中得票率比勒庞高。此外,梅朗雄的选票似乎并不太受这些指标的影响。

四 政治化和政治身份方面的巨大差异

投票给勒庞和梅朗雄的选民在投票中有极高的忠诚度。2017年投票给勒庞的选民中有79%的人在2022年的总统选举中再次投票给她,这一比例在2022年的选举中是最高的。梅朗雄选民的这一比例为78%。②虽然这两位候选人的支持者在忠诚度上高度相似,但其政治立场却始终泾渭分明。2017~2022年,这两拨选民中少有相互迁移。2022年,仅有2%的梅朗雄选民在2017年曾投票给勒庞。同样,2022年也仅有3%的勒庞选民曾在2017年投票给梅朗雄。③勒庞选民基础之所以扩大,是因为她获得了一些右翼传统政党选民(2022年,勒庞12%的选民曾在2017年投票给菲永)的支持,获得了一些弃权者、曾经投给小众候选人或是新近获得投票权的选民(占其2017年选民的13%)的支持。同样,在2022年投票给梅朗雄的选民中,

---

① Ifop et Fiducial, « Présidentielle 2022-Sondage jour du vote: Profil des électeurs et clés du scrutin (1er tour) », 10 avril 2022, https://www.ifop.com/wp-content/uploads/2022/04/118997-Rapport-JDV-PRE22-T1-ENS-22h00-FINAL.pdf.
② Viavoice pour *Libération*, « Enquête post-électorale: premier tour de l'élection présidentielle », 10 avril 2022.
③ Harris Interactive, « Le 1er tour de l'élection présidentielle 2017. Composition des différents électorats, motivations et éléments de structuration du vote », 23 avril 2017, https://harris-interactive.fr/wp-content/uploads/sites/6/2017/04/Rapport-Harris-Sondage-Jour-du-Vote-1er-tour-de-lelection-presidentielle-M6.pdf.

34%曾在2017年投票给他，32%曾投票给奥朗德，25%曾弃权或投票给小众候选人或是尚未到投票年龄。因此，对这两位候选人而言，来自敌对阵营的选票比例很低，这说明两者的选票来源缺乏相互渗透性。

选民的自身政治定位亦证实了这一趋势。根据民调机构Viavoice的调查，74%梅朗雄的支持者自我定义为左派，15%自认非左非右非中，仅有4%认为自己是右派。同时，53%投勒庞票的选民自称右派，30%自称非左非右非中，仅有5%自认为是左派，1%认为自己是中间派。由此可见，不同党派的选民不会轻易改变其支持的对象，左右的藩篱并不能轻易逾越。57%的勒庞选民自认为亲近"国民联盟"，10%亲近右派，而仅有7%亲近左派（19%的选民宣称未支持任何党派）。①相反，74%的梅朗雄选民表示支持左派，调查中未显示出其亲近右派比例，仅显示他的选民中有1%亲近极右的"国民联盟"和泽穆尔的"光复党"（21%的选民宣称未支持任何党派）。94%自认亲近"不屈的法兰西"的选民投票给了梅朗雄，仅有3%投给勒庞；33%的社会党支持者和29%的绿党支持者把票投给了梅朗雄。在宣称支持"国民联盟"的选民中，93%把票投给了勒庞，仅1%投给了梅朗雄。②

以上统计结果表明，国民联盟在选举中并未吸收左派选票。"左派勒庞主义"③的说法毫无事实根据。此外，民意调查显示，国民阵线的崛起主要来源于社会底层的右派选民在选举中的调整变化。④ 工人及雇员选民中投票

---

① Ifop et Fiducial, « Présidentielle 2022-Sondage jour du vote: Profil des électeurs et clés du scrutin (1er tour) », 10 avril 2022, https://www.ifop.com/wp-content/uploads/2022/04/118997-Rapport-JDV-PRE22-T1-ENS-22h00-FINAL.pdf.

② IPSOS et Sopria, « Election Présidentielle 2022: sociologie des électorats et profil des abstentionnistes », 10 avril 2022, https://www.ipsos.com/sites/default/files/ct/news/documents/2022-04/Ipsos%20Sopra%20Steria_Sociologie%20des%20e%CC%81lectorats_10%20Avril%2020h30.pdf.

③ 该概念由政治学家帕斯卡尔·佩里诺（Pascal Perrineau）提出，指那些自20世纪80年代以来曾给左派投票的工人选民现在转投了"国民阵线"，并将这一思想上及选举行为上的转变归因为经济危机以及社会党所实行政策的新自由主义转向。

④ Florent Gougou, « Les ouvriers et le vote Front national. Les logiques d'un réalignement électoral », in Sylvain Grépon, Alexandre Dézé, et Nonna Mayer (eds.), Les Faux-semblants du Front national. Sociologie d'un parti politique, Paris: Presses de Sciences Po, 2015.

给传统右派的比例下降,"国民联盟"获得的票数上升。① 勒庞的选民基础扩大,是因为她吸引了更多右翼及非政治化(曾远离选举和政治生活)的选民,而并非吸引了更多的左翼或激进左翼的力量。② 同样,梅朗雄的选民基础扩大,也是因为他获得了更多社会党老选民及左翼其他派别的支持(如社会民主党、绿党以及极左翼),成功吸引了新晋选民和之前曾弃权的选民。

五 思想上的不可转换性

勒庞和梅朗雄的支持者所关心的议题差异巨大。根据民调机构 Ifop 针对本次大选所做的调查,在第一轮投票中投票给梅朗雄的绝大多数选民认为关键议题应为工资和购买力的提高(81%)、健康(75%)、对抗不稳定性(73%)及教育(67%),随后是环境保护及应对气候变化(64%)、能源及燃油价格变化(63%)。相反,勒庞的选民则主要关注打击犯罪(83%)、工资和购买力的提高(80%)、打击非法移民(79%)和打击恐怖主义(76%)③ 四大议题。勒庞和梅朗雄的选民只有工资和购买力的提高这一共同点。"国民联盟"支持者的选择反映出他们仇外、仇视穆斯林及种族主义的倾向,这些也正是极右翼政党长久以来所秉持的观点。近年来,"国民联盟"对这些问题的立场虽有所柔化,但仍然万变不离其宗。梅朗雄的选民则遵循着激进左派的传统原则,他们关心财富的再分配、社会公正、公共服务等。近年来,随着公众舆论对环境问题的关注和重视,随着新冠肺炎疫情

---

① Florent Gougou et Nonna Mayer, "The class basis of extreme right voting in France: generational replacement and the rise of new cultural issues", in Jens Rydgren (ed.), *Class Politics and the Radical Right*, London & New York: Routledge, 2012.

② Joachim Bischoff, Elisabeth Gauthier, Bernhard Müller, et Louis Weber, *Droites populistes en Europe: les raisons d'un succès*, Vulaines-sur-Seine: Éditions du Croquant, 2015.

③ Ifop et Fiducial, « Présidentielle 2022–Sondage jour du vote: Profil des électeurs et clés du scrutin (1er tour) », 10 avril 2022, https://www.ifop.com/wp-content/uploads/2022/04/118997-Rapport-JDV-PRE22-T1-ENS-22h00-FINAL.pdf.

及俄乌冲突的发展，梅朗雄的选民对这些问题表现出很大的政治热情。

根据厄尼斯多·拉克劳（Ernesto Laclau）的理论，民粹主义是一种旨在将民众作为政治主体进行构建的政治策略。民粹主义希望能把民众聚集起来，"对抗"日益衰落的社会，而"对抗"衰落曾是推动历史前进的动力。① 冷战结束后，资产阶级和无产阶级对立的社会结构产生分化，传统社会结构碎片化，新的社会阶层划分方式出现（如女权主义、另类全球化运动、反种族主义等），阶级斗争这一概念已经难以描述现代社会的运行。新的社会分配和阶层划分方式催生了新的、未被满足的、往往自相矛盾的社会需求。拉克劳认为，民粹主义的策略是通过重新创造"他们"和"我们"的言论，将不同的需求纳入一个相互关联的整体。民粹主义通过运用一种新的对抗形式，动员拥有不同利益的个人及社会群体。

梅朗雄和勒庞的支持者所关心的议题截然不同。梅朗雄的言论及竞选方案围绕着环保及左派方案加以规划。该方案回应了政治生活中不同社会群体、不同政治传统各自的需求，将其糅合在竞选纲领中，并通过党派"领袖"的言论得以传播。而勒庞则依靠维护国民认同及法国生活方式免遭威胁的言论，汇集了社会经济利益诉求各不相同的选民。在勒庞的叙事中，移民问题居"威胁"的首位。这些大规模移民主要由穆斯林构成，有意将其宗教和文化强加于其他法国人。极右翼选民认为，移民问题与以下问题脱不了干系："圣战"恐怖主义，郊区青年的犯罪造成的安全问题，占据了本属于法国人的劳动岗位并在未对法国社会做出贡献的情况下享受社会救助。勒庞获得了守旧主义者、持"社团主义"的小商贩及手工艺者以及生活不稳定的工人及雇员的支持，他们都担心法国的国民认同弱化及国家的分裂，担心国家被伊斯兰教和伊斯兰文化所支配。因此，拉克劳的理论可以解释为何勒庞和梅朗雄的选民在社会、经济问题上的立场大相径庭。候选人的竞选纲领及言论使有不同物质利益的选民产生同一政治认同。这些政治认同拥有一个具体化的敌人，并以与该敌人的对立作为其基础，比如穆斯林移民之于勒

---

① Ernesto Laclau, *La Raison populiste*, Paris: Seuil, 2008.

庞，新自由主义金融家之于梅朗雄。梅朗雄和勒庞曾各自声称处于传统的左右分野之外。民粹主义在理论认同方面，将不同社会阶层和部门相互对立的社会需求汇聚起来，创造一套新的言论和叙事，从而建立一个政治主题。激进左派和极端右派都能围绕着一个思想上具有鲜明特征的方案，超越传统的社会阶层的划分而聚集不同选民。

不过，即便是一些专栏作家或是知识分子认为左派民粹主义和右派民粹主义拥有共性，有着某些相似的策略及言论工具，但两者选择的政治路径仍大相径庭。

2017年7月，民调机构Ipsos Sopra-Steria在为让·饶勒斯基金会（Fondation Jean Jaurès）所做的一项关于第一轮选举中选民情况的深入调查表明，梅朗雄和勒庞的选民在思想上存在广泛分歧，主要集中在以下四个方面。

其一，对过去及将来的认识。勒庞的大多数支持者认为法国正在衰落，而梅朗雄选民的看法则大相径庭。勒庞选民特别重视传统及过去的价值观，梅朗雄的选民正相反。

其二，对"他者"的看法不同，尤其是对移民及伊斯兰教的看法。95%的勒庞选民认为"法国的外国人太多了"，而持这一观点的梅朗雄的支持者仅占30%。58%的梅朗雄支持者认为"伊斯兰教能够与法国社会价值观兼容"，而仅有9%的勒庞支持者这么认为。勒庞的选民患上了"伊斯兰教恐惧症"，与激进左派选民的宗教宽容立场形成鲜明对立。37%宣称自己为穆斯林的选民把票投给了梅朗雄，从而使他坐上了穆斯林选民选票的头把交椅（仅有5%的穆斯林选民把票投给了勒庞）。[1] 梅朗雄在穆斯林群体中的高选票以及勒庞的低选票表明两者的选民在价值观（如宽容、多元文化等）方面存在巨大差异。

其三，在众多社会经济议题上立场不同。在有关社会组织的政治及社会

---

[1] Ifop, « Le vote des électorats confessionnels au 1er tour de l'élection présidentielle », 27 avril 2017, https://www.ifop.com/publication/le-vote-des-electorats-confessionnels-au-1er-tour-de-lelection-presidentielle/.

原则的衡量上，两者的选民持不同看法："国民阵线"的选民认为需要一个真正的领袖来重建秩序；梅朗雄的选民则不同意这一看法，认为不需要一个专制政府来治理国家。同样，梅朗雄的选民不接受民主之外的治理形式，而55%的"国民阵线"选民认为非民主体制也能行之有效。

其四，对地区及世界问题的认识不同。88%的梅朗雄选民认为法国应该留在欧元区，这一比例在勒庞选民中为44%；59%认为欧盟是有利的，勒庞选民中这一比例为17%。以上调查结果证实，右翼民粹主义和左翼民粹主义选民的区别虽然皆有别于传统的左右派划分，但在价值观、主张、信念上存在根本分歧，从而构成了激进左派和极端右派间在思想和文化上的隔阂。①

六　结语

综上所述，通过对梅朗雄和勒庞支持者的详尽分析，我们看到，右翼民粹主义和左翼民粹主义均在社会底层、年轻人及全球化失败者中获得了大量支持。但是，法国右翼民粹主义和左翼民粹主义在选举行为上和思想上不能够互相转换。虽然梅朗雄和右翼勒庞选民间存在一些相似之处，例如都处在社会底层，属低收入、低学历选民，持反建制的观点，但他们之间在价值观上和选举行为上有很大差异，且他们的社会经济条件仍不尽相同。

---

① Gilles Finchelstein, Brice Teinturier, *Entre France insoumise et Front national, de solides divergences*, Paris: Fondation Jean-Jaurès, 2017.

经济篇
Economy

B.11 "法国振兴"计划框架下产业回迁现状与展望

桂泽元*

摘 要： 新冠肺炎疫情大流行后，法国政府针对其关键领域生产能力不足的情况，在"法国振兴"计划（France Relance）框架内明确提出要实施产业回迁，其根本目的在于保障自身生产供应能力、恢复经济韧性和维护经济主权。"法国振兴"计划框架下的产业回迁项目共公布八批，目前已全部完成，在培育核心领域生产能力、拉动社会投资和刺激就业等方面取得了一定成效。本轮产业回迁政策后期实施过程中也出现了新的变化和发展趋势。本文将从 2021 年"法国振兴"计划框架下产业回迁的背景出发，重点介绍本轮产业回迁的规模、地域分布和行业分布等情况，并对未来法国产业回迁的发展趋势进行展望。

关键词： 产业回迁 产业政策 "法国振兴"计划

---

* 桂泽元，中国社会科学院大学（研究生院）欧洲研究系博士生，对外经济贸易大学外语学院讲师，主要研究领域为法国经济、欧洲经济。

一 2020年至2021年初法国产业回迁背景回顾

2020年新冠肺炎疫情席卷全球，给法国经济带来巨大冲击，法国核心关键领域生产能力低下的问题浮出水面。防疫物资匮乏、供应链断裂直接威胁法国经济主权和国民健康安全。在这一背景下，法国总统马克龙于2020年6月公开提出要进行产业回迁，以增强法国的生产能力，让法国制造重现生机，同时带动就业、刺激经济振兴、维护自身和欧盟的经济主权。法国政府在2020年9月公布的"法国振兴"计划中，在竞争力项目下明确提出了产业回迁的子项，也由此拉开了本轮新冠肺炎疫情影响下法国产业回迁的序幕。

法国经济、财政和振兴部（简称法国经济部）2020年11月发布了首个回迁报告，报告中框定了此次产业回迁的五大核心领域，包括医药健康产业、农产食品业、电子信息产业、制造业关键投入品和5G相关产业，同时公布了首批产业回迁资助项目共31项。这标志着"法国振兴"计划框架下的产业回迁政策正式落地实施。2021年2月公布了2020年底征集的第二批36个回迁项目的具体情况。前两批回迁项目的行业分布和企业类型分布见图1。

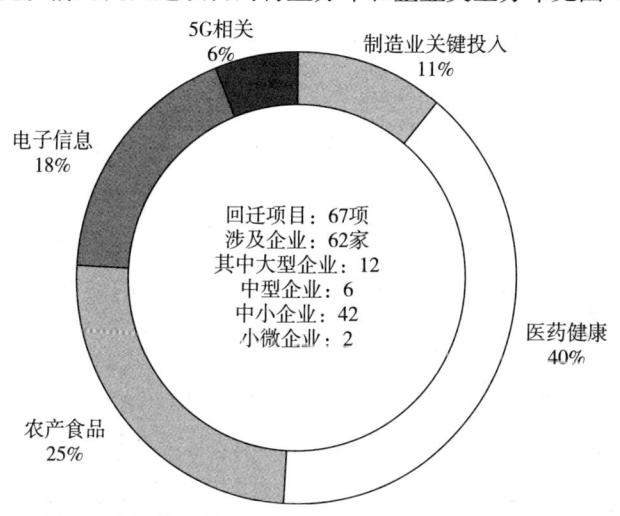

图1 法国前两批回迁项目行业分布及企业类型构成

资料来源：笔者根据法国经济部2020年11月及2021年2月两次产业回迁报告信息整理。

前两批回迁项目的情况呈现以下两大显著特点。

其一，回迁集中在中小型企业，大型企业短期回迁难度大，布局所需时间较长。法国经济部前两批回迁项目共涉及中小企业和小微企业44家，占总涉及回迁企业的70%以上。中小企业的规模决定了其选址的灵活性，所需经费规模通常小于大型企业回迁项目，在获得同等比例财政支持的情况下，比大型企业更容易做出回迁等决策行为。而且前两批回迁项目的中小企业所涉及的生产链较短，生产布局多位于整个生产链条的上游部分，且生产投入品在法国本土更容易找到替代品，因此疫情对这类企业供应链的破坏程度有限，这也是前两批中小企业回迁的重要便利条件。

其二，前两批回迁项目重点关注医药健康行业和农产食品行业。受新冠肺炎疫情的直接影响，前两批回迁的医药健康领域项目占比颇高，尤其是第二批回迁项目中医药健康行业占总项目数量的46%。回迁项目主要涉及关键抗疫技术、疫苗和基础防护用品生产，可见法国政府致力于降低其在抗疫活动中的对外依赖，尽力填补生产能力缺口和技术空白。农产食品行业回迁项目占比紧随其后，达到总回迁项目的25%。作为欧盟的传统农业大国，法国在农产食品领域有着较强的生产优势，而且由于农产食品行业产品生产地通常接近消费者，项目回迁难度总体偏低。

二 2021年"法国振兴"计划框架下产业回迁实施现状

进入2021年，随着新冠肺炎疫情初步得到控制，疫情对经济的直接负面影响有所减弱，法国经济生产活动也有逐步恢复正常的趋势。欧元区投资者信心指数自2021年3月起逐步增强[1]，法国公共财政赤字也开始稳步减少。在这一背景下，"法国振兴"计划的财政支出和拉动市场总投资情况均得到保障，2021年"法国振兴"计划下产业回迁项目资助规模和征集力度也在不断扩大。

2021年3月以来，法国经济部支持产业回迁项目总计公布五批，涉及

---

① Milo Rignell, « L'avenir de l'investissement en Europe », Institut Montaigne, le 3 novembre 2021.

359个回迁项目，回迁产业范围仍然围绕上述五大核心领域。回迁项目征集的频度和广度较2020年显著增加，资金投入力度也不断扩大。具体回迁项目的投入金额和带动就业情况见表1。从投入、带动总投资和拉动就业岗位层面来看，2021年产业回迁达到了"法国振兴"计划的预期目标。

表1 2021年3月起财政支持回迁项目情况概览

公布日期	新增项目数（个）	累计回迁（自2021年）（个）	累计公共资金支持（亿欧元）	累计带动总投资（亿欧元）	累计拉动就业岗位（个）
2021年3月4日	105	160	1.84	10	16700
2021年4月9日	113	273	4.62	18	38000
2021年5月10日	36	309	5.38	21	39000
2021年7月9日	42	351	6.37	24	41300
2021年10月26日	58	409	7.29	27	44700

资料来源：笔者根据法国经济部2021年3~11月五次产业回迁报告信息整理。

（一）2021年3月以来的产业回迁规模

2021年是法国产业回迁活动的高峰期。从法国经济部公布的产业回迁新增项目的数量来看，2021年法国产业回迁项目获批的高潮集中在3~4月份的两批回迁，无论新增回迁项目数量和累计投入资金都远超2021年后三次产业回迁。究其原因主要在于以下几点：首先，出于疫情防控和产业回迁整体布局的考虑，需要在较短时间内提升抗疫物资生产能力，重塑相关产品的供应链以应对疫情冲击，所以对医药健康领域和制造业关键投入领域的回迁十分紧迫，所涉及的回迁项目数量也远高于后几轮回迁；其次，从申请企业的角度来看，企业观望态度较2020年底相比有所减退，积极进行回迁项目申请，加之部分中型和大型企业回迁规划需要一定时间，所以自2021年起申请回迁补贴的企业数量显著增长，申请/获批比重也有所提高；最后，在资金拨付方面，"法国振兴"计划前期拨付资金相对充足，且规模较大，甚至出现了占用后续资金规划的情况。

（二）"法国振兴"计划框架下产业回迁的企业类型与地域分布

2021年"法国振兴"计划下的产业回迁涉及法国本土的13个大区和海外留尼汪省。从表2的分布情况来看，产业回迁活动的地域分布总体较为均衡。在法国本土大区中，回迁项目数量和所获支持资金最多的是奥弗涅-罗讷-阿尔卑斯大区，回迁企业总数比位列第二的法兰西岛大区高出近一倍。我们也应当注意到"法国振兴"计划框架下产业回迁企业地域分布的均衡性，除奥弗涅-罗讷-阿尔卑斯大区和科西嘉大区以外，其他本土大区的回迁企业数量相差不多，各大区回迁企业数量并不完全与经济地位成正相关，因此数量差异并不如地区经济发展差异一样明显。其主要原因在于"法国振兴"计划的政策导向。虽然产业回迁计划属于"法国振兴"计划中"竞争力"子项下，但不应与"凝聚力"子项的设计初衷产生冲突。因此法国经济部在回迁项目投资方面会刻意利用审批机制协调回迁企业的地区分布差异。值得注意的是，此次产业回迁还涉及法国的海外省，两家回迁到留尼汪省的中小企业分别从事当地火山灰开发应用和速冻面包胚生产，能够结合地方经济特色完善当地生产链条，并通过产业回迁拉动区域凝聚力。

表2 2021年法国产业回迁地域分布及企业类型

单位：家

回迁地域	大型企业	中型企业	中小企业（含小微企业）
布列塔尼	8	5	17
诺曼底	3	3	14
上法兰西	9	1	32
法兰西岛	16	5	28
卢瓦尔河地区	6	6	18
中央-卢瓦尔河谷	2	1	12
大东部	6	1	20
勃艮第-弗朗什-孔泰	9	2	13

续表

回迁地域	大型企业	中型企业	中小企业（含小微企业）
留尼汪	—	—	2
新阿基坦	10	3	23
奥弗涅-罗讷-阿尔卑斯	22	14	56
奥克西塔尼	9	2	23
普罗旺斯-阿尔卑斯-蓝色海岸	4	5	25
科西嘉	1	—	—

资料来源：笔者根据法国经济部网站公布的"法国振兴"计划实施数据绘制。

根据法国经济部网站公布数据统计，截至2021年11月，"法国振兴"计划框架下共回迁大型企业105家，中型企业48家，中小企业和小微企业共283家，另有5家具有公共性质的企业和机构。从企业规模数量来看，2021年产业回迁以中小企业为主，占回迁企业总数的65%，大型企业占回迁企业总数的24%，中型企业最少，占比约为11%。图2体现了回迁五大行业的企业类型分布，可以明显看出除5G领域以大型企业为主外，其他四大行业中小企业回迁占比均占绝对优势。

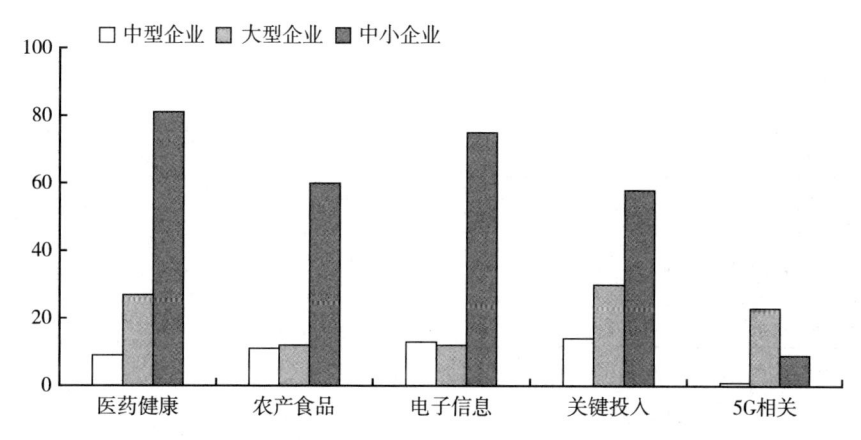

图2 2021年法国产业回迁各类型企业数量的行业分布

资料来源：笔者根据法国经济部网站公布的"法国振兴"计划实施数据绘制。

(三)"法国振兴"框架下产业回迁涉及行业分析

表3总结了2021年3~10月五批产业回迁项目在各领域之间的数量分布情况。行业的整体分布情况较2020年9月和2021年初的回迁分布有了较大差异。医药健康领域回迁项目虽仍位居五大领域之首,但其项目数量占比出现了大幅下降的趋势,从前两批的40%降至2021年后五批的28%。农产食品业回迁项目所占比重也有所下降,由之前的24.5%下降到了19.4%;与之相对的是电子信息和制造业关键品投入呈上升趋势,占比分别从之前的18.5%和10.8%上升至23.3%和23.6%,尤其是制造业关键品投入领域,无论从项目绝对数量还是从所占比重方面都有较大增幅,这也是法国产业回迁面向未来布局的重要趋势。此外,在为期一年多的产业回迁政策执行过程中,这四大领域中回迁项目数量分布逐渐趋于平均,其主要原因是政府政策的引导效应:前期为了应对新冠肺炎疫情带来的直接冲击,强化与应对疫情危机物资有关的生产回迁,后期则将未来产业布局作为产业回迁的重点,加强了有益于未来生产布局和工业自主的项目回迁力度。此外,这与行业回迁本身难度有关,涉及上下游产业布局、回迁成本较高的行业回迁所需的准备时间也会相对更长。

表3 2021年产业回迁项目行业分布

单位:个

公布日期	医药健康	农产食品	电子信息	制造业关键投入	5G相关
2021年3月4日	30	24	22	24	5
2021年4月9日	32	14	30	32	5
2021年5月10日	11	5	13	3	4
2021年7月9日	13	10	8	10	1
2021年10月26日	15	10	9	19	5

资料来源:笔者根据法国经济部产业回迁五次报告信息整理。

医药健康领域的回迁涉及的主要产品类型包括药品、医疗设备、试剂、诊断仪器以及和未来医疗相关的产品。在这些产品中,来自非欧盟国家和地区的进口份额达到26%，被列入涉及欧盟主权、供应安全和经济发展的产品共20类，每年进口额接近190亿欧元。① 虽然法国在医药领域的发展历史悠久，也有大型制药企业作为行业支撑，但其在新药研发、制药原料供应、药品配给和高精医疗仪器制造领域仍然受到较大竞争与挑战。因此对于医药健康行业而言，回迁的重点在于构建医药安全生产链条，培育就地生产能力，使医药产品更接近本国消费者，以缩短供应周期。从2021年的回迁情况来看，医药健康领域回迁项目呈现两大变化趋势：第一，相比于2020年底法国经济部发布的回迁项目，2021年发布的回迁项目中与抗击新冠疫情直接相关的项目数量锐减，在2021年7月和10月发布的两次回迁项目描述中已经找不到与新冠肺炎疫情相关的字样，这与法国政府抗疫态度的变化有明显的关联性；第二，后期回迁中小企业比例进一步提高，且以医疗设备和诊断仪器生产为主，由此可见医药健康领域的回迁仍以保障本国医疗用品生产自主性、巩固医药领域产业主权为主要目标。

农产食品行业主要包括农业投入品、农业渔业产品和食品加工三个层次。作为欧盟的传统农业大国，法国在农产食品领域有着较强的生产优势，而且农产食品行业产品生产地通常接近消费者，所以法国在该行业产品的进口也主要来自欧盟成员国。农产食品领域的产业回迁并不是基于本国生产安全和生产能力的考量，其主要意义在于构建更贴近未来消费需求的欧盟食品安全生产链。一方面，欧洲居民在膳食方面的要求逐步提高，法国在传统食品方面虽然具有生产优势，但素食、代餐类等需求较高的新兴食品则主要依靠进口；另一方面，为对接未来低碳环保的绿色发展目标，减少因包装和运输带来的污染以及供应链断裂等问题，本轮产业回迁也必须囊括相应的农产食品加工行业。在2021年后期的农产食品回迁项目中，可以明显看到半熟制品、绿色有机食品和食品包装类项目增多，且对于回迁项目的描述也多与商业化相关，由此可以反映出法国农产食品行业回迁是为扩大未来相关产品

---

① CNA-PwC, « Relocalisation des achats stratégiques », le 9 juillet 2020, https://www.pwc.fr/fr/assets/files/pdf/2020/07/fr-france-pwc-cna-relocalisation-des-achats.pdf.

出口的意图。

在电子信息产业进口方面，2018年法国来自非欧盟国家进口的份额约为67%，是五大回迁产业中对外依存度最高的。从回迁产品及服务内容来看，与未来科技相关的产品和服务所占比重非常高，体现出法国政府通过产业回迁提升未来创新能力的愿望。对于电子信息行业的产业回迁，重点鼓励相关企业在法国建立新的生产线，实现以"建"代"迁"。本轮回迁过程中，在法国建立新生产线或首次设厂的电子信息企业有7家，这也是配合法国工业4.0战略实施和构建欧盟数字安全的重要举措。后期回迁过程中，激光光电系统、电子和集成电路以及半导体相关产品的回迁项目数量明显增多，而且回迁企业涉及多家行业内世界领先企业或法国龙头企业，为布局法国工业5.0和构建数字化生产生态体系奠定了基础。

制造业关键投入的回迁活动是生产能力提升的关键。法国的生产能力受到生产设备老化、劳动力成本高、环境治理成本高等问题的制约，制造业企业也曾由于这些不利因素选择将自身生产活动外迁至新兴国家。在该行业回迁过程中，除了注重企业的生产能力和紧缺情况，还应当重视清洁生产和数字化制造，以保护生态环境，实现向清洁型、数字型产业升级。这一特性在后期的回迁中更加明显：在2021年10月发布的回迁项目中，制造业关键投入领域的中小企业虽然涉及细分行业十分广泛，如有机废物处理、石油相关废料再生、矿物凝结剂、稀土永磁回收、生态染色等，但90%以上都在项目描述中提及清洁生产，足见制造业关键投入领域产业回迁的侧重点。

5G相关领域的回迁活动在前期和后期呈现明显差别。前期5G相关回迁多数与5G技术的提升以及数字安全相关，回迁企业多数为大型企业，这是基于技术自主和未来产业布局的考虑；后期的5G相关领域回迁活动则呈现明显的地方性特点，多与法国各地的5G技术应用有关，涉及各行业的5G技术应用，且能够具体到个别地方工厂与项目。可以看出法国5G相关领域的产业回迁前期重在布局，后期则以实际应用为主，这也是五大回迁领域中投产目标最直接的领域。

(四)2021年3月以来产业回迁对就业的影响

产业外迁除了会带来明显的产业空心化现象,另一个直观的弊端就是就业岗位的缩减。根据 Trendeo 数据统计,2009~2020 年法国每年产业外迁导致的失业占年平均失业率的 6.6%,而在此期间产业回迁带来的就业增长则不足 1%。① 所以本轮"法国振兴"计划框架下的产业回迁也肩负着促进就业的使命。从 2021 年 3 月起,法国经济部公布的回迁报告中,将回迁带动就业情况专门做出统计,以便更直观地展示产业回迁的积极成效。从表 1 中可以看出,本轮产业回迁资金支持力度与回迁带动就业岗位数量基本呈正比例增长关系,且拉动的就业数量稳步增加。

结合回迁企业规模来看,大型企业对就业的带动作用最为明显。作为"法国振兴"计划的两项短期目标之一,在 2021 年至 2022 年中降低失业率的目标已基本达成,而产业回迁则为降低失业率做出了巨大贡献。② 产业回迁对就业的带动作用还体现在调和各地区之间的就业失衡现象,由于回迁项目的分布并不是围绕着经济中心城市,而是基本遵循增强企业竞争力的原则来选址,所以能够有效触及离上游产业较近的地区和农村地区,为拉动这些地区的就业带来积极影响。我们也应当注意到法国产业回迁带来的就业岗位包含学徒就业岗位③,这类岗位能够有效缓解青年的就业压力。

三 未来法国产业回迁政策展望

在 2022 年法国总统大选之际,各候选人的经济政策成为大众关注的焦点。在众多经济主张中,产业回迁和加强法国制造几乎成为所有总统候选

---

① David Cousquer, « Relocalisation, l'année zéro ? », *Trendeo*, le 17 avril 2020.
② Gouvernement français, « France Relance 1 an après le lancement, résultats et état des lieux du déploiement », le 6 septembre 2021, https://www.gouvernement.fr/le-programme-d-investissements-d-avenir.
③ Sébastien Bock, Bruno Coquet, « Le marché du travail au cours du dernier quinquennat », *Policy brief 103*, OFCE, le 17 mars 2022.

人的共识。虽然在实施的重点和方式上有所差异,但毫无疑问,产业回迁仍会是未来法国产业政策的重要组成部分。未来产业回迁政策会有哪些侧重和变化趋势,政策实施又会遇到哪些阻碍,这些问题都值得我们进一步关注和思考。

(一)2022年初"法国振兴"计划框架下的产业回迁

2022年2月17日,法国经济部公布了"法国振兴"计划框架下的最后一份产业回迁项目报告,至此,2020年8月开启的产业回迁项目告一段落。根据报告的统计,本轮"法国振兴"计划框架下的产业回迁共公布8批,涉及五大领域下的477个回迁项目,总投入资金达32.25亿欧元,其中8.46亿欧元为公共资金支持,新增或巩固就业岗位近5万个,总体取得了较为令人满意的进展。具体回迁的行业分布情况见表4。

表4 "法国振兴"计划框架下产业回迁的行业分布统计

	医药健康	农产食品	电子信息	制造业关键投入	5G相关
2022年2月新增项目数(个)	16	17	12	25	2
总计项目数(个)	128	97	107	120	25
累计公共资金支持(亿欧元)	1.58	1.32	1.41	3.17	0.98
累计带动总投资(亿欧元)	5.61	6.02	4.63	13.05	2.94

资料来源:根据法国经济部2022年2月17日产业回迁报告信息整理。

2021年7月之后,法国产业回迁项目中制造业关键投入项目比重开始超过医药健康行业,其公共资金投入和拉动社会总投资的数量也位居五大回迁行业第一,成为"法国振兴"计划框架下的回迁重点。虽然后期大型企业回迁数目不断增多,但中小企业仍是法国产业回迁的重点,占到回迁总企业数的65%。从地域分布来看,最后一批回迁项目在除科西嘉大区以外的所有法国本土大区内均有分布,重点集中在勃艮第-罗讷-阿尔卑斯大区、法兰西岛大区和上法兰西大区。值得注意的是,此次法属圭亚那也有回迁项目分布,这是"法国振兴"计划整体回迁中第二次涉及法国海外省。

医药健康领域的回迁仍旨在增加关键药品、疫苗、医疗器械的生产能力，回迁化学和生物药品的部分生产链条，以增强医药领域的经济韧性，例如回迁对乙酰氨基酚药物中有效成分的生产，预计可以实现欧盟内部1/4的产量。农产食品领域的回迁主要涉及原料、添加剂（防腐剂、抗氧化剂、天然色素等）、植物蛋白以及食品包装，这有助于减少法国在植物蛋白和动物饲料方面的非欧盟层面进口。电子信息领域的产业回迁致力于在法国尚未掌握的关键技术层面初步实现工业化，如电子元件的碳化硅晶片制造，同时回迁部分能够产生高附加值电子元件的中小型企业，以扶持半导体芯片组装和包装的法国化。在制造业关键投入领域，52项回迁计划属化工行业，43项计划属金属和原材料行业，以保障这些上游产品的投入，避免出现生产能力不足或出现多米诺骨牌效应影响下游生产活动；本次回迁也有意解决法国稀土的对外依赖，希望通过回收磁铁来生产近800吨稀土。

（二）法国产业回迁政策的发展趋势

新冠肺炎疫情在法国和欧洲引发了严重的经济衰退。为复苏经济、提升经济韧性，法国政府适时提出了"法国振兴"计划。作为提升国家竞争力的主要方式，产业回迁得以在"法国振兴"计划的框架下顺利实施，且该产业政策会在未来以不同的形式长期存在。从2020年8月法国经济部发布项目征集方案以来，至2022年2月，先后共公布8批财政支持的回迁项目。随着时间的推移，法国产业回迁实施的行业侧重、资金分布和政策目标都发生了一定变化，从这些变化中我们也能看出法国产业回迁政策未来的发展趋势。

1. 产业回迁的目标随时间推移发生了变化

前期产业回迁侧重于缓解新冠肺炎疫情带来的燃眉之急，例如医药健康领域的回迁多数涉及新冠检测和新冠疫苗生产方面，而制造业关键投入的回迁则以金属原料供应回迁为主。随着时间的推移，产业回迁政策的目标逐步转向对接法国未来产业的整体布局。对关键和敏感回迁领域的界定也有所变

化，医药健康领域的回迁项目重点在于提升该领域的生产能力，以供应法国和欧洲的药品和医疗器械市场，提升医疗健康领域的产业自主，减少对外依赖。而制造业关键投入也越来越重视与环保、低碳化生产等目标相结合，同时为清洁生产和能源转型的未来布局，更有项目直接提出了布局法国工业5.0的战略目标。

2. 资金来源渠道拓宽，弱化单一产业回迁的概念

在"法国振兴"计划的框架下，产业回迁除政府公共投资外，还会带动社会性投资，且社会性投资的比重越来越高。2021年4月之后，法国产业回迁除"法国振兴"计划框架下投资，也有一部分回迁计划得到了法国未来投资规划（PIA）的资金支持。尤其是在2021年7月后，第四轮法国未来投资规划公布，共计划在未来5年内投入200亿欧元用于创新、科研和教育。① 两项资金结合的回迁项目淡化了产业回迁的概念和产业政策的补贴性质，而凸显了其技术特点和创新性，从一定程度上避免了产业回迁造成欧盟企业之间的非公平竞争，即与欧盟的竞争政策产生冲突，规避违反《欧盟运行条约》第107条的可能性。

3. 以"建"代"迁"，广义的产业回迁或成为长期产业政策

由于法国在关键技术和生产能力方面存在短板，许多主体企业借助回迁补贴，直接选择在本国培育生产能力、创立新生产线，这符合广义产业回迁内涵。在此次"法国振兴"计划框架下，中小企业回迁占比达到65%。中小企业受生产规模和资金限制，并非企业外迁的主体，所以大部分涉及中小企业的回迁活动应当从广义回迁的视角进行分析。且广义的产业回迁相对于传统的产业回迁更加灵活，补贴企业涵盖范围更广，也更具针对性。

4. 产业回迁与其他产业政策逐步融合，为构建未来工业格局打下基础

在"法国2030"投资计划中，我们已经很少看到直接用于产业回迁投资的字样。但无论是工业5.0计划，还是建立低碳工业体系，法国布局未来

---

① Gouvernement français, « Le Programme d'investissements d'avenir », le 24 décembre 2021, https://www.gouvernement.fr/le-programme-d-investissements-d-avenir.

工业的意图都离不开产业回迁政策的实施。产业回迁是未来工业布局的基础,这关系到关键领域生产能力的提升、工业生产的自主性和未来核心技术的培育。因此未来法国产业政策即使没有专项的回迁资金支持,广义的产业回迁也会以各种形式出现在其他"再工业化"和有利于巩固产业主权的政策当中。

四 结语

新冠肺炎疫情背景下,法国产业回迁既是后疫情时代法国重塑经济主权的路径之一,也是实施产业战略、实现转型升级的必经之路,在一定程度上呈现了欧盟未来产业战略的发展趋势。总体来说,本轮产业回迁是在"法国振兴"计划框架下的产业政策,是马克龙政府应对法国产业"空心化"难题和未来竞争力不足而开出的一剂"药方"。经过一年多的实施,法国产业回迁政策无论在扩大投资规模、创造就业机会还是提高生产能力方面都取得了一定成效。但我们不能忽略产业回迁的本质还是产业政策,在后疫情时代产业回迁与其他产业政策,尤其是创新型财政补助结合起来,回迁企业获得补贴的形式会更加隐蔽,且与产业链上下游企业构成的闭环也会对国际竞争对手产生潜在冲击。因此也应当关注类似回迁政策是否会为中欧经贸关系带来新的挑战。

B.12
法国人工智能国家发展战略第二阶段政策解析及启示

张巍 王梅*

摘　要： 人工智能是当前最具前沿性和战略性的技术，它正在飞速改变传统的经济结构，重塑各行业的发展模式。最近10年来，世界各大主要经济体先后发布了人工智能国家发展战略，法国的人工智能国家战略正式发布于2018年11月，经过3年的实施，又于2021年11月发布了人工智能国家发展战略（第二阶段），继续加大对人工智能发展的投入，进一步加强人才培养和吸引，推广人工智能技术在经济领域中的应用。本文通过对法国人工智能发展战略两个阶段政策的对比，探索法国人工智能发展战略的内在核心及其战略转移方向，从而解析在未来人工智能技术发展中赢得先机的关键因素。

关键词： 人工智能　发展战略　人才培养　技术推广　国际合作

一　背景概述

早在20世纪70年代末，法国便已开展人工智能研究，在巴黎、马赛、南锡、图卢兹等城市建立了一批人工智能研究实验室和团队，真正将其上升到国家战略层面，则始于前总统奥朗德执政期间。2017年1月，法国工业、数

---

* 张巍，北京航空航天大学中法工程师学院/国际通用工程师学院副院长、副教授，研究领域为材料科学与工程（无机碳素纳米材料）；王梅，北京航空航天大学中法工程师学院/国际通用工程师学院副教授，研究领域为法国国情、欧盟研究。

字化和创新国务秘书与高等教育和研究国务秘书共同发起"法国·人工智能"（France IA）项目，调动约 500 名学者、企业家、研究人员，分成 17 个工作小组，经过深入调研，研究制定了《法国人工智能战略》。①

马克龙上任后，继续支持法国在人工智能领域的建设与发展。2018 年 3 月 28 日，共和国前进党议员、数学家塞德里克·韦拉尼（Cédric Villani）受时任总理菲利普委托，提交了《法国人工智能发展战略研究报告》（简称《韦拉尼报告》）。② 同年 11 月，法国正式发布人工智能国家发展战略，将 2018~2022 年定为人工智能国家发展战略第一阶段，宣布投入 15 亿欧元，主要用于建设和发展人工智能跨学科研究中心（3IA），支持设立人工智能杰出教授职位和博士生培养计划，资助公共研究领域的运算能力开发等。

2021 年 11 月 8 日，法国高等教育、科研和创新部部长弗雷德里克·维达尔（Frédérique Vidal）和主管数字化转型及电子通信的国务秘书塞德里克·欧（Cédric O）公布了法国人工智能国家发展战略第二阶段计划：在未来 5 年内，将调动公共投入和私企投资共计约 22 亿欧元，大力发展人工智能，以期提升国家实力，使法国成为嵌入式人工智能和可信赖人工智能领域的领导者，加速人工智能在经济领域的部署和应用。

二 第二阶段战略简介③

（一）重点提炼

第二阶段战略的优先发展重点依然是人才培养，特别是要创造条件吸引人工智能领域的优秀国际人才。报告认为，人才是法国能否在世界人工智能

---

① 详见谈佳《法国人工智能战略》，载丁一凡主编《法国发展报告（2017~2018）》，社会科学文献出版社，2018，第 148~159 页。
② 详见许浙景、杨进《法国加快人工智能人才培养》，《神州学人》2018 年第 9 期。
③ 详见法国高等教育、科研和创新部《人工智能国家发展战略新阶段：政府将赌注压在人才上》，http://www.enseignementsup-recherche.gouv.fr/fr/nouvelle-phase-de-la-stratégie-nationale-d-intelligence-artificielle-le-gouvernement-fait-le-pari-81889。

领域占据重要地位的决定性因素,在数字化人才紧缺的时代,需要增强法国对未来领军人才的吸引力。因此,这一阶段的公共投入中,将有超过一半(7.81亿欧元)用于建设一批具有国际规模的优秀机构以吸引人才,同时开展与人工智能技术相关的大规模人才培养。希望到2025年,能为人工智能领域培养2000名本科生、1500名硕士生和200名博士生;至少将一所大学建设成该领域的世界一流大学;到2024年1月,至少招聘15名具有国际声誉的外国科学家来法工作。

另一个战略重点是增强并加速研发潜能向经济成果的转化,在人工智能领域孵育出一批法国乃至欧盟的领军企业,通过扩大人工智能技术的具体应用范围来提高本国企业的竞争力,在新兴市场占领先机。大力发展嵌入式人工智能、边缘计算、节能型人工智能,以及对于航天技术、能源、自动驾驶汽车和工业4.0来说必不可少的、可信赖的人工智能技术。

法国决定,到2025年抢占嵌入式人工智能10%~15%的国际市场份额,使法国成为该领域的世界领导者;支持10个示范性人工智能项目或节能型人工智能技术发展项目;到2022年底,在汽车、航天、工业4.0和能源领域推出4家使用人工智能的示范型企业;在嵌入式人工智能、边缘计算和可信赖人工智能领域推出3~4个欧洲级别的可多方参与、共同操作的软件平台。

(二)投资分配

为了在2025年达成上述目标,除了用于吸引和培养人才的7.81亿欧元外,对其余公私联合投入的资金进行了如下分配:

——将12.2亿欧元用于开发新一代嵌入式人工智能、可信赖人工智能和相关软件、模型及应用研发平台;

——将2500万欧元用于扶持500家中小企业和中型企业使用人工智能,争取到2025年实现人工智能化;

——将4000万欧元用于加速扶持和发展初创企业,希望到2025年,基于人工智能领域基础研究概念而创办的初创企业数量翻3倍;

——将1.2亿欧元用于推出节能型人工智能应用示范型企业，特别是在与环保和气候领域相关的可持续发展城市、智慧住宅、交通和精准农业等方面。

三 战略分析[①]

（一）始终将培养和吸引人才作为人工智能发展的制胜法宝

对比第一和第二阶段的报告可以看出，法国希冀在世界范围内成为人工智能领域领导者的雄心始终不变，而大力培养本国人才和吸引世界范围内的优秀人才是其核心策略，是决定法国能否在世界人工智能领域占据领导者地位的关键。

从资金投入比例来看，第一阶段对高等教育和科研的投入共计5.74亿欧元，约占总投入的34%，占公共投入的43%。如此大力投入的成效是非常显著的，如今法国已经围绕4个人工智能跨学科研究中心（格勒诺布尔的MIAI、尼斯蓝色海岸的3IA、巴黎的prairie和图卢兹的ANITI）和3个杰出的大学研究所（巴黎萨克雷大学的Data-IA、巴黎索邦大学的SCAI和巴黎综合理工学院—巴黎高等商学院共建的Hi Paris），完成了人工智能研究的基本构架，在人才吸引和培养方面形成了初步的规模效应。

第一阶段资助设立的190个教授席位几乎都在这些机构中，而这些教授还带来了370份博士研究合同，相当于为法国的人工智能建设领域带来了500名新的博士生。法国大学的研究所与其三大国家级研究机构，即法国国家科研中心（CNRS）、法国原子能和替代能源委员会（CEA）、法国国家信息与自动化研究所（Inria）有着千丝万缕的联系，因此这些教授和博士生开展的研究项目和计划进一步强化了人工智能研究在这三大机构研究计划中的地位，

[①] 本节内容数据主要来自 *Stratégie nationale pour l'intelligence artificielle - 2ᵉ phase：conquérir les talents et transformer notre potentiel scientifique en succès économiques*，dossier de presse，2021/11/08，https：//www.gouvernement.fr/sites/default/files/contenu/piece-jointe/2021/11/08112021_dp_strategie_nationale_pour_ia_2eme_phase.pdf.

并且为第二阶段的发展战略确定了需要优先建设的研究设备。为此,在第二阶段计划中,法国专门设立了优先研究设备建设计划,拟投入1.34亿欧元。

第二阶段法国除了在人才培养方面加大投入力度,对未来的人才培养也有了更加明确的定位,认为发展人工智能所需的人才至少需要掌握数学、信息技术和认知科学三方面的知识和能力,未来会需要更多具备科学和技术领域的跨学科知识并能与人工智能相融合的人才。

法国认为,未来社会将会是一个人工智能的社会,与人工智能相关的人才需求将会呈现一个金字塔型结构(见图1)。

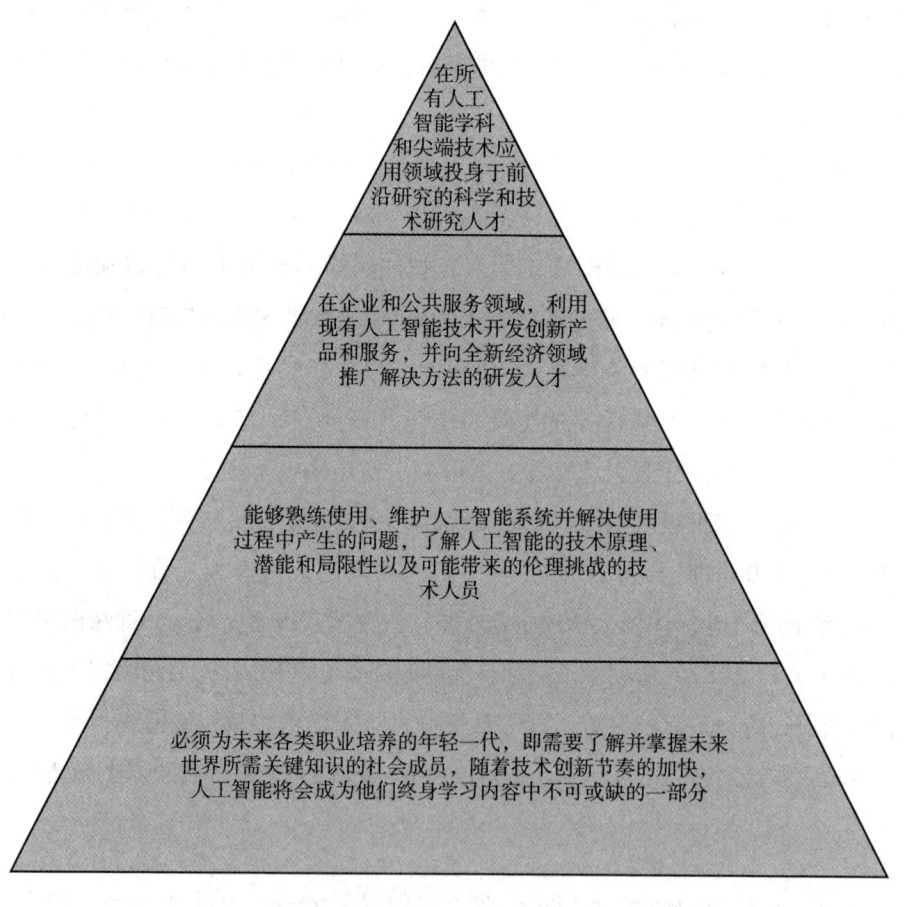

图1 未来社会人工智能领域人才需求金字塔结构

资料来源:笔者根据有关资料整理。

为实现这个金字塔型的人才结构，法国从两端着力，将第二阶段在人才方面投入的7.81亿欧元分别用于尖端人才的吸引与培养和人工智能技术的大众化培养。从"法国2030"投资计划中拨出5亿欧元，用于"杰出培养"计划，在未来5年内，重点扶持国内几所在人工智能领域占据领导地位的大学，使其达到欧洲乃至世界领先水平，从而吸引更多的优秀外国专家教授和国际学生，特别是硕士生和博士生。另有2.76亿欧元用于"国家人工智能培养大众化"计划，在大学第一阶段增加有关大数据、人工智能和机器人专业的培养，特别是要加大多学科和跨学科培养力度。

计划还将在2022年对《韦拉尼报告》提出以来国家在大学本科阶段提供的相关培养进行全面评估，对现有专业进行统计，建立国家大数据、人工智能和机器人培养专业统计门户网站，供年轻人在选择大学专业时参考。随后还会对职业培训领域中有关大数据、人工智能和机器人专业的继续教育进行全面的评估，让法国经济能够更好地应对未来职业的数字化和自动化。

（二）战略发展重点与目标更为清晰务实

在战略发展第一阶段，法国希望成为人工智能领域的世界领导者，"在信息科学和信息处理关键技术的所有学科中成为领导者之一"，经过3年的发展，法国依然保留着在该领域占据世界领先地位的雄心，不过将重点放在了嵌入式人工智能和边缘计算两个方面。提出加速推广可信赖人工智能在国民经济各部门特别是中小企业中的应用，希望从2025年开始，法国能在嵌入式人工智能和边缘计算领域成为世界领导者之一。

而嵌入式人工智能和边缘计算是将人工智能技术应用于终端设备的核心技术，目前所使用的终端设备主要通过互联网和云计算实现智能处理，即终端设备收集数据，通过互联网传输到后台服务器，后者通过分析数据生成指令，再把指令下发给终端设备。而嵌入式人工智能技术希望实现的是脱离后台服务器，在终端设备上直接实现数据收集、分析、决策和下发指令的整个过程。这一方面可以大大节省数据传输所需的能源和时间，另一方面还能避免数据在传输过程中可能面临的泄露风险。可以说，运行速度更快、结构更紧凑、成本更低的嵌入式人工智能在自动驾驶、国防工业、医疗、能源、通信、消费、电子等领域都有着广泛的应用前景。

这一战略重点的改变源于法国在经过3年的战略实施后，对本国经济、技术、科研能力和企业发展状况进行了全面评估，对比人工智能发展的世界大环境和趋势后形成了清晰认识。可以解决人工智能技术"落地"难题的嵌入式人工智能将会是未来的主流核心技术。据估计，到2025年，仅是与嵌入式人工智能和边缘计算相关的硬件组件，其潜在价值就高达1750亿~2150亿美元。① 但是人工智能对空间、算力和能耗的要求是其发展的主要限制，而法国与欧盟在低功耗电子和微型控制器的轻型计算领域中具有传统优势，发展嵌入式人工智能的先天条件十分优厚。在美国、中国等各主要经济体已经意识到嵌入式人工智能的广泛前景并开始重视该领域人才培养、开始布局发展嵌入式人工智能技术的初期，法国率先将其定为国家战略，大力投入，确实是非常明智之举。

（三）围绕发展目标调整战略投入与分配

对比第一、第二阶段的战略投资分配可以看出，在第一阶段，法国对于本国人工智能的具体技术发展方向并没有一个十分清晰的认识，除了大力发展高等教育和科研，为未来人工智能发展奠定理论基础外，其余的资金主要投向了几个与人工智能关系密切并对国家影响较大的领域（见表1）。

表1 人工智能发展国家战略第一阶段投入分配

单位：百万欧元

	科研	高等教育	经济	公共转型	国防安全	合计
公共投入	469	46	290	204	334	1342
私人资金	59	—	245	—	—	304
合计	528	46	535	204	334	1646

资料来源：笔者根据有关资料整理。

---

① 详见 *Intelligence artificielle embarquée*，https://www.entreprises.gouv.fr/fr/numerique/enjeux/intelligence-artificielle-embarquee。

到了第二阶段，随着对本国经济发展及对人工智能需求的认识更加深入，无论是在科研、人才方面的投入，还是在技术发展和推广方面的投入都划分得更为清晰明确，并且都是立足于人工智能技术本身的研究和发展需求（见表2）。

表2 人工智能发展国家战略第二阶段投入分配

单位：百万欧元

	优先建设研究设备计划	发展嵌入式人工智能和边缘计算	发展可信赖人工智能	加速人工智能系统的推广	人才和能力培养	合计
公共投入	134	265	111	259	776	1545
私人资金	—	310	105	86	5	506
欧盟资金	—	60	10	16	—	86
合计	134	635	226	361	781	2137

资料来源：笔者根据有关资料整理。

事实上，将人工智能的研究成果加速转化为经济领域的发展机会一直是法国人工智能国家发展战略的另一个重点，仅次于人才培养与引进。早在法国政府拟定国家发展战略之时，就专门划出了经济部分即主要针对企业的人工智能发展战略。法国国家企业总局（DGE）联合领土平等委员会（CGET）和法国技术联盟（Tech in France）委托Atawao咨询公司开展了名为"人工智能——先进技术与前景"的研究，对可能因人工智能兴起而产生巨大改变的行业进行分类排名，并对这些行业的人工智能使用情况进行宏观分析；随后又对能源与环境、运输与物流、医疗卫生与工业等几个重点领域进行深入分析，评估人工智能可能为这些领域带来的机会并制定相应的战略目标；在研究的最后部分，甚至还为各工业领域制定了发展线路图，为各部门独立发展和跨领域发展提出了建议，帮助它们积极应对人工智能发展带来的挑战。

在发展的第二阶段，法国对人工智能研究成果的应用目标更加清晰，明确提出将投入大笔公共资金帮助500家中小企业（PME）和中型企业

（ETI）实现人工智能化，并投入资金加快现有初创企业的发展，同时孵化新的初创企业。

明确的技术发展方向、清晰的企业发展目标、大笔的公共资金投入和扶持，吸引了更多的私人投资。从第一阶段的3.04亿欧元到第二阶段的5.06亿欧元，增幅达2亿多欧元，基本接近公共投入的增幅。除了500万欧元用于人才培养外，其余都投入了发展嵌入式人工智能和边缘计算、可信赖人工智能和加速人工智能系统的推广三个方面，因为这些技术发展同企业实现产业升级、生产自动化息息相关。

（四）善于利用国际资源，国内发展与国际合作齐头并进

早在2019年10月，法国便与德国开展了人工智能研究方面的合作，两国在部级层面制定了人工智能研究发展路线图，由法国的Inria和德国的DFKI负责具体实施，迄今已共同发布两次项目招标公告，主要支持有关风险管理、危机预防和抗打击能力等战略合作方面的项目。此外，法国还与加拿大魁北克政府合作了DEEL和DOS两个项目，前者专注发展人工智能在航天领域的应用，后者旨在实现火车驾驶员观察功能的自动化。

到了第二阶段，法国更是将利用欧洲人工智能发展战略资源写入了本国战略中。鉴于欧洲地平线计划将在2021~2027年投入26亿欧元用于人工智能研究，法国希望本国的科研机构可以提前做好准备，参与欧洲项目，从而增强欧洲投资对本国科研的杠杆作用。从表2可以看出，法国对于争取欧洲资金信心十足。

三　启示

（一）人才是未来技术发展的根本

纵观2018年以来法国的人工智能国家发展战略，人才的培养和吸引始终是其战略的重中之重，占据了公共资金投入的一半左右。事实上，世界各

主要经济体在人工智能发展战略中都把人才培养视为极其重要的部分，如美国依托政府—大学—产业人工智能研发生态系统，形成多边参与、合作共赢的人才培养模式；同时开展全民全学段人工智能教育，形成多元化的人才培养策略。英国通过政府及基金会赞助，培育引进人工智能高端人才；开设系统性课程，分领域培养高素质人工智能人才。① 德国在2020年2月更新的"联邦政府人工智能战略"中同样指出，当前联邦政府的重点是通过高等教育和职业教育培养更多专业人才，同时为人工智能研究人员创造有吸引力的工作和研究环境。②

尽管表述方式不同，核心都基于两个方面：对内加强本国的人才培养、实现全民素质的提升；对外创造良好的环境，吸引国际高端人才，抢占人工智能领域的研发先机。后者决定了该国在人工智能领域可以达到的高度，而前者决定了人工智能技术推广和应用的速度及范围，只有两者同步发展，才能成为未来人工智能领域的世界领导者。在人工智能即将飞速发展的阶段，人才竞争白热化初露端倪，建设几所具有世界声誉的大学和研究机构，提供优质的管理服务，改善教学和科研生态环境以吸引高端人才，大规模培养人工智能技术的研发和应用型人才，做好人工智能研究成果的产业转化工作等都是未来人工智能技术发展的关键。

（二）制定优先发展领域是抢占先机的关键

人工智能技术覆盖面极其广泛，大到国防安全、航空航天、基础设施建设、气候安全和环境保护，小到日常生活的智慧家居、休闲娱乐都有其身影，很少有国家可以"全面开花"，在人工智能的每一个具体应用领域都做到世界第一。因此在制定发展战略的时候，可以参考法国的做法，首先广泛撒网、全面布局；一段时间后，及时详细分析本国的科研强项和国民经济优势行业，对比世界各国的发展战略，扬长避短地制定本国优先发展目标，深

---

① 详见崔晓慧《美英法人工智能人才培育体系比较》，《教育评论》2021年第9期，第165页。
② 详见孙浩林《德国更新联邦政府人工智能战略》，《科技中国》2021年第4期，第99页。

耕某一或某几个优势领域，这样才能在强手如林的激烈竞争中占据一席之地。

（三）开展国际合作是必要之举

近十年来，世界各主要经济体基本都发布了本国人工智能发展的国家战略：美国旨在继续保持全面领先；英国希冀推动产业创新发展；德国希望打造"人工智能德国造"品牌，推动德国人工智能研发和应用达到全球领先水平；加拿大早在2017年就启动了"泛加拿大人工智能战略"；俄罗斯在2018年也发布了人工智能发展的十点计划；日本期待以人工智能构建"超智能社会"；韩国也希望通过人才培养、技术开发和基础设施建设，推动人工智能发展，追赶世界人工智能强国。[1]

各国的战略重点和优先研发事项各有侧重，但也有重合之处，在人工智能领域展开双边或多边的科研技术合作，可以有效整合资源，互通有无，实现共赢发展的局面。同时，积极参与国际合作，也是展示本国促进人工智能发展良好生态环境的机会，对于吸引国际高端人才有着良好的辅助作用。

---

[1] 详见夏进《全球主要经济体人工智能发展战略观察》，《大数据时代》2019年第9期，第60~72页。

B.13
疫情对法国农业的影响及其应对

田斯予 王 战*

摘 要： 新冠疫情下的封闭政策极大限制了法国的经济活动，对法国各产业的生产端与需求端均造成了冲击。农业部门关乎国家的命脉，因此法国政府在进行疫情防控的同时出台了诸多政策，对农业部门的供给端与需求端进行了支持。与其他产业相比，农业部门受到疫情的影响较小。但在疫情的原生与次生的双重冲击下，依然暴露出法国农业中存在的一些问题。虽然疫情的短期冲击没有造成粮食短缺，但由于自身的农业生产结构与生产资源限制，法国的农业部门从长期来看依然受到疫情长期次生冲击的威胁。在此背景下，后疫情时代的法国农业或将在生产模式、供给与需求结构方面发生转变。

关键词： 法国农业 新冠疫情危机 农业政策

一 引言

疫情不仅对人们的健康与生命造成了极大威胁，同时也冲击着各个国家的经济体系，对社会、政治和文化等诸多方面产生了深远的影响。对于农业部门来说，新冠疫情的冲击主要体现在因食品价值链中断而造成的粮食安全问题上，因此对发展中国家的影响相对较大。世界粮农组织的食品价格指数

---

* 田斯予，武汉大学法国研究中心博士，主要研究领域为区域国别研究；王战，华中农业大学教授、博士生导师，武汉大学法国研究中心主任，主要研究领域为区域国别研究。

（FFPI）显示，2021年全球平均FFPI达到125.7，较2020年增高28.1%，其中所有的子指数均高于2020年。此次全球性的粮食安全危机主要是疫情造成农业价值链的中断，劳动力、种子、肥料、运输等环节的中断造成了供应端的不足，与此同时，封闭政策也对需求端造成了极大的冲击。对于法国等欧盟成员国来说，农业部门受到的直接冲击较小，在其他部门的经济活动大幅减少的情况下，农业部门为法国本次国民经济恢复与社会稳定起到了稳定剂的作用。

然而农业的发展也受到其他部门的多重影响，在后续疫情防控常态化的作用下，疫情依然会给法国农业的供给端与需求端带来长期的挑战。本次疫情影响具有极强的传播性，疫情防控也带来了极大的社会成本。各国采取的"封闭"及"隔离"政策使全球范围内的物流受阻，正常的商业活动难以进行，导致疫情下各行业的总供给下降。欧盟国家自2020年3月底开始实行边境管制和欧盟内部旅行禁令，防止非国民非必要的入境，很大程度上对国际贸易流通造成了影响。虽然随后欧盟尝试逐渐放松管控政策，但疫情仍然在世界各国存在反复的情况，目前各国尚未有与病毒长久共存的良方。本次疫情带来的经济冲击导致了全球经济的历史性收缩，与以往的经济危机不同，本次疫情同时对供给端和需求端造成了冲击。

疫情对于一国产业的冲击有两种，即源于疫情本身的原生冲击和疫情防控带来的次生冲击。原生冲击主要表现为疫情直接对人员造成的健康受损甚至死亡；次生冲击主要表现为疫情防控政策所付出的社会成本，以及疫情常态化背景下的传导效应。在国内与国际的多重危机下，法国农业也面临来自供应端与消费端的挑战。本文将基于法国的农业现状，从供给端与需求端两个层面分析疫情对于法国的影响与其采取的应对措施，判断未来法国农业的发展趋势。

二 法国的农业现状

（一）农业生产情况

法国的农业生产结构以种植业为主，约占35%，同时农林牧渔相结合，其中畜牧业占比17%，渔业与林业占比为28%。法国是欧盟和全球的主要粮食生产国之一，主要的粮食作物有小麦、大麦及马铃薯。[①] 根据联合国粮食及农业组织统计显示，到2018年法国的小麦种植面积达到523.16万公顷，大麦种植面积为176.75万公顷，马铃薯种植面积为19.99万公顷，是世界上最大的马铃薯出口国之一。同时，法国也是欧盟的主要水果与蔬菜生产国，法国的甜菜种植面积在2018年达到48.53万公顷，为世界最大的甜菜生产地；葡萄种植面积75.28万公顷，在全球位居第三。

法国成为法国农业大国与其资源禀赋密不可分，优越的自然环境与气候条件为种植业提供了先天的优势。加之法国农业的科技化、机械化程度极高，因此拥有极高的生产效率。法国的国土面积不大，但其粮食产量占整个欧洲的1/3。其农业产值及产量均为欧洲之首，因此农业也是法国的重要经济支柱。然而发达的种植业使土壤肥力对于法国农业的发展至关重要，而法国在化肥方面的资源对外部的依赖性极强。由于缺乏相应的生产资源，法国80%的磷酸盐岩供应源于摩洛哥，10%来自阿尔及利亚。[②] 作为现代农业生产和工业转型过程中不可或缺的要素，法国对于化肥的需求也逐渐增大。法国的化肥进口额度从2001年的10.5亿欧元增加至2019年的18.4亿欧元，近20年来增加了75%。[③]

（二）农业市场情况

法国在农产品贸易中常年处于贸易顺差的地位，这与法国的农业生产模式密不可分。法国当前的生产模式是由小农经济逐渐发展形成，因此生产主体主要是中等规模的家庭农场，相较德国与荷兰的生产主体依然较为分散，

---

① 王琼、合斯莱提·斯马依、王田田、于丽娟、狄江：《法国农业生产、贸易发展趋势分析》，《中国商论》2021年第4期，第88~90、102页。

② Fondation Accenture, « Une nouvelle trajectoire pour l'industrie française », juillet 2020, https：//www.accenture.com/_acnmedia/PDF-139/Accenture-IX-Nouvelle-Trajectoire-Industrie-Francaise-2025-WEB.pdf.

③ Agence conjointe de l'ONU et de l'OMC, "Trade Statistics", 2020, https：//intracen.org/resources/trade-statistics#import-of-goods.

难以实现大规模的农产品出口。但是在农业合作社的发展下，法国形成了家庭农场结合农业合作社的经营结构，实现了完整的农业产业链网络。当前法国有90%的农场主加入了农业合作社，促进了法国农业产业链的一体化。[1]

农业对于法国的经济贡献值自二战以来持续走低，从20世纪50年代初贡献达18%以上降至2019年的1.8%[2]，然而农业部门对于法国来说依然是极具影响力的核心部门。法国在世界的农产品贸易持续处于顺差状态。根据法国农业部门的数据显示，法国2020年全年农业食品贸易顺差额为63亿欧元，虽然因疫情影响较2019年有所下降，但依然是法国重要的贸易盈余部门。

法国农产品的出口额度在2019年达到了640亿欧元，主要出口目的地为欧盟其他成员国，占比62%。从出口比例来看，包括葡萄酒与烈酒在内的农业制成品的出口占据农产品出口总额的3/4，达到481亿欧元，葡萄酒出口是法国农产品贸易的重要支柱，同年，法国葡萄酒与烈酒出口为157亿欧元，占世界整体份额的18.5%。仅波尔多单一产地的红酒出口便为法国带来了20亿欧元的收入。法国的第二大农业出口产品为小麦，2019年的出口额度达77亿欧元，占世界份额的6.7%，主要出口目的地为北非，出口盈余收入为62亿欧元。[3] 从整体上来看，法国农业部门的出口对于制成品（尤其是酒类）的依赖性极强。根据法国高等计划委员会计算（Haut-commissariat Au Plan），如果减去酒类与谷物的出口额，法国的农业贸易将出现较大的赤字。[4] 可见当前法国的农业贸易对于酒类与谷物等某几个单一行业的依赖性极大，农业贸易发展行业间较为不平衡。本次疫情的居家隔离政策严重冲击了法国的餐饮业与旅游业，为酒类行业带来巨大损失。

---

[1] Direction générale du Trésor, Bureau des échanges extérieurs et du risque-pays, « Rapport 2020 Le commerce extérieur de la France », février 2020, https://www.tresor.economie.gouv.fr/Articles/2021/02/09/publication-du-rapport-2021-sur-le-commerce-exterieur-de-la-france.

[2] Agreste, « Graph'Agri 2020 », octobre 2021, https://agreste.agriculture.gouv.fr/agreste-web/disaron/GraFra2021Integral/detail/.

[3] 数据来源：法国海关和间接税总局（DGDDI），https://www.douane.gouv.fr/。

[4] 根据Graph'Agri 2020年发布数据计算。

三 疫情对于法国农业的影响

(一)供给端

根据法国国家统计局(INSEE)统计的情况来看,法国的农业生产总值在新冠疫情流行的2020年仅下降了1.9%,相较于因封闭政策而几乎停摆的制造业与服务业,疫情对于法国农业部门劳动力供给的影响相对较小。根据Ipsos调查,法国实施第一次封锁政策后,大多数大中型农场的农民工作量基本保持不变;13%的农民反映工作不降反增,只有5%的人反映工作量下降。在大型农场的平稳运行下,法国等欧盟国家的农业产业链呈现较强的韧性。从物价水平上来看,疫情对于基本的肉类、蛋奶、蔬菜等影响不大。虽然在疫情初期由于消费者的恐慌性购买和囤积,部分食品出现价格小幅上涨,但随着5月后疫情得到控制,价格也逐渐恢复常态。

整体上来看,疫情后法国的食品价格表现平稳,尚未出现严重的粮食供应短缺。然而疫情后法国农业供给端暴露出的一些问题依然值得重视。首先,疫情暴露了法国农业部门劳动力不足的问题。疫情直接导致人群的健康受损甚至死亡,劳动力的下降造成了农业供给端的生产收缩。长期的封锁政策对于各行业的影响不尽相同。例如对于水果和蔬菜等季节性较强的行业来说,普遍出现了招工难的问题。同时,长期的隔离政策也加重了农民对于政策的抵触与对于未来的悲观预期。其次,随着后疫情时代国际局势的复杂化,地方主义、单边主义抬头造成国际间的贸易与物流受阻,加之全球范围的产能受到抑制,原材料供给不均衡致使原材料价格飞涨,而对于法国来说,或将为农业供应端的肥料环节带来供应不足的风险。此前根据农业开发联合会国家联合会(Fédération nationale des syndicats d'exploitants agricoles)预测,原料涨价为法国农业带来的额外成本至少为40亿欧元。法国是欧盟主要谷物的第一大生产国,然而当前法国的化肥大多依赖从其他欧盟国家进口,其产能仅能支持国内农业生产需求的1/3左右。

（二）需求端

疫情下法国农业需求端的风险主要来自政府干预退出后的市场消费能力下降与后疫情时代消费者行为的转变。当前法国企业的运转与居民收入的保障主要源于政府兜底。自2020年3月进入全面封锁状态之后，法国的社会运转在很大程度上陷于停摆，经济活动较正常水平下降了35%，私营行业经济活动更是下降了50%。为最大限度缓和疫情对经济的冲击，尤其是减轻对普通雇员的伤害，法国政府采用"部分失业"机制应对就业市场的冲击。对于受疫情影响无法进行正常经营活动导致无力支付薪酬的企业，法国政府支付正常情况下员工缴纳社保前毛收入的70%，或者净收入的84%，如果是最低工资标准的话则全额支付。

在"部分失业"机制的支持下，法国的企业及劳动力市场保持了相对平稳的状态。然而这样的模式只能起到暂时的缓冲作用，危机并未消除，在财政压力下这样的政府兜底模式无法长期持续，大规模失业的阴霾始终笼罩。未来随着政府职能的逐步退出，法国的就业危机或将逐渐显现。在就业难与家庭收入降低的背景下，居民或将改变消费习惯，重新分配消费的预算。在农产品采购时或将更偏向以主食为主的粮食作物，而对于蔬菜、果类等经济作物的消费则会相应减少。与此同时，疫情使人们更多地思考农业生产方式给食物体系和人类健康带来的问题和挑战，因此未来在需求端人们或将更偏好有机食品的采购。

四 相关应对策略

（一）直接财政支持助力经济复苏

为尽快恢复经济活力、促进经济增长并创造就业机会，法国政府分别于2020年9月和2021年初出台了"法国复苏"计划，并以实现绿色复苏为目标，启动了新一轮5年期"未来投资计划"。经济复苏计划涉及的资金规模在1000亿欧元左右,其中40%源于欧盟的支持。计划主要包括三个优先方面,分别为环境、竞争力与社会凝聚力。其中300亿欧元将用于环境绿色领域,用以建筑物节能,改善能源结构,以确保环境的可持续发展。法国宣布的复苏计划中涉及农业部门的约12亿欧元,其中1.35亿欧元用于提供"绿色"设备的援助、7000万欧元用于预防气候危害、2.15亿欧元用于农业生态转型。农业领域的复苏计划包括农业设备的转型、森林种植计划、植物蛋白生产转型等20项措施,主要目标在于推动法国恢复农业自足。

(二)发展本国粮食替代计划保障粮食安全

新冠疫情后,法国国民普遍意识到了本国蛋白质内部供应不足的问题。法国政府开始重视对于农产品供应链参与者与市场消费者的意识培养,同时投入大量资金支持研发,以此提升本国的粮食自主权。法国于2021年初启动了一项新的蛋白质计划,将从复苏计划中分拨1亿欧元支持法国在蛋白质上实现自给自足,该计划希望支持在植物蛋白中的研发,在三年内将蔬菜产量增加40%,并提高牲畜的粮食自给率,以此减少在蛋白质上对于美国和南美植物蛋白的依赖,加强本国的粮食主权。法国政府希望在十年内使法国的植物蛋白生产面积翻一番,达到200万公顷。

除了复苏计划中对于农业基础设施的投资,法国同时在食品工业方面着手,为可持续发展与国际关系研究所(Institut du Développement durable et des Relations internationales)在饲料与植物蛋白质替代方面的研究提供11亿欧元的预算,以改变消费者的蛋白质消费习惯,加强植物蛋白质对动物蛋白质的替代性。

(三)多项举措保障农业劳动者权益

疫情暴露出欧盟对移民劳工保护政策缺乏的问题。由于移民劳工无法在疫情中获得正常的工作与生活上的保障,造成欧盟部分农业部门出现季节性劳工短缺。为克服劳工短缺的危机,德国首先承诺将利用担任欧盟轮

值主席国的机会，通过协调全欧盟的"欧洲行动计划"（European Action Plan），更严格地执行针对移民工人的保护措施，以改善移民工人的劳动条件。2020年7月，委员会公布了新冠肺炎疫情背景下雇用季节工人的准则。季节性工人一经就业，即须遵守东道国的法律和相关集体协议，在工作条件，包括报酬、解雇以及职业安全和健康方面享有与国民同等的权利。目前，欧盟多国紧急对移民劳工进行了居留授权，例如，意大利及葡萄牙均放宽了移民政策，以延长季节性工人在本国的停留时间，法国也加快了移民的入籍程序。目前，随着移民劳工保护政策的出台与移民政策的放宽，法国等欧盟国家在季节性农业、卫生及运输等部门的劳工短缺现象已经有所缓解。

为应对封闭政策给农民或农村企业带来的销售困难与劳动力短缺等困难，法国政府出台了诸多政策。例如延期支付农业福利互助保障（Mutualité sociale agricole）费用、地租与能源费用等，农业从业者可以向政府有关部门申请减免所得税和工资税。同时，为保证疫情期间农户的正常生产活动，法国政府通过团结基金①向农户及农村企业提供资金支持。同时，当出现资金周转困难时，农民可向银行申请贷款，贷款金额90%由国家担保，最多可提供2019年营业额25%的宽限期低息贷款。

五 结语

新冠疫情危机是外源性危机，却在一定程度上放大了各国产业中内生的系统性风险与潜在的脆弱性。从影响上来看，疫情主要反映了法国内部对待移民劳工的政策空缺以及部分农业产品自给不足的问题。虽然在疫情流行后欧盟与法国政府层面均出台相关政策对农业部门进行了援助，但欧盟因财务设置的结构性问题面临资金短缺的困境。当前欧盟的农业危机储备主要基于2014~2020年多年期财务框架（Multi-annual Financial Framework，以下简

---

① 团结基金是由法国政府、大区、大型企业共同出资成立的旨在扶植小微企业的一项基金。

称MFF）。由于MFF储备的大部分资金已经为疫情下造成的其他紧急开支提供资金，欧盟预算中为农业部门提供紧急支持的资金已所剩不多。因此欧盟成员国农业部门的援助更多源于成员国自身的直接财政支持，即国家援助（State-aid）。由于各成员国提供财政支持的能力差异较大，欧盟放宽成员国对于农业部门国家援助的规则有可能导致出现欧盟各国农业发展不均、破坏市场公平竞争的情况。

综合法国农业的供应端与需求端现状，疫情对法国农业部门的冲击更多源于长期次生性的冲击，例如全球供应链受阻所产生的连锁反应以及需求端的紧缩。从法国的应对措施不难看出，在后疫情时代保障粮食安全、提倡粮食自给自足将成为农业部门的重中之重。疫情使法国在内的欧盟国家意识到蔬菜与蛋白质来源独立的重要性。为确保粮食安全，法国当前颁布的经济复苏计划主要旨在恢复法国农业的自给自足，同时未来法国将在动物蛋白质替代中发力，减少本国对于蛋白质来源的依赖。同时，疫情使人们更多地思考农业生产方式给食物体系和人类健康带来的问题和挑战，法国将着力于生态农业的发展，未来的农业活动将更多关注减少温室气体排放和在土壤中固碳。

附件

附件1 欧盟疫情前后食物价格

单位：欧元/百千克

欧盟各类食品价格								
日期	鸡肉	牛肉	猪肉	牛奶	饲料玉米	饲料小麦	西红柿	鸡蛋
2019年1月	184	369	135	35	167	191	119	132
2019年3月	185	363	144	35	165	184	109	130
2019年5月	192	360	174	34	164	176	78	122
2019年7月	195	350	179	34	168	161	82	126
2019年9月	193	351	185	35	159	152	74	133
2019年11月	188	357	188	36	158	163	78	144
2020年1月	187	355	187	35	164	176	104	136
2020年3月	194	353	193	35	165	177	105	140
2020年5月	176	341	165	33	166	181	79	133
2020年7月	185	347	158	33	169	168	65	123
2020年9月	186	349	153	34	168	168	83	121
2020年11月	178	349	142	35	184	189	89	122
2021年1月	185	359	134	35	199	204	92	121
2021年3月	194	365	158	35	216	215	112	135
2021年5月	203	371	169	36	241	218	67	125
2021年7月	205	379	163	36	243	187	98	122
2021年9月	197	389	144	37	241	218	98	133
2021年11月	207	412	132	40	257	265	74	140

资料来源：DG AGRI Agri-food data portal。

附件2 法国疫情前后食物价格

单位：欧元/百千克

法国各类食品价格							
日期	鸡肉	牛肉	猪肉	牛奶	鸡蛋	饲料玉米	西红柿
2019年1月	230	372	137	36	141	185	
2019年3月	230	376	141	35	26	170	
2019年5月	230	373	164	35	122	164	93
2019年7月	230	369	173	36	112	177	129
2019年9月	230	371	186	38	128	158	126
2019年11月	230	371	188	37	137	166	132
2020年1月	230	372	178	36	140	174	
2020年3月	231	367	174	35	140	168	
2020年5月	230	360	160	35	141	167	101
2020年7月	220	373	153	37	110	162	99
2020年9月	220	366	157	37	114	169	123
2020年11月	220	368	151	37	103	200	124
2021年1月	228	366	140	36	95	214	
2021年3月	235	375	150	36	116	228	194
2021年5月	235	378	172	37	123	260	106
2021年7月	235	383	161	37	120	263	137
2021年9月	235	396	153	39	137	233	133
2021年11月	235	414	140	40	141	253	123

资料来源：DG AGRI Agri-food data portal。

B.14
二战以来法国产业政策的演变及其特征

叶剑如 陈昌盛*

摘　要： 二战以来，法国经济一直稳居世界前列，工业体系相对完备，且实验室数量位居欧洲前列，具有强大的研发能力。法国政府很早就意识到科技创新和产业发展之间的紧密联系，并出台了相关的产业政策指导经济发展。进入21世纪，法国经济发展略显疲软，尤其是经历了2008年经济危机之后，法国政府更加认识到创新对产业发展的重要性，并进一步出台了相关政策，以立法保护、税收减免、加大投资等多种形式鼓励创新，促进产业发展，试图重振逐渐疲软的法国经济，提高国际竞争力。

关键词： 产业政策　法国经济　国际竞争力

一　引言

产业政策是最能透彻观察政府与市场关系的经济政策。[①] 法国政府从第二次世界大战之后就十分重视产业政策在国家经济管理体制中的特殊地位和作用。在法国政府历年推动的"国民经济中期计划"当中，产业政策的实施占有举足轻重的地位。法国经济的发展推动了其产业结构的重组，而这样

---

* 叶剑如，广东外语外贸大学副教授，主要研究方向为法国语言文学、社会语言学及国别与区域研究；陈昌盛，重庆工商大学副教授，主要研究方向为法国产业与经济、区域与国别、区域经济及中外合作办学等。

① 孙彦红：《新产业革命与欧盟新产业战略》，《领导科学论坛》2020年第12期。

巨大的结构性变化是在国家计划的指导下，通过具体的产业政策加以引导而实现的。① 2008年国际金融危机爆发以来，各国纷纷出台了一系列新的"再工业化"产业政策，法国在2013年和2015年也分别提出了"新工业法国战略"和"未来工业战略"。2017年马克龙上台后提出了一系列雄心勃勃的计划，旨在鼓励创新并保护战略性产业，然而在2020年遭遇新冠疫情大流行。面对这一危机，法国的产业政策又有哪些应对措施？遇到了什么困难？本文主要从历史背景、产业现状、政策目标入手，对以上问题进行深入分析。

二　历史背景

二战以后，"国民经济中期计划"的实施在一定程度上促进了法国经济的恢复和工业现代化的进程，通过确定不同时期的产业结构重心，引导其产业结构向有利于经济发展的方向变化。20世纪80年代开始，欧洲出现了一定程度上的去工业化特征，法国也不例外，政府对工业和制造业的重视程度明显下降，但这一情况在2008年金融危机后发生明显改变。欧美国家，包括法国在内，对于实体经济和虚拟经济的关系进行了深刻的反思，工业的重要性重新得到了认可，欧盟在2012年提出"再工业化"战略，法国于2013年和2015年分别提出了"新工业法国战略"和"未来工业战略"。马克龙上台以后，2017~2019年从税收、劳动法和职业培训等方面入手，基于创新发展理念和保护战略，出台了一系列的产业措施，并取得了不错的成效。② 然而面对肆虐全球的新冠肺炎疫情，法国的经济遭受重创。为了走出困境，法国于2020年推出千亿欧元的"法国振兴"计划，又于2021年推出了"法国2030"投资计划，试图以产业政策为导向，引导法国的产业继续保持竞争优势。

---

① 李玉平：《法国的产业政策实践及其思考》，《国际技术经济研究学报》1990年第1期。
② Aloïs Kirchner, « Quinquennat Macron: le grand décryptage », 2021, https://www.institutmontaigne.org/publications/quinquennat-macron-le-grand-decryptage.

三 产业现状

总体来看,在发达国家当中,法国产业转型困难重重。据统计,1974年法国工业用工人数达到540万人,之后逐年减少,到2018年仅为290万人左右,占比从25%下降到10.3%。具体来看,在纺织采掘等传统工业方面就业人数明显减少,而在交通设备、信息产业等领域的就业人数却有明显增加。2019年,法国工业对国内生产总值贡献率为11%[1],而在2000年这一数值为16%[2]。2000年以来,法国的国际竞争力也有所下降,这主要表现在经常性贸易收支从1999年的盈余3.4%变为2014年1.4%的赤字。[3] 法国在国际市场上的份额不断下降,出口公司的数量减少。为了抓住新产业革命的机遇,面对现有的国际形势和国际竞争,法国重新制定了新的产业政策,希望能提高法国的竞争力,重振法国的经济,跟上欧洲国家发展的步伐。

2013年的"新工业法国战略"下设34项对不同工业领域的扶持措施。两年后,即2015年法国政府出台了"未来工业战略"替代方案,着力打造数据经济、智慧物联网、数字安全、智慧饮食、新型能源、可持续发展城市、生态出行、未来交通、未来医药领域,推动企业组织、经营、研发和商业的现代化,提高国际竞争力。面对2020年新冠肺炎疫情,法国推出了"法国振兴"计划,预计投入千亿欧元振兴法国经济,让法国产业重获国际竞争力。2021年在产业回暖的激励下又提出了"法国2030"投资计划,希望能继续消除疫情影响,保持并提高产业优势。在这一系列计划和政策的刺激下,2021年法国制造业预计增长为10%,非金融类企业增长11.9%,预

---

[1] 2019年欧元区的平均水平为15.6%。

[2] France Stratégie, « Les politiques industrielles en France – Évolutions et comparaisons internationales », 2020, https://www.strategie.gouv.fr/publications/politiques-industrielles-france-evolutions-comparaisons-internationales.

[3] France Stratégie, « Les politiques industrielles en France – Évolutions et comparaisons internationales », 2020, https://www.strategie.gouv.fr/publications/politiques-industrielles-france-evolutions-comparaisons-internationales.

计超过2019年疫情前的水平，同年第二季度失业率也将下降到7.1%，这得益于政府近年来的巨额财政支持。据统计，法国政府用于产业支持的财政预算已达国民生产总值的5.2%，远高于欧盟2.5%的平均水平。①

本文主要从以下两个方面来分析法国的产业政策：财政支持和创新支持。

（一）财政支持

1. 政策分类

法国对于工业的财政支持资金主要来自财政预算和非财政预算，还包括地区性财政支出。财政支持主要分为19类（见表1）。

表1　2019年法国对企业的财政支持分类

序号	措施
1	政府参与、贷款、可偿还预付款和担保
2	地区性的财政支持：投资
3	纳税等级变化支出
4	税收支出，不包括增值税(TVA)、国内能源产品消费税(TICPE)，降低工资负担和抵免，增强竞争力和促进就业(CICE)及研究投入税收抵免(CIR)
5	降低增值税税率
6	国内能源产品消费税(TICPE)
7	第三方分配税(培训，包括、住房互助基金)
8	"培训"地区性的财政支持
9	低工资费用减免
10	其他费用减免，共计1.91亿欧元
11	降低工资负担和抵免、增强竞争力和促进就业(CICE)
12	"经济活动"地区性财政支持
13	间接研究和创新资助(税收抵免 CIR+CII+JEI)
14	对研究和创新的直接资助，不包括地区性资助
15	向欧盟申报的间接国家资助
16	向欧盟申报的直接国家资助，不包括研发资助

---

① France Stratégie, « Les politiques industrielles en France-Évolutions et comparaisons internationales », 2020, https://www.strategie.gouv.fr/publications/politiques-industrielles-france-evolutions-comparaisons-internationales.

续表

序号	措施
17	区域企业研发资助
18	欧盟研发资助
19	一般支持和对外贸易

资料来源：France Stratégie, « Les politiques industrielles en France – Évolutions et comparaisons internationales », 2020, https：// www. strategie. gouv. fr/publications/politiques – industrielles – france – evolutions–comparaisons–internationales。

国家的财政支持非常广泛。财政支持方案就达到600多个，还不包括地方出台的一些方案。其中包括468项税收计划 [包括抵免竞争力和就业优惠政策（CICE）、研究投入税收抵免政策（CIR）和创新型初创企业税收优惠政策（JEI）]、45项降低增值税率计划、29项降低税率或免除国内能源产品消费税（TCIPE）、34项分配税和24项纳税等级变化税收投入等。这些财政支持计划还不包括向欧盟委员会申报的国家资助和豁免，特别是对于研发、创新和培训计划的资助，以及地方当局的许多区域性的干预和非国家支出的地区性财政投入。

2. 支持方式

财政支持可以分为直接支持和间接支持。

直接支持主要针对一些目标明确的企业和工业部门，以直接公共的开支形式提供金融扶持，占比约为20%。面对国内行业多样性的诉求与转型的现实需求，法国将产业支持集中在某些特定领域，如工业生产数字化、工业智能化、人工智能、5G、区块链技术和未来工业等。通常情况下，此类支持为长期投入，以确保企业优化管理，对经济发展有直接提振作用。

间接支持没有明确的工业门类，对企业的性质也未做要求，涉及面更广。间接支持旨在营造良好的创业环境和产业发展环境，法国此类支持的占比高达80%左右。主要是以专利补贴的方式对初创微型企业进行支持，以间接手段对细分市场的独角兽企业进行利基保护。另外，为实现法国的产业转型，法国政府推出一系列支持配套措施，以减免社保负担，降低企业用工成本，为企业创造良好的市场环境，并对小微型企业初创阶段给予项目和资金的扶持。

3. 支持领域

为提高法国的国际竞争力，政府在对塑料、冶金、食品加工、汽车、纺织、制药等传统领域的网络和供应链建设持续进行支持的同时，又加大扶持数字化转型、安全和先进技术领域，对机器人、微电子、高性能计算和数据云基础设施、区块链、量子技术、光子学、工业生物技术、生物医学、纳米技术、制药、先进材料等关键性、战略性技术领域进行重点扶持。

4. 政策特点

财政支持相对集中。政策支持措施主要覆盖企业的三个阶段，即投资、运营（生产）和营销（国内外市场），而法国支持措施主要集中在企业运营和工业生产阶段。一是企业运营阶段。由于法国的用工成本居高不下，企业负担重，经济资助主要集中在企业运营阶段（占财政支持和资助总量的58%），投资和营销阶段分别占比32%和10%。二是工业生产阶段。造成这一特点的主要原因是税收和减税计划的实施，这些计划虽然没有直接针对工业，但大大降低了企业用工成本，促进了就业。

间接支持比重大。法国鼓励就业的间接支持占工业支持总额的40%。其支持措施可分为5个公共政策杠杆：金融干预（参与、贷款、可偿还预付款和担保），预算拨款（补贴），税收分配（如培训和学徒），税收支出（企业享受的税收和社保负担减少计划）和社会利基（与国家财政预算和社会保障预算水平相对应）。其中减少税收和社保负担是国家财政支持的主要措施。这从侧面反映了国家旨在减轻低收入者的负担，同时降低就业税收，从而提升企业竞争力。[①]

重视创新和研发的支持。法国对企业的研发和创新投入估算为100亿欧元，占财政支持总额的5.3%~6.6%，这些资助的50%用在工业领域。研发

---

① France Stratégie, « Les politiques industrielles en France – Évolutions et comparaisons internationales », 2020, https://www.strategie.gouv.fr/publications/politiques-industrielles-france-evolutions-comparaisons-internationales.

和创新在工业支持总额中占比为23.6%~27.1%。针对特定企业或部门的间接支持占研发和创新资助总额的60%，几乎完全集中在一个税收计划上，即研究税收抵免（CIR）①，占工业总资助的13.2%。关于对研发和创新的直接支持，正如2016年国家创新政策评估委员会（CNEPI）报告所指出的，有许多计划（超过60个计划）只提供了平均水平的资金投入。

5.小结

法国对企业的财政支持为全年财政收入的10%~16%，而财政支持的主要方式是间接支持，占总额的80%（主要形式是税收抵免、社会保障缴款减免、增值税免税或免除国内能源产品消费税等）。同国际上横向比较，根据欧盟统计局的数据，2016年法国的财政支持约为其国内生产总值的5.2%，比欧盟平均水平高出2.5个百分点（比北欧国家平均水平高出2.1个百分点）。② 在马克龙任期内，法国继续加强对企业的扶持力度：生产税逐年减少100亿欧元；企业税从33%降至25%，并持续到2022年，按2018年可比价格每年减免110亿欧元；推出证券资金获利优惠税收，2018年约合15亿欧元；团结税（法国针对资产总额达到一定数目的人征收的税种）转换成不动产税，约合38亿欧元。这些措施的效果非常明显：与周边国家相比，法国的竞争力略低于德国、与英国相当、高于意大利和西班牙，政策对于产业回流和吸引投资的成效尤其突出。③

（二）创新支持

1.法国政府对创新支持的三个阶段

1999年前为第一阶段，即定向扶持阶段。这一阶段的创新支持机制相

---

① La Commission nationale d'évaluation des politiques d'innovation，《 Quinze ans de politique d'innovation en France 》，janvier 2016，https：//www.strategie.gouv.fr/publications/quinze-ans-de-politiques-dinnovation-france.
② Christophe Gouardo et Fabrice Lenglart，《 Où réduire le poids de la dépense publique ？ 》，janvier 2019，https：//www.strategie.gouv.fr/publications/reduire-poids-de-depense-publique.
③ Aloïs Kirchner，《 Quinquennat Macron：le grand décryptage 》，2021，https：//www.institutmontaigne.org/publications/quinquennat-macron-le-grand-decryptage.

对单一，补贴是主要的政策工具，研发作为主要支持项目，对相关部门进行定向扶持，支持研发。

1999~2007年为第二阶段，即优化创新支持机制阶段。本阶段旨在促进经济主体之间的合作和政府扶持的研究成果转化，并于1999年颁布《科研与创新法》。2004~2006年两次修改研发领域的税收抵免政策（CIR）并调整税收优惠的比例，同时设立法国国家研究总署等专业管理机构。

2008年以后为第三阶段，即税收工具阶段。创新支持的改革取得重大突破，政府大力改革税收抵免政策，税收优惠在企业研发支持总额中的权重大幅度提高。受经济和金融危机打击，政府2010年实施未来投资计划并进行全面部署，加强专业管理机构的作用。为提升法国国际竞争力，应对新冠肺炎疫情危机，2020年马克龙政府出台了"第四次投资未来"计划（PIA4），计划分五年投入200亿欧元用于研发创新和成果转化。

2. 政策目标

为推动创新，政府制定5大目标：提高私营部门研发能力，提升公共研发影响力，加强经济主体之间的合作，推动创新型创业，支持创新型企业发展。

（1）通过间接支持提高私营部门的研发能力。包括科研税收抵免（CIR）、创新税收抵免（CII）、青年创新企业制度（JEI）、青年博士计划等。

（2）发挥公共研发机构引领作用，提升公共研发影响力，鼓励高校和科研机构实现技术开发与转让。推出旨在支持创建公营孵化器培育初创公司的《科研与创新法》，利用四大工具平台鼓励成果转化，即卡诺研究所（Instituts Carnot）、技术转移公司（SATT）、区域性的技术转移平台（CEA-tech）、课题井发联盟（CVT）。

（3）政府进行全面整合和综合部署，以加强经济主体之间的合作，促进区域和行业之间的合作，打造产业集群，强化企业间的关联性和互惠性。

（4）推动创新型创业，主要通过扶持创新公司的创建、发展种子基金、减免税收降低企业负担、提供咨询指导等工具实现这一目标。

（5）支持创新型企业发展，主要通过法国专利（France Brevets）这一由法国政府、国家研究总署和存托银行设立的知识产权投资基金和玛德琳计划（Dispositif Madelin）来实施。

3. 创新支持规模

2017年的研发公共支持（亦称公共资助或公共融资）总额达100亿欧元，占国家对企业支持资金的6%。其中直接支持27亿欧元，间接支持65亿欧元，风险基金8亿欧元。

（1）在27亿欧元直接支持中，对产业的投入接近20亿欧元，占总额的74%，其中划拨给签署研发协议企业的国防装备专项为15亿欧元，主要集中在航空航天制造（涵盖了81%的企业）、测量、导航和制表仪器制造（涵盖了87%的企业）和通信设备制造（涵盖了85%的企业）等行业。

（2）间接支持是扶持产业创新的重要工具，主要通过税收支持，包括科研税收抵免（CIR）和创新税收抵免（CII）两种。2004年法国实施科研税收抵免改革政策后，支持力度逐年加大，2017年达到65亿欧元，排在经合组织成员国的前列。研发的财政支持总额占国内生产总值的0.4%，税收支持占国内生产总值的0.28%。产业的间接支持占间接支持总额的41%，为26.65亿欧元。非产业部门成为法国创新支持改革的最大受益者，呈现较大的后发优势。①

2020年出台的"第四次投资未来"计划总金额达到了200亿欧元，其中110亿欧元用于实现"法国振兴"计划中提到的关于创新的部分，包括发展绿色产业相关的工业和技术、提高工业韧性和发展优势产业、扶持创新企业等。②

4. 政策特点

20世纪90年代以来，法国对创新支持逐步进行了调整，形成更合理的

---

① France Stratégie, « Les politiques industrielles en France-Évolutions et comparaisons internationales », 2020, https：//www.strategie.gouv.fr/publications/politiques-industrielles-france-evolutions-comparaisons-internationales.

② Aloïs Kirchner, « Quinquennat Macron：le grand décryptage », 2021, https：//www.institutmontaigne.org/publications/quinquennat-macron-le-grand-decryptage.

资金分配体系和较为完善的国家创新支持模式。

创新资金分配有三个特点。其一，税收优惠增多，尤其在2008年以后实行科研税收抵免政策改革之后。其二，直接补贴减少，特别是在国防相关领域。其三，通过创建或参与风险投资基金，优化了贷款和股权投资等金融工具。

创新支持共有4个特点。其一，致力于构建科技成果转化体系，加速公共研究成果向市场转移。机构各有侧重、职权分明，通过不同技术转移平台和基金而实现科研成果产业化，为经济社会发展服务。其二，重视集群效应，鼓励本国公共研究机构、高校和企业协同创新，形成互补优势，共同拓展产学研一体化的途径。其三，支持全民参与国家创新体系，大学生、家庭和企业在健全创新体系中发挥着重要的作用。创建大学生创业孵化园，推出玛德琳计划等旨在吸纳多元的创新主体参与。其四，关注重点领域和关键技术的研发。政府希望通过重点领域和关键技术开发以捍卫法国世界科技强国的地位，对低碳能源、生物技术、数字科技等领域通过专项优先政策扶持。

除了上述的财政支持和创新支持，法国政府在法律制度建设方面也做了不少努力，希望通过法律手段加强对知识产权的保护，建立和推广技术规范，成为产业战略的引导者和协调者，吸引年轻人加入工业领域发展。如法国在2009年6月16日的法案当中明确界定了法国标准委员会的主要职责，从2011年开始，法国经济、财政和振兴部下属机构就组织了一系列的活动向法国年轻人介绍法国工业方面的成就，以吸引年轻人投身其中。另外，创新委员会在"第四次投资未来"计划中起到了非常重要的作用，它主导投资方向，定义创新投资的主要路线，为创新投资基金的使用提供具体建议。

5. 小结

法国对于创新的支持规模逐年加大，不仅从资金税收方面给予优惠，在政策和立法方面也逐步完善，希望能从短期和中长期两方面体现国家对于创新的支持。短期来看，"法国振兴"计划当中相关的资助额度为5.5亿欧元，惠及520个工业计划，拉动投资额度为23亿欧元，带动补充贷款额度达到2.5亿欧元，成效相当显著，对环境带来积极正面的影响，因为主要相关产业集中在生态转型和节能减排方面。从长期来看，这些政策可能会造成一定的经济落差，但会产生积极的社会效益。与此同时，也有学者认为法国产业政策在创新扶持方面缺乏连贯性（尤其是在"法国振兴"计划和"第四次投资未来"计划之间），对于产业扶持的优先级别没有明确的定义，创新委员会没有发挥应有的作用，也未能为国家制定创新政策起到积极的协调作用。

四 结语

法国是传统的工业强国，产业政策在法国的工业发展中起到了重要的作用。面对不可逆的经济全球化趋势，法国产业体系面临着持续的、不确定的外部冲击。新兴经济体的崛起与新技术产业蓬勃发展导致传统发展模式越来越无法适应经济社会发展的需要。面对产业多元的诉求与亟待转型的压力，法国政府近年来加大了对于企业创新与转型的财政支持力度，通过多种直接和间接的手段鼓励企业创新，进行再工业化的改造。

法国产业转型困难重重。法国的国际竞争力下降，工业产品增加值在国民经济当中的比重不断下降，即使法国提出了"新工业法国战略"和"未来工业战略"，这一趋势也并未得到根本改变。短暂的经济回暖，得益于高额的政府财政支出，但这一方法明显不可持续。

法国国家财政负担繁重。法国是传统的福利型国家，这导致用工成本和企业负担长期居高不下。法国的产业政策也将部分重心放在了降低生产成本方面，但总体看来成效有限。根据经合组织2019年报告中的估算结果①，法国"企业面临着巨大的税收压力"，尤其是"生产税"，2017年其占国内生产总值的3.2%，是欧元区平均水平（占国内生产总值的1.4%）的2倍还多；"雇主社会保障缴款"占国内生产总值的11.3%，比欧元区平均水平

---

① OCDE, « Études économiques de l'OCDE », avril 2019, https：//www.oecd.org/fr/economie/etudes/France-2019-OCDE-etude-economique-synthese.pdf.

高出 3.5 个百分点；"企业所得税"占国内生产总值的 2.35%，而欧元区的平均水平为 2.65%（经合组织国家平均为 2.93%）。为了降低法国财政的负担，马克龙政府上台以来一直致力于通过各种方式开源节流，取得了一定的成效，但也遭到了重重阻力：黄马甲运动、移民问题、宗教冲突、新冠肺炎疫情等。在新的任期，马克龙政府还将面临更多的挑战：疫情的持续、能源危机、欧洲的战争阴影、美国的刻意打压等，这对于法国产业政策的可持续性将会是一个重大的考验。

法国研发投入仍旧不足。尽管 2017 年法国企业和公共机构研发资助费用的 71% 都指向工业，但和法国 2001 年的数据（83.6%）相比，下降了 12 个百分点。和其他发达国家相比，法国的研发投入企业占比仅为 56%，远低于日本的 78.3%、韩国的 76.2%、德国的 66.2%、美国的 63.6%，仅仅比英国（51.8%）、意大利（52.1%）略高，但后两者的国外资金研发投入比例要比法国高（英国为 15.6%。意大利为 9.8%，法国仅为 7.8%）。[1]

面对疫情的挑战和国内国际的压力，法国政府的产业政策在未来能否达到预期的效果，还需要时间的考验，但对于创新的支持、对于新技术的支持，在接下来的一段时间之内应该不会有大的转变，甚至还有可能加大力度。

---

[1] MESRI, DGRI-DGESIP, « État de l'enseignement supérieur, de la recherche et de l'innovation en France », mai 2020, https://data.esr.gouv.fr/FR/T510/P372/etat_ de_ l_ enseignement_ superieur_ de_ la_ recherche_ et_ de_ l_ innovation_ en_ france_ -_ recherche.

社 会 篇
Society

B.15
泽穆尔的崛起或影响法国移民政策

王 鲲*

摘　要： 2021年底，法国媒体人泽穆尔宣布参加总统竞选，并创建了自己的党派"光复党"。政治新人泽穆尔凭借极端民族主义和民粹主义言论获得了极右翼选民的支持，崭露头角便获得选民投票意向第四位的成绩。泽穆尔蹿红代表了法国政治的一种新现象。本文旨在分析他蹿红的原因，他给传统右翼政治生态带来的影响，以及他的极端观点可能给法国移民政策带来的变化。

关键词： 法国移民政策　总统选举　泽穆尔　极右翼

2021年底，法国媒体人埃里克·泽穆尔（Eric Zemmour）宣布参加总统竞选，并创建了自己的党派"光复党"（Reconquête!）。政治新人泽穆尔崭

---

* 王鲲，北京外国语大学法语语言文化学院讲师、副院长，研究方向为法国社会、法国文化。

露头角便获得选民投票意向第四位的成绩。他凭借极端民主主义和民粹主义言论获得了极右翼选民的支持。泽穆尔代表了一种法国政治传统中没有的现象,他蹿红的原因何在?给传统右翼政治生态带来了哪些影响?他的极端观点可能给法国的移民政策带来什么变化呢?

一 泽穆尔和"光复党"

埃里克·泽穆尔1958年生于法国巴黎郊区。他的父母是阿尔及利亚的柏柏尔犹太人,拥有法国公民身份,在阿尔及利亚战争期间来到法国本土。泽穆尔毕业于巴黎政治大学,曾经是记者、作家、电视评论家和政论家。泽穆尔的语言风格特殊,说话夸张,言辞尖刻,抨击时事,时常信口雌黄,挑衅常识,从而在平面、视听、网络媒体上收获了大量的关注,成了一个持续走红的媒体人。他写作的《第一性》《法国的自杀》《法国尚未放弃》等政论性图书一度成为畅销书。他在广播和电视评论中的口无遮拦,吸引了大量的受众,他的种族主义、极右民粹主义观点在网络上产生了病毒式的传播,他也因"煽动种族和宗教仇恨"的言论多次被告上法庭。

借助超高的人气,泽穆尔宣布在2022年参加总统竞选。自2021年4月起,他的参选意向越来越明显,法国国家最高视听委员会(CSA)根据"竞选多样性原则",要求各个媒体将其发言时间限制在规定范围内。2021年11月30日,泽穆尔终于通过视频宣布自己要参加2022年总统竞选。在参选讲话中,他充分描绘了一幅黑暗的法国现状,说自己要为拯救法国而"弃文从政",阐明选民只有投他一票,才能使法国恢复昔日的荣光。12月5日,在巴黎北郊圣德尼,泽穆尔举行了第一场竞选集会,有13000多名支持者参加,这场竞选集会还引发了其支持者与抗议、反对者之间的冲突。他在集会上提出的竞选口号是"让法国还是法国"(Pour que la France reste la France),将支持自己的"泽穆尔之友"协会正式命名为"光复党",提出要重新夺回法国的安全、主权和购买力。

在外界看来,泽穆尔的政党是法国新兴的极右翼政党。该党是以泽穆尔

个人为核心组建的竞选组织，以团结右翼形成大联盟为手段，以党魁泽穆尔当选法国总统为短期目标，竞选观点忠实反映了泽穆尔民族主义、民粹主义、身份主义、保守主义的特点。该党拥有名誉主席一人、执行副主席一人、副主席两人，党员10万人（2022年2月宣称），建立了党的青年组织"Z世代"（Génération Z）。加盟该党的国民议会议员1人、参议员1人、欧洲议会议员4人、地方议会议员10人、省议会议员4人。

二 泽穆尔崛起的背景

"光复党"崛起的本质是法国极右翼的发展。泽穆尔有两个先例可以遵循，这也成为他的优势条件。其一是美国前总统特朗普成功的先例，其二是马克龙成功的先例。首先，特朗普以一个富商、媒体人和政治素人的身份参选，通过极端言论和对美国右翼媒体的掌控，充分发动了美国底层白人民众，成功当选了美国总统。其操纵媒体的经验，值得泽穆尔学习。其次，马克龙从银行家的身份开始政治生涯，从部长的职位上退下来，组建自己的政治运动，用不到一年时间，就成功变为政治黑马，一举夺取了总统宝座。其迅速成立政党、夺取大选的成功路径为泽穆尔提供了灵感。

2017年，马克龙领导的中间派吸收了中左和中右的政治力量。他胜利的背后留下了碎片化的左翼、衰弱的右翼和强化的极右翼。2022年大选，左翼政党中，除梅朗雄的支持率接近12%外，其他三位候选人的支持率都不超过2%，进入第二轮的希望都很渺茫。右翼候选人佩克雷斯的支持率一直落后于玛琳娜·勒庞，进入第二轮的可能性也不大。这种中间一家独大，两翼弱化的政治格局，辅之以社会极右化思潮，让泽穆尔有了机会，也有了跻身支持率前列的希望。

老勒庞在2002年第一次进入总统竞选第二轮后，获得了17.8%的选票，使得当时的法国上下群情激昂，青年纷纷上街游行抗议。2017年总统选举中，法国国民联盟候选人玛琳娜·勒庞虽然败选，但在第二轮选举中获得了33.9%的选票，创下了该党的历史新高，法国国内却没有了抗议的浪潮。由此可见，在15年间法国人对极右翼的态度悄然发生了改变，支持人数逐步提升，而公众也从视之为洪水猛兽，变得接受现实。

法国民众的这种变化，可以通过欧洲主权债务危机、欧洲难民危机、英国脱欧、连续发生恐怖袭击等重大事件来理解，而法国国民联盟的兴起壮大，也恰恰是借助了法国民众不断高涨的反欧盟情绪。法国民众普遍认为，欧盟是精英的俱乐部，僵化教条的制度安排只会给一体化蒙上阴影，欧盟给普通民众带来更多的不是利好和发展前景，而是购买力下降和难民人数的增加。因此，国民联盟退欧排外的主张，得到了越来越多选民的支持。

野心勃勃的泽穆尔自称是广泛右翼的联合者，希望用极端民族主义吸引布尔乔亚选民，用民粹主义笼络住对小勒庞转型失望的极右翼选民。他希望自己能够代表右翼与马克龙竞争。在外界看来，他实际上是以传统极右翼国民联盟党魁玛琳娜·勒庞的竞争者身份出现的，他比较现实的目标是在下一届总统选举中取而代之，开创并壮大自己的极右翼势力。

从其发展阶段来看，勒庞家族政治集团正在经历从第二代向第三代过渡的时期，而这个过渡并不顺利，有些青黄不接。持极右翼观点的让-玛丽·勒庞（老勒庞）于1972年10月创建"国民阵线"，借20世纪70年代的石油危机和外籍劳工话题做大了自己的党派势力。随着欧盟建设的发展，反对欧盟也成了国民阵线的政治主张。进入21世纪，国民阵线逐步由老勒庞的女儿玛琳娜·勒庞（小勒庞）接手。她在当选党主席后，推动国民阵线采取一系列"去妖魔化"、政治议题综合化等改革措施，改党名为"国民联盟"，塑造主流政党形象。

事实上，国民联盟仍沿袭了国民阵线反移民、反欧盟的政策路线，只不过手段更加隐晦。小勒庞提出每年合法移民1万人的指标，这只是目前每年合法移民人数的1/25。她主张取消宪法里规定的出生地国籍权，要求解散宗教激进主义组织，限制宗教场所建设和宗教活动，并相应建立边防军队、扩员警察队伍、增加监狱囚室等。在反对欧洲一体化方面，小勒庞主张法国的主权、法律地位和民族利益高于欧洲，力主恢复法兰西民族的"传统"，

取消申根区，恢复边境管控，在国际事务上退出北约军事一体化。

泽穆尔的主张和以上举措几乎如出一辙，可以看出他不过是在抄袭小勒庞的主张，且无须考虑"去妖魔化"问题。外界普遍认为，小勒庞的"去妖魔化"策略，对该党的吸引力产生了不利影响。在2022年总统选举中，民调一直显示小勒庞会紧随马克龙之后进入第二轮①（且事实最终证明确实如此），但泽穆尔的出现的确分流了部分小勒庞最右翼选民，可谓是对国民联盟釜底抽薪。

这种分流集中显现在对500个签名的角逐上。法国宪法委员会规定总统候选人需要在2022年3月4日前提交500位民选代表的签名。国民联盟作为上一届进入总统竞选第二轮的政党，在最近一次市镇选举中，总得票率仍然在19%。但是，由于市镇选举是多数代表制加比例代表制，加上左右翼"共和联盟"联手封杀，国民联盟拿不到大中市镇主政权。在大区选举中，亦表现不佳。这种得势不得分的局面，表现为国民联盟缺乏民选代表基础。加上自2016年起，这个签名名单需要按要求公示，有些本打算暗箱操作的其他党派民选代表就更加畏首畏尾，不敢公开支持国民联盟。

在这个背景下，同属极右翼的"光复党"分流了许多签名，结果导致小勒庞在截止日期前两周还达不到目标，仍差50个签名。连卡斯泰总理都呼吁市长们尽快签名。情形紧急，国民联盟宣布自2月22日起小勒庞停止竞选活动，专心筹集签名。2月27日，法国中间党派民主运动（MoDem）主席弗朗索瓦·贝鲁（François Bayrou）表示自己并不支持小勒庞，但是"为了挽救民主"，还是为小勒庞提供了部分中立民选代表的签名。他解释说，这样做主要是不让未来的当选总统被公众舆论指责，避免引发暴乱。②

---

① *Les Echos*, « La popularité de Marine Le Pen est au plus haut depuis 2017 », https://www.lesechos.fr/elections/sondages/sondage-exclusif-la-popularite-de-marine-le-pen-est-au-plus-haut-depuis-2017-1384571.

② *Le Monde*, « François Bayrou va parrainer Marine Le Pen a la Présidentielle pour sauver la démocratie », https://www.lemonde.fr/election-presidentielle-2022/article/2022/02/27/francois-bayrou-va-parrainer-marine-le-pen-a-la-presidentielle-pour-sauver-la-democratie_6115458_6059010.html#xtor=AL-32280270-%5Bdefault%5D-%5Bios%5D.

泽穆尔的崛起或影响法国移民政策

在中间派的帮助下，小勒庞在截止日期前勉强获得了502个签名，从而过关。在极右翼另外两个候选人中，尼古拉·杜邦-埃尼昂得到532个签名，泽穆尔得到了620个签名。

泽穆尔作为政治新人，得到了地方民选代表更多的支持。他成立政党并参选应当有着精准的计算和考量。他希望通过媒体炒作，树立自己爱国者的形象，吸引对移民不满的传统右翼选民，同时趁国民联盟政治转型、小勒庞初露退意之机，收割极右翼散逸的选民。虽然他的言论中充斥着民族主义（"贝当拯救了法国犹太人，是民族英雄"）、民粹主义（"黑人、阿拉伯人都是小偷"）和女性歧视，令部分传统右翼人士不齿，但是他的新党确确实实吸引了不少共和党和国民联盟的追随者。

事实证明，在法国政坛，新党派挖传统党派墙脚的办法是行得通的。自从泽穆尔宣布参选以来，不断有国民联盟的重要成员转到他的党派和竞选团队中并得到重用。国民联盟的欧洲议员吉贝尔·科拉尔（Gilbert Collard）、热罗姆·里维埃尔（Jérôme Rivière）和国民联盟秘书长尼古拉·贝（Nicolas Bay）都纷纷转投泽穆尔阵营，科拉尔还被任命为"光复党"名誉主席，后出任副主席。前共和党要员纪尧姆·佩勒提耶（Guillaume Peltier）也出任副主席一职。小勒庞的侄女玛丽昂·马雷夏尔-勒庞（Marion Maréchal-Le Pen）也给了其姑姑沉重的一击。为了个人政治生涯的发展，她选择离开勒庞家族党派，转而支持泽穆尔。

国民联盟成员离开的动机有两个：其一，尼古拉·贝曾对媒体表示，勒庞家族把国民联盟当作家族事业来经营，缺乏正常的人事选拔、竞争、选举等公开透明的现代政党管理制度，让党内高层看不到希望；其二，泽穆尔的新人面孔没有政治包袱，却有着更大的政治野心，在未来很有可能超越小勒庞。泽穆尔自视为史广泛右翼的代表，希望有一大能整合并领导法国右翼政治力量，其野心是主导一个开放的、广泛的右翼联盟（union des droites）。这个提法让人想起20世纪80年代老勒庞提出的"国民右翼力量联盟"（unité des nationaux, des forces de droite）。这些新变化让投靠他的人看到了更广阔的发展空间和更大的希望。

三 泽穆尔的主张

泽穆尔的价值核心是一种典型的身份政治，即凡是能代表法兰西/白人/犹太-天主教的都是值得维护的。他在参选宣言中说："为了我们的孩子和后代不再遭受野蛮的蹂躏，为了我们的女儿们不需要戴头巾，为了我们的儿子们不用屈服于他人，为了我们能把先辈留给我们法兰西、我们从前认识的法兰西传递给孩子们，为了能保留我们的生活方式、我们的传统、我们的语言、我们关于历史和时尚的讨论，以及我们的文学品味。"最后他总结说："共和万岁，尤其法国万岁。"他将法兰西民族价值置于共和价值之上——毋庸讳言，更是置于欧盟之上——充分展示了他"法国优先"的立场。[1]

在做专栏作家和电视节目主持人时期，泽穆尔就以其充满种族歧视和宗教仇恨的言论而臭名昭著，并官司缠身。他言辞极端，喜好打赌，也付出过不小的代价。竞选过程中因为仇视女性的言论，他的支持率一度下降了两个百分点。[2] 泽穆尔的参选话术非常符合极端"民族-民粹主义"特点，利用二分法，树立"他者"概念进行攻击。在参选演说中，他展示了反伊斯兰、反移民、反文化多元的立场。他先是烘托法兰西的历史辉煌与伟大，再用针砭时弊的口吻说，今天的法国是"移民的法国、贫困的法国、穷途末路的法国……国将不国"。他将"伟大的法国"和"被移民蹂躏的法国"进行对立，预言法国的危机和毁灭，营造反差和悲剧氛围。结论就是必须要将移民赶出去，恢复法兰西的伟大。

面对这些被称为"罪魁祸首"的移民，为了把法国人的法国传给儿孙们，泽穆尔提出了一系列建议。这些提议从某种意义上说和国民联盟的建议

---

[1] 《"风梁话"："生存还是毁灭"？泽穆尔誓言"拯救"法国！对华：不与美国共舞》，欧洲时报公众号《欧时大参》，https://mp.weixin.qq.com/s/3YnNqM_03PtrZKjDrMwhug。

[2] Marianne, « Zemmour a-t-il déjà perdu sa demi-finale contre Le Pen? », https://www.marianne.net/agora/humeurs/zemmour-a-t-il-deja-perdu-sa-demi-finale-contre-le-pen。

很相似，但更极端，体现出"内外有别，法国优先"的特点，通过重塑边境、堵塞渠道、取消身份、停发社保、遣返回国等手段，旨在实现"移民清零"，兑现他给极右翼支持者的承诺。① 他建议就移民问题举行全民公投，这个做法可以规避法国宪法委员会的违宪审查。如果当选，他有可能让法国针对移民群体采取如下举措。

其一，入籍渠道：

——完全取消"家庭团聚"作为移民渠道；

——今后跨国婚姻须经省警察局长审批；

——彻底取消出生地国籍权（droit du sol）；

——不再通过政令归化非法移民。

其二，福利补贴：

——不交税的外国人不能领取各项补助（失业金、住房和家庭补助金）；

——完全取消针对非欧盟外国移民的补助；

——孩子在学校不听话，就取消其家庭补助金；

——非法移民只有在紧急情况下才能获得国家医疗补助（AME）。

其三，驱逐外国人：

——取消外国人居住证自动更新制度（尤其是那些失业的外国人和孩子犯罪的外国人）；

——驱逐 200 万名非法移民；

——驱逐服完刑的外国人；

——取消双重国籍罪犯的法国国籍；

——停止向原籍国提供发展补助、冻结汇款等，要求其"回收"移民。

其四，重塑边境：

——暂停申根区自由流通；

——建立有军人身份的边防人员，守护"我们的民族国家"。

---

① « Le programme d'Éric Zemmour »，https：//programme.zemmour2022.fr.

其五,文化归化:

——婴儿起名禁止使用外国名字。

这些政策从流入、补助、驱逐、治安、归化等多角度入手,可谓全方位压缩移民在法国的生存空间。相对于小勒庞,他在各个政策建议上都变本加厉,使得他成了最吸引眼球的极右翼候选人。这种极端态度也并非无往不利。俄乌冲突爆发之后,泽穆尔就因极端立场吃了大亏。因积极调停俄乌冲突,马克龙的支持率提高了近10%。在野党候选人中,小勒庞呼声始终最高,而且最稳定,并未因马克龙的支持率升高而下降。① 相反,泽穆尔因一句"国家利益高于情感",让他成为唯一一个反对接纳乌克兰移民的候选人,并为此付出了惨重代价,其民调支持率从12%下降到了9%。②

四 对法国移民政策可能的影响

从民调结果来看,泽穆尔刚刚宣布参选的时候,排位曾经一度上升到第三,到了二三月份,稳定在第四位,支持率徘徊在10%~15%。2022年4月10日总统竞选第一轮投票中,泽穆尔得票率为7.07%,名列第四。泽穆尔的出现削弱了国民联盟自2017年以来在极右翼甚至右翼一家独大的格局,让竞选的局势更加复杂,不确定性增多。此外,他提升了移民议题在选民当中的关注度。在右派选民中,移民话题紧随购买力、民生和安全问题。

历史地看,国民联盟对法国政府移民政策造成过很大影响。20世纪70年代以来,移民问题伴随着全球化和西方产业转型升级,已经成为西方社会

---

① *Midi Libre*, « Présidentielle 2022: Valérie Pécresse dévoile sa nouvelle affiche de campagne », https://www.midilibre.fr/2022/03/09/direct-presidentielle-2022-macron-largement-en-tete-dun-dernier-sondage-devant-le-pen-et-melenchon-10158067.php.

② *Le Monde*, « Ukraine-la plupart des candidats a l'Élysée sauf Eric Zemmour sont favorables à l'accueil des réfugiés », https://www.lemonde.fr/politique/article/2022/02/28/ukraine-la-plupart-des-candidats-a-l-elysee-sauf-eric-zemmour-sont-favorables-a-l-accueil-des-refugies_6115570_823448.html#xtor=AL-32280270-%5Bdefault%5D-%5Bios%5D; *RTL*, « Présidentielle 2022: Zemmour prend la mesure de sa chute », https://www.rtl.fr/actu/politique/edito-presidentielle-2022-zemmour-prend-la-mesure-de-sa-chute-7900131217.

的包袱。极右翼从一诞生就是借助法国社会对移民的敌意态度而获得许多支持。其直接后果就是，极右翼党派有关移民的部分政治主张会被主流右翼党派所吸纳。例如，在希拉克执政时期通过的"头巾法"被视为一部带有宗教歧视意味的法律。萨科齐在任内政部部长期间，将移民与融入挂钩，提升了难民申请的门槛，还设立了伪婚罪。任总统后，他还在2010年下令驱逐在法国的1万名罗姆（吉卜赛）人，以此博得极右翼选民支持。

恪守中间派立场的马克龙公开反对"移民清零"和"大替代"理论，但是承认帮助移民融入的努力是失败的。菲利普政府执政期间通过了"科隆法"，在移民问题上两手抓，既"严格"法律程序，收紧难民申请政策，又要保持"人道主义"。现任卡斯泰政府正在实现的一个政策，就是将所有持枪、犯罪、有恐怖嫌疑的移民驱逐出境。这项举措暗合了泽穆尔的竞选建议，以犯罪为驱逐移民的理由。

马克龙执政期间，法国每年接纳移民数量基本稳定在25万~27万人，其中一半来自非洲，1/3来自欧洲。2022年总统大选期间，右翼的态度是向马克龙施压，所有右翼候选人都将移民问题作为竞选的主要议题，提出越来越严苛的建议。但是，俄乌冲突的爆发让法国内部重新找到了团结一致的支点，特别是在接纳乌克兰难民问题上，体现出前所未有的一致性。

然而，如果乌克兰问题久拖不决，欧洲各国政府既要消除经济萧条导致的本国民众不满，又要确保乌克兰500多万名难民的权益，平衡两者之间的关系将更加困难。届时，仇外情绪，甚至极右民粹主义情绪恐怕会再次在欧洲各国滋生，掀起新的排外浪潮。因此，下届法国政府是否会部分吸收极右翼的主张，在边境管控、补贴发放、居留许可、犯罪移民遣返等问题上采取收紧政策，以回应右翼党派所施加的压力，需要进一步观察。

综合来看，泽穆尔"光复党"的诞生和兴起，可以看作法国极右翼政党格局的新老交替，也侧面说明法国的极右翼情绪并没有随着"黄马甲运动"的平息而得到释放。随着俄乌战争影响的蔓延，欧洲经济的困境很可能会加剧极右翼的发展，以泽穆尔为代表的极右翼在民族中心主义、战略自主性、财税问题、经济重振政策和移民/难民接待问题上发难的概率会更高。

在新局势下，法国的移民政策可能会迎来新一波的调整。首先，如果下届政府希望稳定移民总数，随着（阿富汗、乌克兰）战争难民比例增加，政治舆论资源和社会福利救助会向这一部分人倾斜，常规移民的数量则需要相应减少，政府会利用政策调控手段，削减传统移民（家庭团聚、经济移民）的福利政策。其次，在管理方面，政府会寻求加强欧盟国家之间的合作，努力减少非法移民，加强常规移民的入境管理。最后，随着欧洲安全局势的恶化，各国对安全诉求逐步提升，根据战争/反恐局势的变化，政府会强调新移民对法国社会的融入，减少边缘群体的存在，打击贩毒、卖淫等有组织犯罪团伙，针对涉及组织犯罪/恐怖主义/违法行为的移民政策将会变得更加严格。在这些调整当中，是否暗合了极右翼的部分诉求，极右翼是否能够借机增强自己在选民面前的威信，这也是法国政府在决策当中需要警惕的。

B.16
法国数字教育发展的困境、策略与行动

刘若云　柏群*

摘　要： 随着数字技术的迅速发展和对新冠肺炎疫情的防控，数字教育已经成为近年来各国考虑的优先事项，法国也同样希望以数字教育为抓手应对新冠肺炎危机并逐步实现教育升级转型。在法国发展数字教育的过程中仍存在一些问题：社会数字资源分配不均，地区与学校间数字设备配备不平等，学校数字基础设施存在差异，学校数字课堂应用不足及教师数字培训乏力。经合组织的研究表明，法国的数字教育在欧洲范围内已经稍显落后。为更好地抓住数字教育带来的机遇，法国政府积极应对挑战。

关键词： 数字教育　数字资源　数字技能　数字文化

一　引言

近年来，科技进步日新月异，飞速发展的数字技术与实体行业融合空前繁荣，给社会经济发展、社会产业结构带来了巨大的变化。同时数字技术也深刻地影响了人们的生产、生活、学习方式，极大地改变了人们认识世界、思考问题和解决问题的方式方法。在数字技术引导下，特别是在新冠肺炎疫情的冲击下，人们对日常生活和学习产生了新的思考。具体到教育领域，各类数字化系统和产品不断迭代发展，人工智能、大数据、AR/VR等新兴技

---

* 刘若云，武汉大学法国研究中心博士生，研究领域为数字经济研究、非洲电子商务研究；柏群，重庆工商大学教授、副校长，研究领域为人力资源管理。

术不断被应用,在推动教育行业高质量发展、建设高素质专业化教师队伍、推进基本公共教育均等化等方面发挥了巨大的作用。法国作为西方发达国家,在文化教育方面领先全球,拥有较好的数字技术应用水平,但同时也面临着数字教育发展的诸多问题。面对数字化带来的挑战,法国政府及教育界希望本国能够迅速适应,以数字教育为抓手为法国教育带来新的活力与韧劲。因此,法国教育部开展了一系列举措,取得了一定的成效,为学校开辟了新的视野,为教师和学生提供了更多交流和学习的机会,法国在数字教育发展中出现的问题及经验值得我们深入思考和研究。

二 历史溯源

自第二次世界大战结束以来,法国每隔5到10年便会出现不同形式的技术创新。[①] 随着新兴技术引入教育领域并逐渐发展,使用新科技手段便成为各阶段教育公共政策的主题:从20世纪50年代开始,广播、电视应运而生并与教育融合形成了视听教育;60年代,程序化教学和自适应教学系统在法国开始发展起来,当前的人工智能技术在教学中的应用便是对自适应教学系统的延伸,直到20世纪70年代,信息技术开始在法国萌芽;1980年以后,随着计算机和多媒体技术的发展,出现多媒体计算机辅助教学,多媒体计算机综合处理文字、图像、声音、图形的能力赋能教育,很快成为法国教育发展的重要方向;90年代,法国的"信息高速公路"和互联网技术的迅速发展为学生提供了计算机化学习环境;2000年以后是信息技术高速发展带来的网络革命,是Web2.0的时代,这一时期的信息技术进一步与教学活动相融合,法国出现了移动教学和在线培训平台等多元化的线上教学形式。综上所述,法国的数字化教育转型可追溯到40年前,从20世纪80年代起计算机通信技术就正式步入了法国教育领域[②],并逐渐与教育相互作用,扮演着日益重要的角色。

---

① Georges-Louis Baron, « Les technologies dans l'enseignement scolaire: regard rétrospectif et perspectives », *Les Sciences de l'éducation-Pour l'Ère nouvelle*, 2019/1 Vol. 52, pp. 103-122.
② 刘敏:《从法国信息化思考技术挑战》,《中国教育报》2020年3月13日。

三 数字教育发展动因

现代技术对于发展有质量的、公平与包容的教育以及全民终身学习、实现新的世界教育发展目标至关重要。从法国政府推动的数字教育发展情况看,其动力大致有以下几个方面。一是培养本国人才的需要。通过数字教育培养掌握数字技术的新一代年轻人,使他们能够更快地融入社会并服务于社会。二是满足教育国际化的需要。法国希望借助发展数字教育吸引更多的外国留学生,在世界教育市场上抢占一席之地。[1] 三是满足国家战略的需要。教育援外是法国对外发展援助的重要内容之一,尤其是对发展中国家。由于历史和地缘的关系,法国在非洲法语区国家有重要的利益关系,非洲是教育援外的重点对象,数字教育发展使法国可以为这些国家提供更多形式的教育援助。[2]

四 法国数字教育发展困境

教育和培训是个人成就、社会凝聚力、经济增长和创新的关键。如今信息技术已经给生产和生活带来了翻天覆地的变化,释放数字技术在学习和教学中的潜力,推动现代教育朝更高水平发展十分必要。在数字转型时期提高教育和培训系统的质量和包容性,为所有人提供数字技能对法国来说具有重要战略意义。法国在数字教育领域起步较早,并且获得了政府的大力支持。但与此同时,法国在数字化教育的发展过程中不断面临新的问题。

(一)社会数字资源分配不均

人口类别、贫富关系、受教育程度永远是社会层面数字资源缺乏平等性

---

[1] 吴洪伟、应方淦:《法国的现代远程教育》,《现代远距离教育》2002年第3期,第63~65页。
[2] 《法国远程教育机构调研报告》,2014年3月18日,http://www.education-ambchine.org/france/zehzjl/fgjygl/20140318113907105156/index.html。

的重要影响因素。法国亦是如此。一方面，年轻人比老年人更具备使用数字工具的能力[1]；另一方面，高学历者仍然是在家接入互联网最大的群体[2]。由此看来，年轻人和高学历者成为法国数字技术发展中最大的受益者；反之，老年人和低学历者更容易成为数字技术发展过程中的弱势群体。随着数字技术在日常生活中日益普及，人们的学习和生活可通过互联网技术实现，而互联网技术又总是依托于移动和固定终端，因此数字设备将是决定人们学习生活质量的重要影响因素。调查显示，在法国数字设备普及率显示出很大的收入差异，高收入人群相较低收入人群配备的数字工具更多，且这一趋势正在扩大。[3] 在一个数字技术高速发展、数字文化越来越重要的社会里，使用现有的互联网、计算机等数字资源几乎与阅读、写作和算术一样重要。因此，数字工具使用能力不足、缺乏设备或连接不畅会成为现代生活学习中的一个重大障碍。

（二）地区间、学校间数字设备配备不平等

在法国数字教育发展的过程中，初高中的数字设备配备合理且优于欧洲平均水平，但小学一直存在学校数字资源分配不均问题。[4] 法国学校系统研究中心（Cnesco）通过深入学校层面来定位资源特别不足的地区。研究发现，法国海外省的小学属于这一类别，里昂、马赛甚至斯特拉斯堡等大城市也位列其中。总体而言，巴黎和近郊小学的数字设备配备情况较好。巴黎市

---

[1] 12~17岁的人群中99%的人能在家里上网，18~69岁的人群与其相比低了9个百分点，70岁及以上的老年人群中只有65%的人能上网。Marie-Pierre Gariel, « L'école à l'ére du numérique », *Journal officiel de la République française*, 2021-03。

[2] 90%本科以上学历者能在家连接互联网，相比之下中学毕业及无学位者在家接入互联网率分别为85%和60%。

[3] 2018年，79%的高收入人群同时拥有智能手机和电脑，而低收入人群的这一比例为51%。2013~2018年，最贫穷家庭拥有多台设备的比例平均每年增长2个百分点，而全国平均水平每年增长4个百分点。« Baromètre du numérique 2019 : principaux résultats », https://labo.societenumerique.gouv.fr/2019/11/28/barometre-du-numerique-2019-principaux-resultats/。

[4] Nathalie Mons, André Tricot, « Numérique et apprentissages soclaires », Octobre 2020, http://www.cnesco.fr/wp-content/uploads/2020/10/Numerique_Dossier_de_synthese_du_Cnesco.pdf。

中心的许多小学都配备了比法国平均水平更好的数字设备，即使是位于巴黎最贫困地区的学校都比其他外省学校要好。但是，法兰西岛大区内部的情况也不完全相同。就数字设备而言，巴黎的小学设备过剩，而近郊的学校设备相较不足。究其原因，法国小学数字设备的水平与地区的财富存在部分关联。居民收入不高且税收潜力有限的城市不能较好地解决学校数字设备缺乏的问题。

（三）学校数字基础设施存在差异

法国学校整体的互联网普及率高于欧洲平均水平。法国初级教育与中等教育在互联网普及率方面存在差异，宽带连接质量也因学校和地区不同而不同。法国高中和初中的互联网普及率比欧洲其他国家好，而小学则不然。2019年，法国学校互联网宽带接入调查显示，法国高中光纤接入占比为67%，高于欧洲的平均水平51%；初级中学光纤接入占比为45%，高于欧洲的平均水平40%；但小学光纤接入占比只有24%，低于欧洲31%的平均水平。[1] 除了部分城市的学校既拥有最好的数字设备，也能获得很好的宽带连接，其他学校的数字设备与宽带连接之间具有脱节的现象。农村学校就是这种情况，农村学校能够配备较好的数字设备，但宽带连接质量仍然很差。互联网普及率及宽带接入质量是直接影响数字技术作用于教育的关键因素。数字基础设施薄弱的地区数字设备和宽带连接不畅，从而限制了数字技术的教育用途。

（四）学校数字化课堂应用不足

数字化教育并没有在法国的日常课堂中完全普及。不同于丹麦、爱沙尼亚或新西兰等数字教育先行国家，在法国诸如笔记本电脑的数字工具未能完全取代教科书等纸质文档。可以说法国的大多数学校还没有迎来数字革命，

---

[1] Nathalie Mons, André Tricot, « Numérique et apprentissages soclaires », Octobre 2020, http://www.cnesco.fr/wp-content/uploads/2020/10/Numerique_Dossier_de_synthese_du_Cnesco.pdf.

只有14%的小学教师和36%的中学教师表示他们的学生每天使用数字工具。① 虽然数字工具在法国课堂上并未得到密集使用②，但是在法国的小学、初中、高中均已广泛配备数字工具。以计算机为例，法国初中及高中学校配备计算机的平均水平超过了欧洲平均水平。③ 数字技术并没有彻底改变依赖于经典教育模式的课堂，但是法国学校已经能够将日常计算机软件（文字处理，电子表格、搜索引擎）或数学中特定于学科的工具（几何软件、编程）安装在教室中，并且学校大力提倡教师和学生在课程中使用这些数字工具。

（五）师资数字培训仍显乏力

如果说数字技术与设备是数字教育进一步发展的硬实力，那么师资培训则应是推进数字教育发展的软实力。数字技术要想更积极地走进课堂，就必须对教师进行培训。然而，在新冠疫情之前，法国的普通教育和继续教育数字化亟待发展，教师们的数字技能培训仍显不足。2018年教师教学国际调查（Talis）的结果显示，只有29%的法国中学教师和16%的法国小学教师认为自己通过培训为数字教育做好了充分的准备。经合组织的研究认为，只有55%的法国教师具备将数字技术融入教学实践的教学技能，这一数字低于经合组织的平均水平（65%）。④ 同时法国教师在鼓励学生使用数字技术方面落后于欧洲其他国家。Talis调查报告显示，只有14%的学校教师表示他们让学生将信息通信技术用于课堂或课外作业，而在接受调查的其他欧洲

---

① Nathalie Mons, André Tricot, « Numérique et apprendissages soclaires », Octobre 2020, http://www.cnesco.fr/wp-content/uploads/2020/10/Numerique_ Dossier_ de_ synthese_ du_ Cnesco. pdf.
② 据法国学校系统研究中心（Cnesco）调查，75%接受调查的初中数学教师和78%接受调查的高中数学教师表示，他们的学生每周一次或每月两次在课堂上使用数字工具。4/5的中学法语教师表示他们的学生每月至少使用一次数字工具。
③ 据法国学校系统研究中心（Cnesco）调查，初中平均每4.5名学生可拥有一台电脑，普通高中平均每3.4名学生可拥有一台电脑，职业高中每2.4名学生可拥有一台电脑。
④ Fernando M. Reimers, Andreas Schleicher, "A framework to guide an education response to Covid‐19 Pandemic of 2020", p. 25, https://globaled. gse. harvard. edu/files/geii/files/framework_ guide_ v1_ 002. pdf.

国家教师中，这一比例为40%~60%。① 虽然90%以上的法语教师表示，他们使用数字工具来备课，但只有一半的人表示他们在课堂上使用数字工具来指导课程。这些数据表明，法国的数字教育在欧洲范围内已经稍显落后。教师是数字教育中的重要载体，但目前法国教师的数字技能不足以让他们帮助学生一起理解和应对数字教育所带来的机遇和挑战。

五 法国数字教育策略及行动

数字技术是当今与未来学校不可或缺的一部分。面对数字教育发展过程中出现的一连串问题，加之新冠疫情带来的严重打击，法国进一步意识到数字教育是保证教育连续性和弹性的核心。因此，2020年6~11月法国教育部组织召开了"数字教育研讨会"，召集了教育界专家学者以及教育合作伙伴，以升级、合作和开放的数字教育为主题，对数字教育现有问题如配备数字工具、营造数字环境、提供数字服务、培训数字技能等方面进行了深入的交流和讨论。该大会产生的建议及策略为2021年法国政府确定开展数字教育的优先事项提供了方案，并取得了具体进展；为学校提供优质的数字服务和教学连贯性做出了保障；为法国家庭、教师及学生成为真正的数字公民提供了平等的机会。总体而言，2021年法国为发展数字教育而实施的策略主要围绕以下5个战略核心目标。

（一）实施新的管理方法和预测工具

为更好地管理数字教育，国家应组织更新的、更具参与性的管理形式；开展公开对话以延展数字化教育研讨会的活力；监测全国范围内的数字技术部署情况，加速启动示范战略；建立保障行政和教育活动的连续性

---

① « Pratiques de classe, sentiment d'efficacité personnelle et besoins de formation：une photographie inédite du métier de professeur des écoles début 2018 », juin 2019, https：//www.education.gouv.fr/pratiques-de-classe-sentiment-d-efficacite-personnelle-et-besoins-de-formation-une-photographie-12581.

计划；提高数字技术对所有人的吸引力；促进更多的女性参与数字行业和相关职业。

（二）教授、学习及使用数字技术

法国将分别从教师和学生两个层面入手，深抓数字技术在教与学中的积极作用。一方面，法国力求帮助教师在数字教育中找准定位，将数字技能与课堂教学相融合，因此需要加强教师数字素养和数字专业技能培训；系统化认证教师入职前及入职后的数字技能；创建多样化的教师数字培训模式；创建教师数字资源和服务账户；鼓励科研人员和教师参与数字项目等，夯实数字技术在教师教学中的作用。另一方面法国希望确保每位学生能享受到数字化教育带来的各项便利和好处，因此支持为学生提供免费的远程学习设备和服务；加强法国国家远程教育中心（CNED）的地位；发展数字公民，加强公民的媒体和信息素养；系统化认证学生的数字技能，以此巩固数字技术在学生学习过程中的作用。

（三）保障数字资源平等，消除数字鸿沟

法国计划从国家、社会、家庭三个维度优化数字资源分配。首先在国家层面，建立专门的监测系统以便检测和预防数字鸿沟。其次在社会层面，法国政府鼓励学校积极为学生和教师提供数字设备支持，确保学校和培训机构具备数字设备基础，力求为所有人建立数字连接；特别鼓励职业学校发展特殊的数字工具和资源以及开放的第三空间。最后在家庭和个人层面，法国支持和鼓励培养家庭数字文化，重视所有人的数字技能认证，并为建立可获取数字教育资源的框架而努力。

（四）以不同的方式合作并促进教育行业的数字文化

法国将从国家、教育系统两个层面推进数字文化。在国家层面，分享本国优秀且先进的数字服务，更好地认识了解全国范围内的数字参与者。在教育体系内，鼓励学校为管理人员及员工的工作创建数字支持系统，使用协同

工作工具为所有员工创造数字工作环境，在学校内部推行参与性的数字工具。

（五）鼓励发展自主的、可持续的数字技术

法国将从环保、安全、创新、互操性和数字基石五个方面发展数字技术。首先，鼓励科研人员使用可回收材料，对以数字技术为核心的科学研究持审慎态度。其次，将围绕数字教育行为准则强化信任框架，并对相关人员进行培训，促使其正确使用数字技术。再次，帮助研究实验室发展并确保教育创新的转移，为传播创新解决方案创建加速器，并将定义一个通用的互操性框架供行业内部使用。最后，将创建教育数据平台，鼓励学校使用开放的教育软件和资源。

（六）2021~2022年数字教育具体行动

法国政府要确保师生、管理人员、监察人员均能接受数字技能和文化方面的培训，让他们拥有所需的数字设备、工具和数字服务，使他们能够享受流畅的数字体验，在安全的数字环境中（在学校或校外）连续地开展活动。在数字教育5个战略核心要素的指导下，法国2021~2022年数字教育具体行动可总结为以下几个方面。

1. 师生数字技能提升行动

2021年法国着力加强师生的数字技能培训及认证。同年，法国有200万名学生接受了数字技能测试，总计对50万名初三和高三毕业生进行了必需的数字技能认证[①]，从2022年起该措施将扩展到初一和小学生。教育部计划在2022年1月对2.5万名专家和培训师进行首次认证。同时，法国注重强化数字专业多样性。法国将不分性别地教授数字技术，5年内"数字与计算机科学"（NSI）专业女生的比例要达到30%。

---

① Ministère de l'Éducation nationale, « États généraux du numérique pour l'éducation, un an après », 26 novembre 2021, https://www.education.gouv.fr/etats-generaux-du-numerique-pour-l-education-un-apres-326389.

2.家校资源拓展行动

2021年法国围绕师生、学校、家庭三个维度拓展数字资源，完善数字设备。教师方面，法国每年为每位教师提供150欧元的信息技术奖金，总计每年1.78亿欧元[1]；为所有教师提供视频会议工具Big Blue Button以促进其协同工作。学生方面，为生病的学生和有特殊需要的学生提供4000台机器人服务，通过"好好学习"（Édu-up）计划为残疾学生提供合适的资源。家庭层面，教育部组织学校将库存中的1万台电脑和1500套数字连接套件以实物出借的形式借给家庭。得益于恢复计划提供的1.147亿欧元资金，[2] 2021年和2022年法国将在小学为6万个班级配置基本的数字设备。在2022年将为6000个相关初中设立数字广播系统。得益于2000万欧元的复苏计划，法国教育部预计为每所高中配备数字设备综合套件。

3.数字文化传播及数字技术创新行动

为更好地促进数字文化和数字工具的传播，动员整个教育界进行数字教育创新，法国尝试用人工智能教授法语、数学和现代语言的基础知识，并使用增强现实、虚拟现实以及模拟器来推广科学、技术和数字产业文化。法国大力支持研究人员和教师的创新，支持和宣传教师制作的作品，支持相关公司和专业分支机构的创新。法国特别支持小学的数字技术创新，自2021年11月下旬起在所有小学提供"船长Kevin陪你说英语"在线播放。从2022年起，通过"第四次投资未来"计划为小学教师提供数字化创新解决方案。

六 结语

近年来，数字化变革改变了人们工作和生活的诸多方面。在创新和技术

---

[1] Ministère de l'Éducation nationale, « États généraux du numérique pour l'éducation, un an après », 26 novembre 2021, https：//www.education.gouv.fr/etats-generaux-du-numerique-pour-l-education-un-apres-326389.

[2] Ministère de l'Éducation nationale, « États généraux du numérique pour l'éducation, un an après », 26 novembre 2021, https：//www.education.gouv.fr/etats-generaux-du-numerique-pour-l-education-un-apres-326389.

迭代演进的推动下，数字化转型正在重塑社会各行各业的方方面面。教育行业同样如此，教育和培训系统越来越成为数字化转型的一部分。然而在数字教育带来机遇的同时，人们还需要有效应对数字化转型所面临的困境。从法国的数字教育困境看，社会数字资源分配不均、地区间数字设备配备不平等、学校数字基础设施存在差异、学校数字化课堂应用不足、师资数字培训乏力等都会对数字教育进一步发展产生阻滞。因此，2021年法国政府分别从师生、学校、家庭三个层面着手，从数字技能、数字文化和数字创新三个维度展开行动，层层推进数字教育，让数字技术与现代教育实现有机融合。首先，通过对师生的数字技能培训和认证，来应对数字培训乏力的问题，让教育工作者能巧妙、公平和有效地掌握数字技术，让学生充分拥有高质量的教育和培训课程。其次，完善学校的数字基础设施、为更多家庭配备数字工具，以应对学校数字基础设施差异问题，使师生能够在教育和培训的所有阶段享受更加个性化、灵活和以学生为中心的学习。最后，通过鼓励创新的方式让教师、学生沉浸到数字文化的氛围中，以应对数字化课堂应用不足的问题，让数字技术成为协同工作和创造性学习的强大工具。简言之，从2021年法国数字教育行动看，该国的数字设备和数字应用程序正在广泛使用，师生对个人灵活性的需求以及对数字技能的需求不断增长，但要真正做好数字教育转型，对社会数字资源分配不均等问题也应持续关注。

B.17
法国远程办公：历史、立法与现状

金海波 王海洁*

摘 要： 随着移动通信技术的飞速发展，大数据、云计算、移动互联网等新一代信息技术在各个领域和行业之中的应用越来越广泛，办公场景也迎来了颠覆性的革新，远程办公方式应运而生，其既可以降低雇主的经营成本，也可以提高雇员的工作灵活性。2020年3月23日，法国政府为应对肆虐的新冠肺炎疫情，颁布第2020-290号（loi n°2020-290）紧急法令，要求除关键岗位，人们必须居家远程办公，以降低新冠病毒传播的风险。与在办公室或现场工作的传统方式相比，远程办公为人们在疫情期间提供了更加灵活、便捷、安全的办公环境，让一些雇主和雇员能够更好地渡过难关，对于维持疫情期间的生活生产至关重要，甚至成为法国公共和私营部门所寻求的新的工作模式。然而，这种新的工作模式并非适用于所有行业和所有人，其涉及工作灵活性和自主性、工作与生活平衡、健康与安全、就业平等性以及管理复杂化等多方面的问题。在后疫情时期，法国政府和实施远程办公的劳资双方如何基于法律框架、组织管理、政策导向等层面进行多维设计，引导远程办公在后疫情时期更好发展值得探讨。

关键词： 远程办公 组织模式 法律框架 新冠肺炎疫情

---

* 金海波，三峡大学外国语学院法语系副教授，主要研究方向为法国社会与文化、中法非三方关系；王海洁，三峡大学外国语学院法语系讲师，主要研究方向为法语国家与地区文学以及社会文化问题。

一　引言

随着移动通信技术的飞速发展，以大数据、云计算等为代表的相关技术在各个领域和行业之中的应用越来越广泛，办公场景也迎来了颠覆性的革新。远程办公在此基础上出现并发展，尽管受就业形势和工作环境限制，但其优势是工作地点和工作时间的灵活多样性，从而成为影响就业和工作组织转型的重要因素。在过去四十年里，远程办公面临着有关工作时间、方式以及法律等问题，因此一直是法国和其他欧洲政治家持续讨论的主题。进入2021年12月以来，法国日新增新冠肺炎确诊病例和病亡患者人数不断攀升，截至2021年12月底，法国新冠患者总数超过997万例，病亡患者总数达到12.37万例。法国政府为应对肆虐的新冠疫情，曾于2020年3月23日颁布第2020-290号（loi n°2020-290）紧急法令，要求人们必须居家远程办公，以降低新冠病毒传播的风险。根据法国劳工部的调查，2017年只有3%的法国员工每周至少有一天定期或偶尔进行远程办公[1]，而在2020年3月法国首次采取封城措施并实施强制性远程办公方案期间，远程办公的比例高达47%[2]。2021年，受新冠肺炎疫情影响，平均每周有22%的员工远程办公。其中，44%的人全部工作时间均远程办公，56%的人只在部分时间这样做。总体而言，2021年在所有法国雇员的工作天数中有15%是采用远程办公方式。[3]

事实上，与在办公室或现场工作的传统方式相比，远程办公为人们在疫情期间提供了更加灵活、便捷、安全的办公环境，对于维持疫情期间的生活

---

[1] Sébastien Hallépée, Amélie Mauroux, « Quels sont les salariés concernés par le télétravail ? », *DARES Analyses*, n° 051, novembre 2019.

[2] « Le télétravail pendant la pandémie de COVID‑19: tendances et perspectives », https://www.oecd.org/coronavirus/policy-responses/le-teletravail-pendant-la-pandemie-de-covid-19-tendances-et-perspectives-e76db9dd/.

[3] Yves Jauneau, « En 2021, en moyenne chaque semaine, un salarié sur cinq a télétravaillé », *INSEE Focus*, No. 263, 2022.

和生产至关重要，让一些雇主和雇员能够更好地渡过难关，甚至成为法国公共和私营部门所寻求的新的工作模式。但远程办公并非适用于所有行业和所有人，其对雇主和雇员的影响尚不明确。从短期来看，远程办公的特殊条件很可能减少了那些能够在家工作的雇员的工作时间和压力，但也很可能加剧了现有的就业不平等，例如许多处于工资收入底层、受教育程度较低的年轻工人，在疫情期间仍须在户外或实际工作场地从事相关工作。从长远来看，如果疫情促使雇主更广泛、更高效地采用远程办公，让雇主对公司进行必要调整，抵消潜在风险与不公，亦可提高雇员的工作效率并降低雇主成本，那么有可能会促进一场社会和组织革命，使远程办公成为一种正式的、与传统办公室办公共存的工作形式而长期存在。

二　法国远程办公的缘起与历史框架

从历史维度来看，远程办公自古有之。自人类进入文明社会以来，一直存在能够在家从事的体力或智力工作，例如女裁缝在家中做一些缝缝补补的工作，既可确保对孩子的照顾，也可以挣得一定的报酬。而现代意义上的远程办公是20世纪70年代提出的一种组织工作模式，初衷在于降低前往工作场所过程中对环境造成的影响，该模式须通过必要的信息通信技术和数字化安全条件得以实现。这些举措旨在减少污染和流动性造成的碳足迹。早在1970年，美国作家、社会学家和未来学家阿尔文·托夫勒（Alvin Toffler）在其代表作《未来的冲击》（*Future Shock*）中预测，技术发展和社会变革的加速将使人们的工作方式从办公室迁移到家庭。1971年，美国百年通信巨头美国电报电话公司预测到1990年所有美国人都将成为远程工作者。[1] 20世纪80年代末，随着互联网的普及和第一台真正意义上的便携式微型计算机诞生，远程办公得以在一定范围内实现。随后，加拿大在1993年进行了

---

[1] Ursula Huws, *The new homeworkers: new technology et the changing location of white collar work*, London: Low Pay Unit, 1984.

创新，在联邦公共服务部门进行远程办公试点。2000年之后，这种组织模式在英国和北欧国家逐步得到认可。近年来，采用远程办公的国家越来越多，远程办公所占比例持续稳定增长。

与其他欧美国家相比，由于法国人对远程办公持怀疑和更加谨慎的态度，远程办公在法国的发展过程更加曲折并颇有争议。早在20世纪70年代初，法国政府就将远程办公视为空间规划（aménagement du territoire）的一种方法。然而法国人对这种精英主义方法表现出极大的不信任，导致该模式未在现实中得到应用。70年代末，远程办公概念被当时的法国公共电信运营商（即后来的法国电信）引入法国，力图基于信息和通信技术克服城市的拥堵问题，提高工人的生活质量。但该模式只在官方话语中受到重视，而法国工会和各大媒体对此并未抱太大热情。在80年代中期，伴随新一代计算机和电信技术的爆炸式增长，以及劳动力市场进一步细分，远程办公重新出现在空间规划和工作空间再分配相关议题的辩论中，并应用于计算机化服务的第三产业。在此期间，法国特别关注信息和通信的融合、数字化符号的处理与交互行为之间的意义等，并对这些概念进行了批判性分析。1993年，时任当今世界最大信息技术咨询公司之一——CGI总经理的蒂埃里·布雷顿（Thierry Breton）将远程办公一词正式用于提交给政府的报告中，随后法国各大区委员会以及空间规划和区域吸引力部际代表团（DATAR）也分别正式使用该词。至90年代中期，得益于法国各大媒体的广泛报道，包括上市公司在内的各行业和领域都开始尝试实施远程办公模式。但囿于用人单位、雇员、工会都基于自身利益的考量，政府管理部门针对远程办公相关的法律法规存在空白，直至20世纪末，远程办公在法国并未获得突破性发展。

进入21世纪，企业在全球化大背景下的竞争更加激烈，同时数字革命带来的协作方式让人们从时间和空间中解放出来。面临新的经济和技术环境，企业不得不考虑借助网络延长工作时间，从而使工作方式变得更加灵活和便捷。远程办公模式再次得到用人单位的关注，在实施过程中也受到员工和政府部门的支持。因为该组织模式不仅可为企业带来显著的经济收益——降低房地产成本和提高生产力，也可以提高员工的幸福感——减少通勤造成的疲

劳、减轻工作环境的压力、更好地平衡职业和私人生活,对政府部门来说,远程办公可降低与通勤相关的社会压力——减少交通成本、污染和拥堵。

正是在外因(时代背景)与内因(各方需求)的驱使下,2002年7月16日,欧洲工会联合会(ETUC)、欧洲工业和雇主联合会(UNICE/UEAPME)和欧洲公众参与企业和具有普遍经济利益的企业中心(CEEP)缔结了《欧洲远程办公框架协议》(Accord-cadre européen sur le télétravail institutionnel)。该协议不具约束力,由每个成员国自行选择是否将其纳入国家立法和法规。2005年7月19日,法国8个主要工会组织[①]完成了关于跨行业协议草案的谈判,并在此框架协议基础上形成法国版《欧洲远程办公框架协议》即《国家跨行业协议》(Accord national interprofessionnel)。该协议的签署标志着远程工作在法国得到认可,使其在签署协议的企业中实施不再存在任何障碍。2012年3月22日颁布的"华斯曼法"[②](Loi n° 2012-387)作为第一个将远程办公纳入法律框架并使之成为监管和约束法国境内所有行业的强制性法律文件,为远程工作人员的地位和权利以及在机构中设置远程工作的条件提供了一个安全的法律保障。

近年来,远程办公形式被视为雇主和雇员之间相互信任的保证,其自主性使雇员的私人生活和职业生活得到平衡,因此远程办公在法国员工中颇受欢迎。2016年,任仕达奖调研报告[③](Etudes Randstad Award)对1148名18~65岁的远程办公员工进行了调查研究,结果显示其中近2/3(64%)的受访者赞成这种在雇主提供的场所以外从事工作活动的组织形式。2018年,Obergo公布的第五轮调查结果显示,95%的受访者明确表示,与传统工作相

---

① 法国总工会(CGT)、法国企业运动(MEDEF)、法国民主劳工联合会(CFDT)、中小企业联合会(CGPME)、法国经理人联合会(CFE-CGC)、法国工艺行业联盟(UPA)、法国基督教工人联合会(CFTC)、劳工总联合会(CGT-FO)。
② 即Loi Warsmann,是一部关于简化法律和减少行政程序的法律(Loi n° 2012-387 du 22 mars 2012 relative à la simplification du droit et à l'allégement des démarches administratives)。
③ «Etude Randstad Awards 2016: deux salariés français sur trois sont favorables au télétravail», https://www.grouperandstad.fr/etude-randstad-awards-2016-deux-salaries-francais-sur-trois-sont-favorables-au-teletravail-2/.

比，远程工作显著地提高了个人生活质量。①

新冠肺炎疫情流行后，法国政府通过法令强制性推行远程办公，以避免人们在工作场所或公共交通工具上的接触和感染。这种新的组织模式对于维持疫情期间的生活生产至关重要。法国非营利性社保机构 Malakoff Humanis 于2021年2月公布的数据显示②，2020年3月第一次封城期间有41%的雇员进行远程办公，随着疫情好转，到2020年底仍有31%的员工完全或偶尔远程办公（银行/保险业62%、服务业62%、卫生领域23%、贸易领域19%、工业领域17%）。尽管与疫情初期相比，远程工作人员的数量有所减少，但远程工作的天数仍显著高于疫情前的平均水平（2019年底为每周1.6天），达到每周3.6天。2021年下半年，受新冠肺炎病毒变体奥密克戎影响，法国新冠感染人数激增，法国政府要求雇主在岗位允许的情况下，每周最少进行3天远程办公。截至12月中旬，在职雇员中有30%进行远程办公，对于便于远程办公的岗位，这一比例高达58%。③

三 法国远程办公的界定及法律框架

如前文所述，远程办公初期在法国发展缓慢，且无相关法律条文加以界定与限制，由此在雇主和雇员之间引发各种问题。在法国，最早对远程办公加以界定的是蒂埃里·布雷顿。他在1993年向国务部以及内政部、国土规

---

① Yves Lasfargue, Sylvie Fauconnier, « Impacts du télétravail 2018: de plus en plus de qualité et de productivité avec de moins en moins de fatigue et de stress », http://yves.lasfargue.pagesperso-orange.fr/Telecharge%202018/2018-05-17%20OBERGO%20-%20Rapport%20enquete%20Teletravail%202018.pdf.

② « Baromètre annuel Télétravail 2021 de Malakoff Humanis », https://newsroom.malakoffhumanis.com/actualites/barometre-annuel-teletravail-2021-de-malakoff-humanis-db57-63a59.html#footnote-1.

③ « Covid-19: le recours au télétravail n'a pas beaucoup progressé début janvier, déplore le ministère du Travail », https://www.francetvinfo.fr/economie/emploi/carriere/vie-professionnelle/sante-au-travail/covid-19-le-recours-au-teletravail-n-a-pas-beaucoup-progresse-debut-janvier-ce-que-deplore-le-ministere-du-travail_4913125.html.

划部、商业和经济发展部提交的跨部门报告中首次将远程办公定义为："一种由自然人在以下条件下定期组织或执行工作的方式：（1）在既定办公场所之外远距离进行的预定工作，雇主没有任何物理可能性来监视远程工作人员的服务执行情况；（2）通过包括远程通信计算机系统在内的计算机和/或通信工具进行的工作……"[①] 该定义将远程办公中的工作问题作为一个整体来考虑，并引入了距离的维度，但由于仅使用于报告中，尚不具备法律效力。

1998年，法国行政和公共服务总局发布的《远程办公信息指南》（Guide d'information sur le télétravail），是第一个专门针对远程办公所编写的政府文件。该指南将远程办公定义为："远程办公是一种借助计算机和信息技术，使得工人能够在远离传统办公场所进行工作的组织方式……"诚如在该指南开头所介绍的，"……目的在于通过应采用的原则和应遵循的程序提出一些建议，以促进远程办公在公共服务部门的实施"[②]，故此文件也不具备强制性。

在欧洲层面，为协调雇主和工人对远程工作灵活性和安全性的共同需求，并为远程工作者的工作条件构建一个总体框架，以便在欧盟范围内大规模引入远程办公模式。欧洲于2002年7月16日缔结的《欧洲远程办公框架协议》将远程工作定义为在合同或雇佣关系的框架内使用信息技术组织和/或开展工作的一种形式，在这种形式中，雇员可以在雇主提供的办公场所之外进行工作。虽然该协议不具约束力，但它使不同形式的远程办公成为可能。

为将远程办公真正纳入监管机构管理，法国政府颁布了两部法律。首先，2012年3月12日颁布了关于获得长期就业机会和改善公共服务合同代理人的就业条件、打击歧视并包含与公共服务有关的各种规定的法律（《索

---

① Thierry Breton, *Le télétravail en France*: situation actuelle, perspectives de développement et aspects juridiques, Paris: la Documentation française (Collection des rapports officiels), 1994.
② « La Direction Générale de l'Administration et de la Fonction Publique », *Guide d'information sur le télétravail*, 1998.

瓦德法》①），其第 133 条（2019 年 8 月 6 日关于公共服务转型的第 2019-828 号法律对此做了修订）规定，应公务员的请求并经部门负责人同意，允许远程工作，它可以随时终止，但须事先通知；远程工作者享有适用于在其公共雇主场所工作的雇员的法律和条例规定的权利。另外一部是 2012 年 3 月 22 日颁布的《华斯曼法》，该法将 2005 年各工会签署的《国家跨行业协议》中有关远程办公的概念引入《劳动法》。这是第一个将远程办公纳入法律框架并使之成为监管和约束法国境内所有行业的强制性法律文件，为远程工作人员的地位和权利以及在机构中设置远程工作的条件提供了一个安全的法律保障。

2016 年 2 月 11 日关于在公共服务和司法部门实施远程工作的条件和程序的法令（Décret n° 2016-151）规定了《索瓦德法》的实施条件。它规定，远程工作适用于国家、地区、中央政府部门、市政府及其公共机构（包括医院）的文职人员以及非公务员。它还规定，中央、地区和医院管理局的所有机构都必须制定自己的相关法令，在其服务范围内组织远程工作。2017 年 9 月 22 日的《马克龙法案》（Ordonnances Macron，即 Ordonnance n° 2017-1387）对《华斯曼法》做了修订，该法令在第 L1222-9 条中对远程工作的定义如下："远程工作是指一种工作组织形式，在这种组织形式中，雇员可以在雇主提供的场所进行工作，也可以由雇员自愿使用信息和通信技术在这些场所以外进行工作。"② 该定义放宽了远程工作的实施要求，规定了雇员远程工作的权利，以鼓励远程办公的实施。2018 年 3 月 29 日批准的第 2017-1387 号法令通过加强远程办公的法律框架来改变公司的监管环境。事实上，无论是集体协议，还是雇员与雇主之间的简单协议或合同，都可以实施定期或非定期的远程办公。

2020 年初，新冠肺炎疫情在法国蔓延后，进行远程办公显得尤为必要。但由于之前的相关法律框架并未设置应对公共卫生危机期间的条款，导致缺

---

① 即 Loi Sauvadet（Loi n° 2012-347）。
② « Ordonnance n° 2017-1387 du 22 septembre 2017 relative à la prévisibilité et la sécurisation des relations de travail », https://www.legifrance.gouv.fr/loda/id/JORFTEXT000035607388/.

少在疫情期间实施远程办公的法律基础。2020年5月5日的第2020-524号法令对2016年2月11日第2016-151号法令进行修订。该法令在第一条中对远程工作的定义如下:"远程办公是指任何形式的工作组织,在这种组织中,工作人员可以在其既定工作地点以外使用信息和通信技术履行工作职能,可以安排在工作人员的家中、其他私人场所或任何地方。"[1] 规定公共服务部门和司法部门在此期间既可以定期,也可以偶尔实施远程办公,如规定在一周或一个月内安排固定的远程工作日,允许在特殊情况下暂停到工作现场从事现场工作,可以免除每周最多三天远程工作的限制。2021年4月2日,法国劳动、就业和融合部颁布关于延长实施远程办公的《国家跨行业协议》的法令[2],劳动部强制实施2020年11月26日的《国家跨行业协议》,以便所有雇主和雇员都能成功实施远程办公。该协议补充了在特殊情况下和不可抗力情况下实施远程办公的新规定,完善了在公司内部建立远程办公程序、员工和管理人员相互支持的详细规定,并明确了在远程办公背景下行业费用的支付必须在雇员产生费用之前由雇主确认。该协议还涵盖其他重要事项,例如雇主有义务证明拒绝远程工作的正当性、远程工作职位的监督或疫情期间远程工作的组织。法国政府通过不断对远程办公相关的法律法规加以修订和完善,在远程办公领域建立起一套较完善的法律框架,从而界定了该组织模式在不同领域实施的规范和条件。

四 远程办公的挑战及后疫情时期的发展趋势

远程办公在法国经历了漫长的发展之后,受新冠肺炎疫情影响,其在法国各行业的需求迎来爆发式增长,使得该工作模式从以往的边缘性实践逐渐

---

[1] « Décret n° 2020-524 du 5 mai 2020 modifiant le décret n° 2016-151 du 11 février 2016 relatif aux conditions et modalités de mise en œuvre du télétravail dans la fonction publique et la magistrature », https://www.legifrance.gouv.fr/loda/id/JORFTEXT000041849917/.

[2] « Arrêté du 2 avril 2021 portant extension de l'accord national interprofessionnel pour une mise en œuvre réussie du télétravail », https://www.legifrance.gouv.fr/jorf/id/JORFTEXT000043353723.

成为政府、雇主和雇员关注的焦点。尽管这种新的工作模式面临工作灵活性和自主性、工作与生活平衡、健康和安全以及就业平等性等方面的挑战，但是政府和实施远程办公的劳资双方可基于法律框架、组织管理、政策导向等层面进行多维设计，引导远程办公在后疫情时期更好发展。

远程办公在疫情期间除减低人群接触而引发的感染风险外，其最大优势还在于降低雇主成本开支，增加雇员工作灵活性和自主权，在某种程度上对雇主和员工是一种双赢的组织模式。2020年9月，法兰西银行发布的一项研究表明，法国企业办公场地租金支出近二十年来一直在稳步增长，从2001年到2017年，企业租金所占附加值从6.6%上升到8.3%[1]，但随着远程办公将办公场所从企业迁移到其他地方，商业房地产需求大幅减少，虽然对房地产市场产生较大影响，但降低了雇主办公场所的开支成本。此外，远程办公还为企业节省了办公场所所需的供暖、降温费用和电力消耗以及家具、电脑、打印机等办公设备开支。对于雇员而言，远程办公节省往来工作场地的交通成本、餐饮开支以及服装支出，还增加了工作的灵活性与自主权，有助于协调工作和家庭生活。根据法国劳工部研究统计局2015年的研究[2]，法国家庭住址和工作场所之间的平均通勤时长为50分钟（法兰西岛为68分钟），远程办公为远程工作者节省了大量的个人时间，这些时间可以用到家庭的其他活动中。例如，在家工作可以让父母有更多时间陪伴孩子，而高度的工作自主权和日程安排的灵活性有助于最大限度地减少工作与家庭的冲突。除时间和物质方面，远程办公还为远程工作者提供额外的自主权，以更好地协调私人生活。法国调研机构埃拉贝研究所（Elabe）于2021年6月发布的一项调查显示[3]，44%的法国人认为远程办公可以更好地平衡私人生活和职业生活，因此高达60%的法国人希望企业能够在疫情结束后为员

---

[1] Antonin Bergeaud, Simon Ray, « Macroéconomie du télétravail », https://publications.banque-france.fr/sites/default/files/medias/documents/820243_bdf231-2_teletravail_vf.pdf.

[2] « Les temps de déplacement entre domicile et travail », https://dares.travail-emploi.gouv.fr/publications/les-temps-de-deplacement-entre-domicile-et-travail-des-disparites-selon-l.

[3] « Les Français et le télétravail », https://elabe.fr/les-francais-et-le-teletravail/.

工提供部分远程办公的时间,希望保留全职远程办公的比例达23%。

尽管远程办公在疫情期间为雇主和雇员双方带来双赢的局面,但也存在诸多挑战。对雇员而言,首先表现在工作与生活的界限模糊。由于角色冲突,即使在疫情出现之前,远程办公人员位于同一个空间进行工作和生活时,也曾发现在工作和生活之间设定界限变得更具挑战性。例如,在同质化的工作与家庭环境中,时间感可能会消失,远程工作人员可能会提前或推迟办公时间,从而使得实际工作时间延长。与此同时,家庭和办公室之间的模糊界限可能会增加工作期望值。随着期望值的提高,雇员可能会承担更多的职责,并只能通过增加工作时间来完成更多的工作。其次,疫情期间的远程办公导致就业不平等。因行业差异,与疫情前的数据相比,远程办公在各行业之间导致就业不平等现象加剧。据法国民意调查所 IFOP 统计[1],疫情发生以来,法国进行远程办公的职业中,管理人员和脑力工作者占60%,体力劳动者仅为5%,完全停止职业活动群体占比高达56%。远程办公的比例也因行业部门的不同而存在差异:在住宿和餐饮行业占比4%,在建筑行业占比12%,在教育、卫生和社会活动行业占比20%,在公司服务业占比38%,在保险金融活动行业占比53%,而在信息通信行业占比高达62%。就业机会和行业资源分配的不平等加剧了薪酬和福利的不平等,从而导致社会和经济不平等加剧,引发有可能社会动荡和政治动荡(如示威、骚乱)。此外,远程办公带来的前述挑战可能导致员工身心健康方面的问题。疫情防控采用的封锁措施,限制了人们的社交和面对面互动,打乱了人们的正常生活。在身体方面,远程办公的员工减少或无须前往公司工作,长时间面对计算机或其他通信工具久坐不动会导致疲劳、头痛和与眼睛有关的病症,从而导致健康隐患。在心理方面,单一的工作场所减少了与他人的沟通机会,以及过高的工作期望值可引发心理健康疾病。2020年4月,法国人类适应研究所(Human Adaptation Institute)与法国多家实验室和大学的研究人员为

---

[1] Anne de Guigné, « Le télétravail est-il favorable à la croissance économique? », https://www.lefigaro.fr/conjoncture/le-teletravail-est-il-favorable-a-la-croissance-economique-20210215.

了解疫情危机管理对人们心理健康（心理、精神、认知）的影响，以及由此产生的短期和长期适应问题，共同发起了一项名为 COVADAPT 的科学研究。该团队于 2020 年 10 月中旬发布的研究报告显示，26% 的法国人感到精神、心理甚至身体的疲劳感加重，39% 的法国人情绪和欲望减弱，32% 存在睡眠障碍，所有这些心理问题相较于疫情发生初期都有明显恶化的趋势。[1]

对于企业而言，远程办公引起的最大挑战在于办公场地的碎片化增加了团队管理的复杂性。一方面，在疫情发生前，由于远程办公在法国并未形成主流办公模式，工作的集约化可以借助现有信息技术对工作团队加以管理和控制，因此企业可以借助数字平台、电子邮件或电话等方式同远程工作者保持联系并形成监督机制。但疫情导致远程办公模式广泛实施，所有雇员远离雇主提供的传统办公场所，组织团队直接与员工进行有效交流的机会减少，意味着无法使用常用的手段对雇员进行有效监控，导致雇员在远程办公过程中存在懈怠的现象。另一方面，组织管理部门使用越来越复杂的数字化监视和监控设备，以更具系统性和全面性的方式对远程工作者实施密切监控，往往会破坏雇员的就业权利，引起政府监管部门和公众对远程工作者隐私被侵犯的担忧，从而也为企业的团队管理带来负面影响。

鉴于远程办公的"双刃性"，政府和实施远程办公的劳资双方应遵循多方共赢的基本原则进行组织和管理。在法律层面，经验表明，法国自 2005 年以来的一系列立法为远程办公系统构建了安全、坚实的法律框架。在后疫情时期，政府制定的法律框架应确保远程办公作为新的模式与传统办公共存，不仅倡导注重雇主和雇员的自愿性质（即劳资双方都不能将远程工作强加给对方），而且确保具有可逆性（在雇主或雇员的要求下，另一方应该同意恢复到初始工作条件）。在管理层面，组织管理团队需要对远程办公进行深刻的再思考，远程管理必须充分考虑每个人的特点，以便协调员工的期望和管理团队的要求，在工作方式上达成共识。组织管理还应考虑远程办公

---

[1] COVADAPT, « Présentation des données statistiques intermédiaires de l'étude, seconde publication », https：//adaptation-institute.com/wp-content/uploads/2020/11/Adaptation-Covadapt-analyse_01.11.2020.pdf.

在实施过程中存在的情境异质性,通过技术手段在监督的同时给予员工更大的自主权。在政策导向层面,政策制定者应该注重不同行业的差异和不同群体之间的技能差距,制定旨在提高弱势工人群体（例如低技能、老年或农村工人）远程工作能力的政策,使其避免因无法享受远程工作提供的福利而导致就业不平等。

五 结语

远程办公模式伴随着移动通信技术的飞速发展以及大数据、云计算、移动互联网等新一代信息技术在各个领域和行业之中广泛应用而诞生,为办公场景带来了颠覆性的革新。该组织模式诞生于美国,随后在英国和北欧国家逐步得到认可并获得较快发展。与其他欧美国家相比,由于法国人对远程办公持怀疑和更加谨慎的态度,故该组织模式在法国的发展过程更加曲折并颇有争议。2000年以来,远程办公的自主性使雇员的私人生活和职业生活得到平衡,并被视为雇主和雇员之间相互信任的保证,其优势逐渐得到法国劳资双方的重视,法国政府通过一系列的法律法规对其加以界定,从而使其获得法律保护。

然而,这种新的工作模式却面临着工作灵活性和自主性、工作与生活平衡、健康和安全、就业平等性以及管理的复杂性等多方面的挑战。法国政府和实施远程办公的劳资双方基于法律框架、组织管理、政策导向等层面进行多维设计,引导远程办公能在后疫情时期的实施过程中解决既有矛盾,使劳资双方利益最大化,成为与传统的在办公室或现场办公方式共存的工作模式。

外交篇
Diplomacy

B.18
法澳潜艇合同的"夭折"：
背景、动因和影响

戴冬梅 陆建平*

摘　要： 法澳潜艇合同是法美特殊关系的延伸，是法国亚太地缘政治雄心的基石，同时也是美澳两国施压法国站队制华议程的杠杆。法澳潜艇合同的"夭折"意味着美国遏华战略的激进升级。美国显然是这一地缘政治逆变事件的主谋，而澳大利亚是合谋者，法国是站队者，英国是站台者。美国在亚太复制冷战剧本，倚重军事实力和军事同盟遏华，或加剧法国对美依附化、欧洲对美附庸化和中美关系对抗化。

关键词： 法澳潜艇合同　法美关系　遏制战略

---

* 戴冬梅，北京外国语大学法语语言文化学院教授，研究方向为法国对外政策、中国法语教学；陆建平，法律硕士，法律翻译工作者。

一 引言

2021年9月16日，即欧盟追随美国发布制华指向的"印太战略"的同一日，澳大利亚政府撤销法澳常规潜艇合同，改向美国采购核潜艇，美澳英三国遏华军事集团奥库斯（AUKUS）同盟同时宣告成立。①

法澳潜艇合同的"夭折"震惊法国政坛内外。它不仅重挫法国军工企业和军工出口②，更加重挫法国亚太乃至全球战略雄心。③ 这一战略性军售合同于2016年9月初步签约，2019年2月正式签约，是马克龙政府追随美澳等国出台的"印太战略"的基石。④ 法国是美国"印太战略"和其他制华议程欧盟化的领导者。但须臾之间，法国形如"浑身浇湿的狗"⑤。马克龙责令召回驻美和驻澳大使。法国政府随后取消与英国政府之间原定拟讨论新导弹合作事宜⑥的防长会议。澳大利亚和欧盟之间原定于10月举行的第

---

① "Australia to pursue nuclear-powered submarines through new trilateral enhanced security partnership", 2021/9/16, https://www.pm.gov.au/media/australia-pursue-nuclear-powered-submarines-through-new-trilateral-enhanced-security.

② 艇合同原本可在未来多年内为法国海军集团创造每年5亿欧元的收入，占其年总收入的10%。Anna Gross, Sylvia Pfeiffer, "French Defence Groups Turn to Macron to Redress Submarine Reputation Hit", *Financial Times*, 2021/10/3, https://www.ft.com/content/75bbfdcc-41e9-4160-acc0-79182cf3012c.

③ 有论者指出，法澳潜艇合同毁约和奥库斯同盟的成立，同样可视为美国对法国欧洲战略自主雄心的反制，美国怀疑法国谋求在中美之间持"中立"立场。Maya Kandel, "The submarine deal: what it says about the US, what it means for Europe", 2021/9/21, https://www.institutmontaigne.org/en/blog/submarine-deal-what-it-says-about-us-what-it-means-europe-and-france.

④ James Politi et al., "Top EU Official Warns 'Something Broken' in Transatlantic Relations", *Financial Times*, 2021/9/21, https://www.ft.com/content/b336fac8-ce36-44b8-8a30-022c5d20a926.

⑤ Christoph Hein, "Bedeutender Zukunftsmarkt: Europas Trippelschritte im Pazifikraum", *Frankfurter Allgemeine Zeitung*, 2021/9/30, https://www.faz.net/aktuell/wirtschaft/wie-die-eu-im-pazifik-von-den-usa-ausgegrenzt-wird-17561559.html?premium.

⑥ Peggy Hollinger, "France should draw lessons on sharing from submarines fiasco", *Financial Times*, 2021/9/22, https://www.ft.com/content/16bb22e6-015e-4617-9cbf-04deef6149e4.

12轮自贸协定谈判同样取消。英媒称毁约事件代表着西方内部自2003年以来"最大的纷争"。① 作为法国亚太战略雄心基石之一的法澳潜艇项目,为什么会遭受毁约?它对法美关系和欧美关系会有什么影响?中法关系和中欧关系的发展会因此迎来一个窗口期吗?

二 法澳潜艇项目毁约的背景

澳大利亚政府在2013年发布新版《国防白皮书》,重申拟建12艘潜艇,以协同美国"在南海遏制中国"。② 法国政府持股60%左右的法国军工企业海军造船局DCNS(中标后更名为Naval Group海军集团,以便开拓国际市场)于2016年4月中标这一总价高达500亿澳元(约合370亿美元)的潜艇制造大单。③ 这一交易被誉为"世纪合同",是澳大利亚史上最大一笔军购合同。经过漫长的签约谈判,项目合同于2019年2月正式签署。④

---

① George Parker et al., "Aukus: How transatlantic allies turned on each other over China's Indo-Pacific threat", *Financial Times*, 2021/9/25, https://www.ft.com/content/06f95e54-732e-4508-bc92-c3752904ba67.

② Anthony Gallaway, "Morrison recruits French President to help get $90bn submarine deal on track", *Sydney Morning Herald*, 2021/6/16, https://www.smh.com.au/politics/federal/morrison-recruits-french-president-to-help-get-90bn-submarine-deal-on-track-20210616-p581jr.html.

③ 据《世界报》报道,500亿澳元(2016年时折合343亿欧元)的合同总价,涵盖设计、技术转让、制造、武器系统和25年的维护;中标之时预计的首舰投入使用时间为2030年。Caroline Taïx, « Sous-marins vendus par DCNS à l'Australie: les coulisses d'un contrat "historique" », *Le Monde*, https://www.lemonde.fr/entreprises/article/2016/04/26/le-francais-dcns-remporte-un-megacontrat-de-sous-marins-a-34-milliards-d-euros-en-australie_4908510_1656994.html。另据当时报道,500亿澳元预算分项明细为结构200亿澳元、武器100亿澳元、维护200亿澳元。Caroline Taïx, « Le français DCNS en lice pour fournir des sous-marins à l'Australie », *Le Monde*, https://www.lemonde.fr/cconomie/article/2015/11/30/le-francais-dcns-en-lice-pour-fournir-des-sous-marins-a-l-australie_4820471_3234.html。

④ 这一合同的正式名称是"战略伙伴协议"(Strategic Partnering Agreement),原定于2017年10月签署。协议内容是澳大利亚与法国军企达成的有关未来潜艇项目的总体安排,包括法方的交付责任,以及各项具体项目合同的订立流程和相关条款。该合同与2019年3月签署的首份项目合同《潜艇设计合同》将取代2016年9月签署的初期设计研究合同。"Future submarine program-transition to design", 2020/1/14, https://www.anao.gov.au/sites/default/files/Auditor-General_Report_2019-2020_22.pdf, pp.33-34。

法澳潜艇合同是法美特殊关系的延伸，是法国地缘政治雄心的基石，同时也是美澳两国施压法国站队制华议程的杠杆。

（一）潜艇合同作为法美特殊关系的延伸

自萨科齐政府以来，法国日益奉行军事化对外政策。继 2011 年发动利比亚战争之后，法国 2013 年在马里发起反恐战争，同时在中东辅佐美国打击恐怖主义势力。在亚太，美国 2011 年在澳大利亚官宣美国"亚洲转向"政策之后，法国即于次年与澳大利亚达成战略伙伴关系，并在 2013 年发布具有鲜明"亚洲转向"色彩的《国防白皮书》，谋求通过战略性军售、防务合作、舰船部署以及军事存在等方式介入亚洲，在协防"美国之治"的同时促进法国的地缘政治利益。

2015 年，经法德两国政府游说之后，法国海军造船局、德国民营军工企业 TKMS 得以与日本企业同台竞争，竞标澳大利亚政府 2014 年原本内定由日本军工企业承接的潜艇建造项目。法国寄希望于"与华盛顿的盟友关系"赢得这一"由美国人监控"的竞标项目，法驻澳大使更是做出了深化法澳战略伙伴关系的承诺，包括考虑法澳两国海军在太平洋和印度洋开展合作。① 投标之前，法国获得奥巴马政府的确认，美国政府在项目招标上将持"中立"立场。② 评标期间，法国航母在海湾地区填补美国航母空缺，接管打击"伊斯兰国"（ISIS）组织的指挥权。中标结果公布前约一个月，澳大利亚政府发布 2016 年版《国防白皮书》，宣布澳国防预算在 2020～2021 年将提高至 420 亿澳元，达到 GDP 的 2%。③ 澳大利亚大幅增加军费投入，对标美国 2014 年在克里米亚危机之后对北约盟友设定的国防开支指标要求，

---

① Dominique Gallois, Caroline Taïx, « Sous‑marins：une bataille navale surveillée par les Américains », Le Monde, https：//www.lemonde.fr/economie/article/2015/11/30/sous‑marins‑une‑bataille‑navale‑surveillee‑par‑les‑americains_ 4820473_ 3234.html.

② Caroline Taïx, « Sous‑marins vendus par DCNS à l'Australie：les coulisses d'un contrat "historique" », Le Monde, https：//www.lemonde.fr/entreprises/article/2016/04/26/le‑francais‑dcns‑remporte‑un‑megacontrat‑de‑sous‑marins‑a‑34‑milliards‑d‑euros‑en‑australie_ 4908510_ 1656994.html。

③ Department of Defense, "2016 Defense White Paper", https：//defence.gov.au/WhitePaper/Docs/2016‑Defence‑White‑Paper.pdf, p.178.

可视为澳大利亚协防"美国之治"之举。澳《国防白皮书》史无前例地将法国列为仅次于新西兰的第二大合作伙伴。次月，法企中标澳潜艇制造项目。

法国有能力为澳大利亚提供核潜艇技术，应当是法方中标的重要原因。与明确排除核潜艇选项①的 2009 年、2013 年版《国防白皮书》不同，澳大利亚 2016 年版《国防白皮书》不再排除核潜艇建设。相反，它相对直白地表示，澳大利亚会在 21 世纪 20 年代晚期即未来 10 年左右时间内，评估是否将规划的 12 艘常规潜艇中的一部分调整为核潜艇。② 实际上，澳大利亚战略精英在冷战期间即自 20 世纪 50 年代起，就期待加入核武国俱乐部，以应对所谓苏联、中国和印度尼西亚的"威胁"，并且从未停止有关技术储备和研究。③《明镜》周刊指出，澳大利亚政府当初将潜艇合同授予法国军工企业的一个重要原因，就在于法国的常规潜艇与同时竞标的德日常规潜艇不同，其可以改造为核动力潜艇；澳大利亚人当时就认为核动力潜艇是应对中国不

---

① 澳大利亚潜艇学院 2008 年就《国防白皮书》提交的咨询文件指出，鉴于澳大利亚至 2050 年所面临的战略环境的六大驱动因素是宗教极端化、中印崛起、对稀缺资源的竞争、澳大利亚对石油进口的依赖、美国实力的相对下降、气候变化等，澳大利亚必须迅速建设一支至少由 12 艘常规潜艇组成的新一代潜艇力量。但是，出于对配套人才和商业性基础设施缺位、公众和政治阻碍、取得和运营成本以及核潜艇建设周期的务实考虑，目前排除核动力潜艇。只有当澳大利亚具备必要的核基础设施时，核潜艇才是可行选项。参见 Submarine Institute of Australia, "Keeping Australia's Options Open in Constrained Strategic Circumstances: The Future Underwater Warfare Capacity", 2008/8/31, https://www.submarineinstitute.com/userfiles/File/SIA_DWP2008_Submission.pdf, pp. 5–11, 25–26。
② 2016 年《国防白皮书》第 4.29 节写道："在新潜艇的长寿命期内，技术的快速变更和澳大利亚战略境况的当下演进将会持续。作为滚动采购项目的一部分，将在 21 世纪 20 年代晚期，基于届时的战略境况和潜艇技术发展进行一次审评，研究潜艇的配置是否仍然恰当或是否需要开始考虑其他规格。"参见 2016 Defense White Paper, p. 91。
③ 澳大利亚前副防长迪布（Paul Dibb）对于澳大利亚冷战期间的核武化努力概述如下："（开发自己的核武器）这一方案在 20 世纪 60 年代获澳大利亚各届政府严肃考虑，一直到 20 世纪 80 年代初期，国防部一直在评估澳大利亚核武器的技术性制备周期（technological lead time）……作为美国最亲密的盟友之一，我们面临着真实的苏联核攻击风险。"Paul Dibb, "Should Australia develop its own nuclear deterrent?", 2018/10/4, https://www.aspistrategist.org.au/should-australia-develop-its-own-nuclear-deterrent/。另参见 Richard Broinowski, "Australian nuclear weapons: the story so far", APSN et Policy Forum, 2006/7/17, https://nautilus.org/apsnet/0623a-broinowski-html/。

断壮大的海军力量的"必要答案",但迫于舆论压力这一考量不便过多宣扬。①

法澳潜艇项目进一步强化了法美特殊关系,同时夯实了法澳战略伙伴关系。2017年3月,法澳发布提升战略伙伴关系的联合声明,确定了从防务、安全到经贸等13个合作领域的102项配套举措。显然,法国对潜艇项目寄予厚望,谋求借此最大限度地促进法国的亚太乃至全球地缘政治利益。

(二)潜艇合同作为法国地缘政治雄心的基石

法国与南太非自治地之间,存在非殖民化、专属经济区划分和核爆危害赔偿等纠纷。法国被指控一再拒绝或拖延落实联合国大会非殖民化决议,历史上数次设法将非自治地移出联合国非自治地名单,遂行"既成事实"战略,通过维持军事存在、经济依附性、选举操纵或影响等手段,巩固南太殖民遗产的正当性和合法性。② 实际上,自1996年停止在南太核试验后,法国就致力于改善与南太地区国家的关系,提升自身军事和政治存在的正当性。③ 关

---

① Till Fähnders, "Australiens Rüstungsgeschäft: Lärmende deutsche U – Boote", *Frankfurter Allgemeine Zeitung*, 2021/9/22, https://www.faz.net/aktuell/politik/ausland/wie-frankreich-deutschland-bei-australiens-u-boot-deal-ausstach-17548261.html?premium.

② "Special Committee on Decolonization Approves 22 Draft Resolutions, Decisions as It Concludes Two-Week Session", 2018/6/22, https://www.un.org/press/en/2018/gacol3327.doc.htm.

③ 自2011年起的5年,法国政府或参议院发布了6份报告,强调法国在太平洋存在的战略利益,包括专属经济区权利、矿产油气资源、欧盟空间项目支持能力、太平洋地区论坛参与资格,以及对于法国安理会常任理事国地位、欧盟领导国、北约成员国和西方盟国地位的强化。Denise Fischer, "Australian perspective: strategic cooperation with France in the South Pacific", in *More than Submarines: New Dimensions in the Australia – France Strategic Partnership*, edited by Jacinta Carroll and Theodore Ell, 2017/12, Australian Strategic Policy Institute, p.43。2015年9月,法国基于其数项自2007年起向联合国大陆架界限委员会递交并获肯定性意见的申请,通过四项法令扩展了四个海外领地的大陆架外界,新增管辖面积约58万平方公里。参见"Extension of the French continental shelf", http://www.hfw.com/downloads/HFW-Extension-of-the-French-continental-shelf-November-2015.pdf。法国从而确保了油气(矿藏)权,其中包括南太新喀里多尼亚海底的矿藏。参见 Theodore Ell, "Australia and France: where now for the like-minded?", in *More than Submarines: New Dimensions in the Australia-France Strategic Partnership*, p.13。2020年6月,法国再次获准扩展大陆架,新增管辖面积(海底和底土)约16万平方公里;法国还提交了针对额外50万平方公里大陆架扩展面积的申请案。参见"France's area underwater area is extending by more than 150000 km^2", https://www.gouvernement.fr/en/france-s-underwater-area-is-extending-by-more-than-150000-km2。

键环节是强化与澳大利亚和新西兰的防务合作关系。早在希拉克执政的2003年,法国就加入南太防长会议机制,并于2009年与美国加入四方防务协调组会谈机制。① 2016年中标潜艇合同后半年左右,法国在澳新两国协助之下为新喀里多尼亚和法属波利尼西亚取得了"太平洋岛屿论坛"成员资格。由此,法国在新喀里多尼亚2018年第一轮独立公投②之前,进一步提升了其南太殖民遗产和相关军事政治存在的正当性。澳方分析人士认为,协助法国效仿澳大利亚、新西兰、美国的"不退出的非殖民化"(decolonization without departure)策略,提升法国南太存在的正当性,可以壮大澳大利亚等守成国的力量,对抗斐济等希望将澳新排除在外重新界定南太的"地区修正国"。③

潜艇合同同样使法国得以提升对亚太乃至全球防务安全秩序的塑造权。法国防长认为,潜艇合同代表着法澳之间的"世纪交易"和"世纪伙伴关系",将赋予澳大利亚海军"相对整个地区具有优势"的"难以置信的主权工具"。④ 法国于2008年在新喀里多尼亚设立法国太平洋军事存在总部,并于2009年制定了《国家海洋战略》,重申法国的传统海洋国角色。法澳战

---

① Denise Fischer, "Australian perspective: strategic cooperation with France in the South Pacific", in *More than Submarines: New Dimensions in the Australia-France Strategic Partnership*, edited by Jacinta Carroll and Theodore Ell, 2017/12, Australian Strategic Policy Institute, p. 41.

② 第一轮独立公投原定于1998年,后多次推迟至2018年。第一轮公投结果,56.3%的人反对独立。2020年10月举行第二轮公投,反对独立的票数下降至53.3%。2021年12举行第三轮即最后一轮公投。土著居民卡纳克人占当地人口的40%,欧洲血统居民占25%左右。欧盟参与对当地基础设施建设的融资,法国提供补助15亿欧元左右。法国政界和军方人士担忧中国在当地和南太的存在。巴黎军事学院战略研究所(IRSEM)2021年的报告称,中国试图加强对当地独立运动的影响。为了表明法国是美国的可靠盟友,法国在2021年3月批准美国特斯拉公司投资当地的镍矿。潜艇合同的撕毁破除了这一"幻象"。法国还担心自己在潜艇合同上遭遇的羞辱会令独立派力量得势。Michael Wiegel, "Militärbündnis AUKUS: Pekings erster Sieg", *Frankfurter Allgemeine Zeitung*, 2021/10/4, https://www.faz.net/aktuell/politik/ausland/militaerbuendnis-aukus-gegen-china-und-frankreichs-ueberseegebiete-17564692.html?premium.

③ Graeme Dobell, "Australia's long dread of France in the South Pacific", in *More than Submarines: New Dimensions in the Australia-France Strategic Partnership*, pp. 10-11.

④ "Speech of Mme Florence Parly, French Minister for the Armed Forces, at the signing ceremony", 2018/2/11, https://au.ambafrance.org/Speech-of-Mme-Florence-Parly-French-Minister-for-the-Armed-Forces-at-the.

略界之间自2010年举行年度战略对话，早在2006年前后，澳方军官即希望法国成为南太平洋的军事伙伴，认为"产业和行动层面的海军关系"将提升双方的合作和理解。①实际上，法国海军集团还期待立足于潜艇制造合同，赢取澳大利亚潜艇部队未来50~60年内的运营和维护服务合同，合同金额可能高达889亿欧元；法国海军集团同样有意将业务拓展至护卫舰和巡逻艇，并以澳大利亚为跳板进一步开拓亚太和全球防务市场。②

以潜艇合同为支柱的法澳两国战略伙伴关系，还将战略协同愿景指向南极洲。澳大利亚战略分析人士2017年提出了法澳战略合作路线图，除了保密信息分享（包括探讨将法国纳入"六眼"情报安排的可能性）、联合威胁评估和规划，还包括应对"新兴国家控制南极地域企图"等合作议程。③马克龙2018年5月访澳之际，两国发布《法国和澳大利亚关系愿景声明》。两国领导人表示将强化南冰洋（Southern Ocean）渔业联合执法并共同捍卫领土安全。④

潜艇合同还为法国追随美澳两国推出"印太战略"，作为"全球安全提供者"介入亚太提供了正当化动力和依据。法国分析人士在2017年指出："受澳大利亚政策制定者影响，巴黎日益主张它必须明确一种印太战略，为了这个地区的安全和发展以及法国的海外领土……将战略立足于一种更清晰、更精巧的地区叙事，将使法国得以强化在南太的角色以及与澳大利亚的伙伴关系。"⑤马克龙在2017年执政不久即发布《国家防务和安全战略评

---

① Bruno Tetrais, "In French-Australian submarine deal, broader political and strategic context mattered", 2016/4/28, https：//www.lowyinstitute.org/the-interpreter/french-australian-submarine-deal-broader-political-and-strategic-context-mattered.

② Christoph Hein, "U-Boote Für Australien: Wir schließen einen Ehevertrag über 60 Jahre", *Frankfurter Allgemeine Zeitung*, 2020/2/11, https：//www.faz.net/aktuell/wirtschaft/unternehmen/naval-das-franzoesische-u-boot-programm-fuer-australien-16625399.html? premium.

③ Jacinta Carroll, Lisa Sharland, "Australian perspective: updating tradition", in *More than Submarines: New Dimensions in the Australia-France Strategic Partnership*, p. 25.

④ "Vision Statement on the Australia-France Relationship", 2018/5/2, https：//www.dfat.gov.au/geo/france/vision-statement-on-the-australia-france-relationship.

⑤ Paul Soyez, "French perspective: redefining a strategic narrative for France's future presence in the South Pacific", in *More than Submarines: New Dimensions in the Australia-France Strategic Partnership*, p. 39.

估》报告，将澳大利亚列为首要地区战略伙伴，断言中国自2008年以来强化的印度洋存在构成了"战略性挑战"，并称体现于潜艇建造项目的法澳战略伙伴关系有利于"提升印太海上安全"。① 2018年，马克龙访澳期间在加登岛海军基地发表广受瞩目的"印太战略"演讲，呼吁法印澳三国联手塑造"印太"地缘政治秩序，制衡中国。法国国防部随后对2016版亚太防务文件《法国和亚太安全》进行全面修订，采纳美澳两国的"印太"概念，并更名为《法国和印太安全》。②

法国的亚太地缘政治雄心使得法国容易被美澳两国利用，法澳潜艇项目由此成为美澳两国施压法国站队制华议程的杠杆。

（三）潜艇合同作为美澳两国施压法国站队制华议程的杠杆

早在2017年，倡导法澳两国战略接近的澳前外交官丹妮斯即明确指出，随着潜艇合同的达成，澳方可以法澳战略伙伴关系为杠杆，从法国和欧洲获得"更大的、务实的地区性投入"。③ 事实上，潜艇合同确实成为美澳两国促使法国跟进并领导欧盟跟进美国"印太转向"以及其他制华议程的重要杠杆。

法国推出"印太战略"和排除华为参与5G建设以及欧盟对中国做出"制度对手"定性和发布"印太战略"，与法澳潜艇合同的签约前谈判、签约和关键履约节点，具有显著的关联度和同步性。在潜艇合同"极其复杂"④

---

① « Revue stratégique de défense et de sécurité nationale 2017 », https：//www.defense.gouv.fr/content/download/514655/8664340/file/Revue%20strat%C3%A9gique%20de%20d%C3%A9fense%20et%20de%20s%C3%A9curit%C3%A9%20nationale%202017.pdf, p. 27.
② Paul Soyez, "French perspective：redefining a strategic narrative for France's future presence in the South Pacific", in *More than Submarines：New Dimensions in the Australia – France Strategic Partnership*, p. 39.
③ Denise Fischer, "France and Australia：A New Strategic Partnership in the Asia–Pacific", 2017/10/30, https：//www.policyforum.net/france – australia – new – strategic – partnership – asia – pacific/.
④ Nathalie Guibert, Isabelle Dellerba, « 31 milliards d'euros, 12 sous-marins：un colossal contrat signé entre la France et l'Australie », *Le Monde*, https：//www.lemonde.fr/economie/article/2019/02/11/l-accord-franco-australien-pour-construire-douze-sous-marins-signe_5421913_3234.html.

的签约谈判持续的2018年，马克龙于5月在澳大利亚官宣法国的"印太战略"，率先追随美澳两国遂行"印太转向"，随后在8月又迅速站队①美澳两国排除华为参与5G建设②的政策。2019年，法澳潜艇合同正式签约③，法国通过航母部署④、联合军演、台湾海峡穿行等高调行动，进攻性地布局"印太战略"。法国同时出台事实排除华为的国内立法⑤，并与德国鼓动欧盟将中国从"战略伙伴"解构为"制度对手"，收紧对中国的投资审查，与特朗普政府的遏华议程联动。法国同时敦促德国等国家跟进出台"印太战略"。自2020年起，潜艇合同履约陷入成本超支和进度滞后等纠纷，对此，法国通过进一步强化对华制衡态势、部署核潜艇、推动欧盟加速出台"印太战略"等，予以回应和安抚。2020年10月，在德国发布"印太战略"之

---

① 《世界报》报道指出，法国政府对华为同样"继续保持不信任（méfiante）态度"，华为在法经营活动自2015年以来就被置于一个由财政部牵头的六部委机构的监控之下。参见 Simon Leplâtre, « Après les Etats-Unis, l'Australie ferme la porte au géant chinois des télécoms Huawei », *Le Monde*, https://www.lemonde.fr/economie/article/2018/08/23/apres-les-etats-unis-l-australie-ferme-la-porte-au-geant-chinois-des-telecoms-huawei_5345470_3234.html。

② 据称澳大利亚政府自2018年2月起就基于内部兵棋推演结果，游说美国和欧洲国家提防华为，参见 Cassell Bryan-Low, Colin Packham, "How Australia led the US in its global war against Huawei", *Sydney Morning Herald*, https://www.smh.com.au/world/asia/how-australia-led-the-us-in-its-global-war-against-huawei-20190522-p51pv8.html。

③ 2019年2月中旬，在经过18个月的谈判之后，法澳正式签署为期50年的潜艇建造合同。310亿欧元（500亿澳元）合同总价中的一大部分将用于洛克希德·马丁公司主导的武器系统，法方所得合同份额约80亿欧元；潜艇设计阶段预期将持续4年、耗资15亿欧元。参见 Nathalie Guibert, Isabelle Dellerba, « 31 milliards d'euros, 12 sous-marins : un colossal contrat signé entre la France et l'Australie », *Le Monde*, https://www.lemonde.fr/economie/article/2019/02/11/l-accord-franco-australien-pour-construire-douze-sous-marins-signe_5421913_3234.html。

④ 5月下旬，戴高乐号航母编队在孟加拉湾与美澳日三国海军举行首次"拉贝鲁斯"系列演习。"拉贝鲁斯"演习以路易十六时代海军军官拉贝鲁斯（La Pérouse）公爵的名字冠名。演习以法澳战舰之间的双边互动开始，澳大利亚派出一艘护卫舰和一艘潜艇参演。« La Pérouse : Exercices bilatéraux dans le Golfe de Bengale », 2019/6/4, https://au.ambafrance.org/La-Perouse-Exercices-bilateraux-dans-le-Golfe-de-Bengale。

⑤ 2019年4月初，法国国民议会开始审议一项被认为主要针对华为的法案，对特定电信设备设定总理审批程序。约一周之后，这一关于移动网络安全的法律通过国民议会表决，移送参议院在6月下旬审议、表决。2019年8月初，法律生效。

后，法国宣布增设印太大使一职，首任大使由原驻澳大使佩诺（Christophe Penot）出任，驻地为巴黎，这一任命被澳媒视为法国对"在这一受挑战地区的战略迄今为止最尖锐的升级"①。2021年7月，在马克龙和莫里森6月就潜艇合同履约纠纷达成解决方案之后，法国外交部发布新版"印太战略"，将防务列明为法国"印太战略"的第一支柱，同时不再明确提及中法战略伙伴关系。8月底，法澳两国举行首次2+2部长级磋商，双方对欧盟即将出台"印太战略"表示欢迎，对南海局势表达"严肃关注"，称将支持中国台湾"有意义地参与"国际组织，承诺就南太岛国关键基础设施建设、防务、太空、关键物资供应链、南极等领域强化合作。②9月，与马克龙承诺的潜艇合同履约纠纷解决时限③基本一致，欧盟发布制华指向的"印太战略"。

但是，在欧盟发布"印太战略"的同一日，澳大利亚撕毁法澳常规潜艇合同，法美澳等国家的"利益和价值共同体"④神话不攻自破。美国、澳大利亚、法国以及后来参与博弈的英国，显然对法澳潜艇合同的存废抱有不同的利益判断。在法澳潜艇合同的"夭折"上，美澳两国是寻求推翻现状的修正方，法国是维持现状的守成方，而英国是谋求在变局中获益的投机方。

---

① Eryk Bagshaw, "France escalates China push, appoints ambassador for Indo-Pacific", *Sydney Morning Herald*, 2020/10/12, https://www.smh.com.au/world/asia/france-escalates-china-push-appoints-ambassador-for-indo-pacific-20201012-p5647f.html.

② "Inaugural Australia-France 2+2 Ministerial Consultations", 2021/8/30, https://www.foreignminister.gov.au/minister/marise-payne/media-release/inaugural-australia-france-22-ministerial-consultations.

③ 6月在巴黎会晤莫里森时，马克龙承诺直接介入解决成本超支和项目延期问题，法企将在9月提交"对政府有说服力"的项目未来两年的设计工作方案。参见 Anthony Gallaway, "Morrison recruits French President to help get $90bn submarine deal on track", *Sydney Morning Herald*, 2021/6/16, https://www.smh.com.au/politics/federal/morrison-recruits-french-president-to-help-get-90bn-submarine-deal-on-track-20210616-p581jr.html.

④ « La stratégie de défense française en Indopacifique, Version française (2019) », https://www.defense.gouv.fr/dgris/action-internationale/enjeux-regionaux/la-strategie-de-defense-francaise-en-indopacifique2, p. 17.

三 法澳潜艇项目毁约的动因

在法澳潜艇项目"夭折"上，美国显然是主谋，澳大利亚是合谋者，法国是站队者，英国是站台者。

（一）美国因素

澳大利亚是美国在亚太最为倚重的责任分担者和遏华棋子之一。澳大利亚自2009年起就筹划建设的潜艇力量是美国亚太遏华战略和盟友网络的核心一环。美国热切期待澳大利亚在反潜战领域提供协助。[1] 2011年，奥巴马正是在澳大利亚官宣了美国的"亚洲转向"政策。美国不希望澳大利亚成为"另一个德国"，即一个在防务上是美国盟友、但贸易上依赖中国的国家。[2]

通过分享核潜艇技术，美国希望将澳大利亚更紧密地捆绑于美国的遏华军事战略，在可能与中国的战事中提供更大的支持。[3] 正如美国在20世纪50年代末通过支持英国建设海基核打击力量合力遏制苏联来维护大西洋制海权一样，美国战略精英显然有意通过扶植澳大利亚建设核动力潜艇力量，将中国围困于第一岛链，维护美国在太平洋和印度洋的霸权。在日本分析人士看来，澳大利亚的角色之一就是利用中国海军必须通过咽喉节点才能进入深海的"阿喀琉斯之踵"，控制菲律宾半岛和印度尼西亚半岛的南向咽喉节点，从而与美日协同，将中国海军封锁在第一岛链之内。[4]

---

[1] James Goldrick, "Maritime and Naval Power in the Indo-Pacific", in *The Future of the Underwater Deterrent: A Global Survey*, edited by Rory Medcalf et al., 2020/2, National Security College, The Australian National University, https://nsc.crawford.anu.edu.au/sites/default/files/publication/nsc_crawford_anu_edu_au/2020-02/the_future_of_the_undersea_deterrent.pdf, p.6.

[2] James Curran, "Obama's pivot to Asia reminded Australia where its loyalties lay", *Australian Financial Review*, https://www.afr.com/policy/foreign-affairs/obama-s-pivot-to-asia-reminded-australia-where-its-loyalties-lay-20211104-p595wl.

[3] Hugh White, "From the Submarine to the Ridiculous", 2021/9/18, https://sdsc.bellschool.anu.edu.au/news-events/news/8191/submarine-ridiculous.

[4] Yoji Koda, "Japan's Deterrence Posture and Approach to Anti-Submarine Warfare", in *The Future of the Underwater Deterrent: A Global Survey*, pp.66-67。

发起全方位遏华攻势的特朗普政府很可能是澳大利亚核武化抉择的幕后推动者。特朗普政府2019年7月发布《印太战略报告》，明确呼吁盟友担当更大的安全责任。① 澳大利亚战略界人士指出，台湾问题最可能引发中美武装对抗乃至核威胁；在常规军事优势受到侵蚀的情况下，美国可能加倍倚重自身的核武力量优势，更加致力于消灭（neutralize）中国部署于南海的战略核潜艇。② 2020年7月前后③，澳大利亚显然在特朗普政府施压之下，做出了"以核遏华"的战略抉择。澳大利亚政府在《2020年战略更新》报告中，宣布将大幅提升未来十年的国防投入，声称澳大利亚国防军必须发展用以"施行威慑效应的自主能力"。澳大利亚新的防务能力应能够"从更远的距离将潜在敌手的军力和基础设施置于风险之下"，从而影响敌手对威胁澳大利亚利益时所涉代价的算计。④ 2020年7月底，澳大利亚防长和外长不顾疫情危局，专程飞赴华盛顿与美国防长和国务卿举行美澳第30届部长级磋商。在联合声明中，双方承诺加大防务贸易合作和防务技术研发合作，包括"超高音速武器、一体化高空和导弹防御、电子和海底战争、太空、网络、关键矿物和其他技术"。⑤ 双方同时签署了保密的《同盟印太防务合作和军力态势要点原则书》（Statement of Principles on Alliance Defense Cooperation and Force Posture Priorities in the Indo-Pacific）。2021年1月12日，即将下台的特朗普

---

① "Department of Defense Indo-Pacific Strategy Report", 2019/7/1, https://media.defense.gov/2019/Jul/01/2002152311/-1/-1/1/DEPARTMENT-OF-DEFENSE-INDO-PACIFIC-STRATEGY-REPORT-2019.PDF, p. 21.

② Rory Medcalf, "Undersea Deterrence and Strategic Competition in the Indo-Pacific", in *The Future of the Underwater Deterrent: A Global Survey*, pp. 3-4.

③ 值得指出的是，这一时间点，基本与澳方潜艇专家布里格斯（Peter Briggs）在2018年10月建议的在2020年中就核潜艇建设做出原则性决定的时间表一致。参见 Peter Briggs, "Special Report: Can Australia afford nuclear propelled submarines—Can we afford not to?", 2018/10, https://www.aspi.org.au/report/can-australia-afford-nuclear-propelled-submarines-can-we-afford-not, pp. 13-15。

④ "2020 Defence Strategic Update", 2020/7/1, https://www1.defence.gov.au/about/publications/2020-defence-strategic-update, p. 27.

⑤ "Joint Statement on Australia-US Ministerial Consultations (AUSMIN) 2020", 2020/7/28, https://www.defense.gov/News/Releases/Release/Article/2290911/joint-statement-on-australia-us-ministerial-consultations-ausmin-2020/.

政府将其在 2017 年制定、2018 年初批准、原本应保密至 2042 年的《印太战略框架》部分解密。① 美方人士对澳媒称，解密的目的之一是对包括澳大利亚在内的美国盟友进行"再保证"，即美国并没有从"印太"退出，而是在"加倍下注"。②

由此，可以基本断定③，拜登政府只是特朗普政府已经做出的"以核遏华"计划的继承者和执行者。实际上，拜登掌权不久，澳大利亚就与拜登政府进行接触，拜登的竞选智囊坎贝尔是澳方最早联系的对象之一。澳方表示希望采购基于美国和英国设计的核潜艇，以更安全地在南海地区巡逻，而拜登本人同样认为法国潜艇并不具备在中国沿海威慑中国的能力。④ 拜登政府之所以迟迟未向友邦法国披露美澳核潜艇建设方案，应当只是出于对法国的战略价值加以最大化利用的考量。美方的算计显然包括，以法澳潜艇合同为杠杆，促使法国在拜登 2021 年 6 月欧洲行期间同意 G7、欧盟、北约的遏华议程，在 7 月发布制华色彩更为强烈的"印太战略"，以及促成欧盟在 9 月最终出台制华指向的"印太战略"。

法澳潜艇合同被撕毁同样与美国对法国的结构性战略猜忌相关。法国借英国脱欧以及德美特殊关系在特朗普执政期间受挫之机，联手德国推进欧洲战略自主，令美国不悦。早在 2018 年，美国时任防长马蒂斯在慕安会之际就对法国防长表示，一个强大的欧洲是"更好的安全合作伙伴"，但欧洲防

---

① "Statement from National Security Advisor Robert C. O'Brien"，2021/1/12，https：//trumpwhitehouse. archives. gov/briefings-statements/statement-national-security-advisor-robert-c-obrien-011221/.

② Laura Tingle，"Previously secret details of Trump administration's Indo-Pacific strategy revealed"，ABC News，2021/1/12，https：//www. abc. net. au/news/2021-01-12/details-of-trump-administrations-indo-pacific-strategy-revealed/13052216.

③ 《金融时报》报道称，莫里森政府认为特朗普不太可能分享美国的被视为"皇冠之珠"的核潜艇技术，而拜登的当选则创造了机会。参见 George Parker et al.，"Aukus：How transatlantic allies turned on each other over China's Indo-Pacific threat"，Financial Times，2021/9/25，https：//www. ft. com/content/06f95e54-732e-4508-bc92-c3752904ba67.

④ David E. Sanger，"Secret Talks and a Hidden Agenda：Behind the U. S. Defense Deal That France Called a 'Betrayal'"，New York Times，2021/9/22，https：//www. nytimes. com/2021/09/17/us/politics/us-france-australia-betrayal. html? action = click&module = RelatedLinks&pgtype = Article.

务建设应当是北约的"补充",而不是与北约"竞争"。① 德国智库人士2019年明确指出,特朗普政府对欧盟在安全政策领域的战略自主抱猜忌和拒绝的混杂态度,尤其担心欧盟利用"永久结构化合作"(PESCO)机制排除美国军工企业;而北约和欧盟东扩实际上已强化了欧洲对于北约的依赖。② 拜登上台后,美国还通过拉拢德国,进一步遏制法国倡导的欧洲战略自主议程。此外,法国2020年在新冠疫情期间的表现总体逊于德国,且未能阻止中欧达成投资协定,同样无助于提振美国对于法国的评判。同时,自2020年起,法国对于美国的战略价值相对下降,因为德国已于2019年11月决定追随美国出台"印太战略",并且英国自2020年2月正式脱欧并开始筹划"印太转向"。事实上,即便在法国率先追随美澳两国落实"印太转向"并推进欧盟"制华转向"议程的2019年,美方人士仍断言,由于法国每届总统对法美特殊关系的期待都不一样,所以美国无法像信任英国和澳大利亚那样"连贯地"信任法国,尤其是在情报共享上;同时,法国对中国不可能"过于敌对",因为法国受欧盟其他持不同对华立场的成员国的牵制。③

(二)澳大利亚因素

澳大利亚政治和战略精英自2017年起就开始制造相关叙事和舆论,鼓吹澳大利亚将开建核潜艇,核潜艇拟优先向美国采购,但至少到2019年底,法国并未被排除考虑范围。2017年6月,澳媒报道称,澳前总理阿伯特在

---

① "Defense Secretary Meets With French Defense Minister in Munich", 2018/2/17, https://www.defense.gov/News/News-Stories/Article/Article/1444895/defense-secretary-meets-with-french-defense-minister-in-munich/.
② Barbara Lipper et al. (eds.), "Strategische Autonomie Europas: Akteure, Handlungsfelder, Zielkonflikte", 2019/2, SWP Berlin, https://www.swp-berlin.org/10.18449/2019S02/, pp. 30-41.
③ Cleo Paskal, "Indo-Pacific Strategies, Perceptions and Partnerships: The View from Seven Countries", https://www.chathamhouse.org/2021/03/indo-pacific-strategies-perceptions-and-partnerships, p. 14. 这一调研项目的资助方为澳大利亚国防部。有合理理由推断,澳方提前获得了智库报告的核心内容。

智库发表演讲，呼吁政府考虑开始建设核潜艇。其断言，鉴于中俄两国正在扩张舰队，澳大利亚应当对原定的12艘常规潜艇计划进行大幅调整，将其中的约9艘改为核潜艇。核潜艇可以向美国、英国或法国采购，但美国应当是优先考虑对象；在澳大利亚国内建立配套的核能力之前，核潜艇可以先部署在关岛。① 该报道同时提及，特恩布尔政府已经开始探讨将法国常规潜艇改装成核潜艇事宜，但专家指出，澳大利亚建成核潜艇保障能力可能需要15年时间。② 同年11月，澳大利亚前副防长迪布等刊文称，澳大利亚面临"来自一个大国的威胁"的前景自二战以来首次上升，澳大利亚应当调整防务规划并扩张军力；中国最有可能对澳大利亚构成"严肃挑战"；其次，澳大利亚同样需要防范宗教极端主义支配印度尼西亚。③ 2019年11月，一年多前下台的澳前总理特恩布尔发表演讲，称应当考虑与法国探讨直接购买原型核潜艇，而不是将核潜艇定制设计为常规潜艇。④ 显然，法国此时仍被视为潜在的核潜艇技术提供方。⑤

2020年，显然在内外压力之下，澳大利亚政府做出了放弃法国常规潜艇和核潜艇技术，转而引入美国核潜艇的决断。2020年澳防务报告宣布，澳大利亚将大幅扩张军事能力建设，未来十年新军事能力投资将实现翻番，从年预算的34%即144亿澳元上升到年预算的40%即292亿澳元，而每年军费预算总额则将从2020~2021年的422亿澳元（GDP的2%）攀高至2029~2030年的

---

① James Massola, "Tony Abbot's nuclear ambitions surface in call to rethink submarines", *Sydney Morning Herald*, 2017/6/29, http：//www.smh.com.au/federal-politics/political-news/tony-abbotts-nuclear-ambitions-surface-in-call-to-rethink-submarines-20170629-gx0xyn.html.
② 相关链接网页已删除，现无法访问。
③ Paul Dibb, Richard Brahin-Smith, "Australia's deteriorating strategic outlook", 2017/11/15, https：//www.aspistrategist.org.au/australias-deteriorating-strategic-outlook/.
④ Tony Abbott, "An Address on China by Tony Abbott", 2019/11/28, https：//www.lowyinstitute.org/publications/address-china-tony-abbott.
⑤ 不过，法国海军集团澳大利亚潜艇项目负责人2020年初对德媒指出，澳大利亚从未与其讨论过核动力方案；法国为澳大利亚提供的常规潜艇设计是全新的设计，并不是基于法国核潜艇原型设计的"家庭手工作业"，如果澳大利亚选择核动力，将需要全新设计。参见Christoph Hein, "U-Boote Für Australien：Wir schließen einen Ehevertrag über 60 Jahre", *Frankfurter Allgemeine Zeitung*, 2020/2/11, https：//www.faz.net/aktuell/wirtschaft/unternehmen/naval-das-franzoesische-u-boot-programm-fuer-australien-16625399.html? premium.

737亿澳元。① 显然正是通过这一战略文件，澳大利亚政府做出了协助美国"以核遏华"并为此选择引入美国核潜艇技术的决定。与此同时，特朗普政府可能正是通过美澳两国随后举行的第30届部长级磋商之际所发布的声明和签署的保密文件，做出了向澳大利亚输出核潜艇技术、扶植澳大利亚"以核遏华"的决定。对于澳大利亚政府而言，美国战略家在2020年初表达的观点，即虽然出现了新的反潜技术，但综合考量，战略核潜艇在未来数十年内的优势将扩大而非缩小②，或强化了其对核潜艇尤其是美国核潜艇的偏好。

澳大利亚之所以迟迟未对法国摊牌，应当同样是出于与美国相同的动机，即最大化利用法国对于美澳遏华议程的剩余战略价值。

（三）法国因素

潜艇项目的破灭，同样与法国高估自身实力和博弈地位、误判法美关系和法澳关系动向相关。

法国战略精英在2020年初刊文认为，鉴于法国在"印太"的长期和日益增长的安全利益，在中印之间或中越之间爆发军事危机、或美国遂行军事干涉行动驰援盟友（诸如菲律宾、中国台湾地区、日本、韩国或澳大利亚）等情形下，法国将动用核武器进行反威慑，包括同时威慑中俄，以捍卫法国以及欧洲的利益。③ 但是，法国是一个中等强国，无法为澳大利亚提供与美国一样强有力的保护。④

法国或同样高估了自己在潜艇技术上的博弈地位，在技术转让上作风保

---

① 2020 Defence Strategic Update, p. 54.
② Norman Friedman, "Strategic Submarines and Strategic Stability: Looking Towards 2030s", in *The Future of the Underwater Deterrent: A Global Survey*, pp. 69-79.
③ Bruno Tetrais, "France's Deterrence Strategy and the Indo-Pacific", in *The Future of the Underwater Deterrent: A Global Survey*, pp. 51, 54.
④ Jean-Michel Bezat, « L'Australie inscrit la modernisation de sa flotte de sous-marins dans une alliance diplomatico-militaire plus protectrice que celle avec la France », *Le Monde*, https://www.lemonde.fr/idees/article/2021/10/04/l-australie-inscrit-la-modernisation-de-sa-flotte-de-sous-marins-dans-une-alliance-diplomatico-militaire-plus-protectrice-que-celle-avec-la-france_6097062_3232.html.

守,削弱了项目成功推进的概率。法国潜艇技术原本是受到认可的。美国太平洋舰队司令在2017年8月认为,基于法国梭鱼级核潜艇制造的常规潜艇,契合美澳两国海军之间讨论的地区防务需求,与美国核动力潜艇"高度兼容"且能力相当;相反,核潜艇保障成本高、基础设施要求高、安全要求高。[1] 但是,法国防长2018年首次访澳之时,原定于该次访问期间正式签署的潜艇建造合同,因双方在"质保和技术转让"两大争点上的"根本分歧"而陷入僵局,澳方在野党工党威胁称,如果建造合同未在2019年的联邦选举之前签署,则它可能会在胜选之后下令对项目进行审查。[2] 事实上,法国在技术转让上一直持保护主义态度,这在法国与德国争夺下一代战机项目的主导权以及法国一直未落实对印阵风战机交易的技术转让承诺上也有体现。[3]

法国对法美特殊关系和法澳战略关系的误判,同样无助于潜艇项目的幸存。美国对法国政治精英抱有战略猜忌,澳大利亚对法国同样抱有挥之不去的偏见。在法国于1996年停止南太核试验之前,法国一直被视为外来者。澳方防务界、议员和媒体对选择法国制造的潜艇一开始就抱有很大的敌意。[4] 有报道指出,早在2018年,澳大利亚防务专家委员会就建议政府探讨法国潜艇的替代选项。[5] 成本超支、进度滞后或法国核潜艇技术不合需

---

[1] Brendan Nicholson, "US Admiral and RAN Chief: nuclear submarines require massive backup", 2017/8/7, https://www.aspistrategist.org.au/us-admiral-ran-chief-nuclear-submarines-require-massive-backup/.

[2] Andrew Greene, "Future submarine project deadlocked as French shipbuilder digs in on \$50 billion contract", *ABC News*, 2018/9/28, https://www.abc.net.au/news/2018-09-28/future-submarine-project-deadlocked-french-shipbuilder-digs-in/10311294.

[3] Peggy Hollinger, "France should Draw Lessons on Sharing from Submarines Fiasco", *Financial Times*, 2021/9/22, https://www.ft.com/content/16bb22e6-015e-4617-9cbf-04deef6149e4.

[4] Jean-Michel Bezat, « L'Australie inscrit la modernisation de sa flotte de sous-marins dans une alliance diplomatico-militaire plus protectrice que celle avec la France », *Le Monde*, https://www.lemonde.fr/idees/article/2021/10/04/l-australie-inscrit-la-modernisation-de-sa-flotte-de-sous-marins-dans-une-alliance-diplomatico-militaire-plus-protectrice-que-celle-avec-la-france_6097062_3232.html.

[5] George Parker et al., "Aukus: How transatlantic allies turned on each other over China's Indo-Pacific threat", *Financial Times*, 2021/9/25, https://www.ft.com/content/06f95e54-732e-4508-bc92-c3752904ba67.

求，应当都只是澳大利亚毁约的借口，而不是毁约的理由。仅就成本而言，虽然到 2020 年项目成本已飙升至 900 亿澳元，但澳媒披露，澳大利亚国防部 2015 年内部实际估算的项目成本一开始就高达约 800 亿澳元，只不过在招标时出于保护"商业底牌"（commercial position）的考虑而没有公开。①而核潜艇的建设和维护成本无疑会更高。澳前总理陆克文就认为，政府在核潜艇成本问题上并不诚实，澳政府撤销常规潜艇合同缺乏"令人信服的战略理据"②。实际上，随着奥库斯同盟的成立，澳大利亚已经做好了防务开支从 GDP 的 2%左右上涨至 3%~4%的准备，并同时准备大幅提升外交部的预算。③

（四）英国因素

英国政治精英被认为具有深刻的、植根于拿破仑战争和二战等"历史神话"的救世主情结④，但在法澳潜艇项目毁约和奥库斯同盟成立上，英国或只扮演了一个站台者的角色，或如澳大利亚评论者所说的"边缘"角色。⑤ 实际上，正如澳大利亚评论者指出的，即便是仅在美英两国的核潜艇之间抉择，澳大利亚也只会选择美国核潜艇。原因在于，澳大利亚不只是在选择舰船，而是在选择一个"战略伙伴"，而奥库斯同盟成立的目的是通过

---

① Anthony Galloway, "Defence knew submarines would cost almost ＄80b five years ago", *Sydney Morning Herald*, https：//www.smh.com.au/politics/federal/defence-knew-submarines-would-cost-almost-80b-five-years-ago-20201012-p564ea.html.
② Kevin Rudd, "Australiens Ex-Premier zum Konflikt zwischen China und dem Westen", *Der Spiegel*, 2021/9/24, https：//www.spiegel.de/ausland/kevin-rudd-australiens-ex-premier-zum-konflikt-zwischen-china-und-dem-westen-a-9105face-913c-4d4f-9823-4ff6af007f5f.
③ Peter Jennings, "Aukus sets a better direction for Australia's defence", 2021/9/17, https：//www.aspistrategist.org.au/aukus-sets-a-better-direction-for-australias-defence/.
④ Jochen Buchsteiner, "Londons Aussenpolitik：Großbritanniens Traum von einer internationalen Führungsrolle", *Frankfurter Allgemeine Zeitung*, 2021/9/19, https：//www.faz.net/aktuell/politik/ausland/grossbritannien-traeumt-von-einer-internationalen-fuehrungsrolle-17542171.html?premium.
⑤ Euan Graham, "It's AUKUS, not A（UK）US", 2021/11/10, https：//www.aspistrategist.org.au/its-aukus-not-aukus/.

同盟应对"中国力量的挑战"。此外，美国造舰产能更大，交舰周期更短，弗吉尼亚级潜艇更是配备美制作战系统，无须澳大利亚改装。①

作为冷战期间在西方阵营中第一个受到美国全面扶植②以发展遏苏核打击力量的盟友，英国显然愿意"知恩图报"，在美国扶植澳大利亚"以核遏华"之际，扮演站台者角色。毕竟，在20世纪50年代，正是在澳大利亚的领土上，英国先后完成了原子弹和氢弹试验从而得以先于法国加入核俱乐部。正如英国防务人士2020年指出的，英国战略核潜艇力量的发展经验对于"印太"国家具有参考意义。其中之一就是，维持一支战略核潜艇力量依赖于强有力的产业——技术基础和运营维护潜艇的专家型人才库；建设战略性核潜艇力量应当从建设非战略性核潜艇力量入手，以便培养一支基数更大的专业队伍，确保战略核潜艇部署行动安全、高效。③

对于英国而言，为澳大利亚核武化站台，有助于巩固英国对美特殊关系和全球大国地位④，并改善相对法国的博弈地位。英国对于法国在脱欧谈判上的强硬立场不满，两国在移民问题、渔业权、脱欧协定执行、新冠疫苗有

---

① Cameron Stewart, "AUKUS gives us more problems than solutions and our safety is at stake", *The Australian*, 2021/12/10, https://www.theaustralian.com.au/inquirer/aukus-gives-us-more-problems-than-solutions-and-our-safety-is-at-stake/news-story/fff5b011740957f5cc246eb641408894.

② 1958年，英国与美国签订《共同防御协定》，英国的核武设计、试验、开发和部署自此受到美国的特别扶持，包括引入美国的潜艇推进装置、核燃料和潜射导弹体系等。参见 Claire Mills, "UK–US Mutual Defense Agreement", 2014/10/20, https://researchbriefings.files.parliament.uk/documents/SN03147/SN03147.pdf, pp. 2-4。1962年，英国宣布其核武力量属于北约防御能力的一部分。从1962年到1991年，英国在美国内华达洲核试验场地与美国共同进行了24次地下试验，以开发空投核弹弹头和导弹弹头。参见 Thomas B. Cochran, "Nuclear Weapon-The spread of nuclear weapons", https://www.britannica.com/technology/nuclear-weapon/The-spread-of-nuclear-weapons。

③ John Gower, "UK Nuclear Deterrence: Security and Stability through SSBN CASD", in *The Future of the Underwater Deterrent: A Global Survey*, p. 61.

④ 也有论者认为，英国加入奥库斯军事同盟意味着英国对外政策的"再美国化"，复归"美国指挥、英国辅佐"的"旧秩序"。参见 Jochen Buchsteiner, "Londons Aussenpolitik: Großbritanniens Traum von einer internationalen Führungsrolle", *Frankfurter Allgemeine Zeitung*, 2021/9/19, https://www.faz.net/aktuell/politik/ausland/grossbritannien-traeumt-von-einer-internationalen-fuehrungsrolle-17542171.html?premium.

效性等事宜上同样存在争执。① 英法两国还竞夺欧洲防务安全事务的主导权。在瞄准全球军火市场的下一代战机的开发上，英国拉拢意大利、瑞典、日本等欧盟成员国，与法德西三国竞争。英法两国在对美特殊关系上同样互为竞争者。实际上，英国政府在2021年3月发布的对外政策战略文件中即强调，美国依然是英国"最重要的战略盟友和伙伴"②，并声称英国将在未来十年期间深化对"印太"的参与（engagement），建立"比任何其他欧洲国家都更巨大、更持续的存在"③。

英国知悉澳大利亚核武化计划的时间点，或为2020年7月即澳大利亚发布防务战略更新报告之时。就此，颇值得注意的是，正是在2020年7月，英国政府决定在5G建设中禁用华为设备，官方理由是特朗普政府对华为施加"新的芯片技术制裁"。④ 但实际上，英国当时也正与澳大利亚线上举行双边自贸协定的首轮磋商，电信领域就是磋商内容之一。⑤ 一种可能的大胆推断是，真正促使英国政府最终站队美澳，排除华为和实施其他遏华议程的，不是美国对华为的技术制裁，而是特朗普政府和莫里森政府描绘的英美自贸蓝图、英澳自贸前景，以及澳大利亚政府战略文件揭示的核武化计划方面的合作机遇。无论如何，奥库斯同盟被视为约翰逊政府的一大政绩，但分析者

---

① Cécile Ducourtieux, Philippe Ricard, « Crise des sous-marins: la France continue de snober le Royaume–Uni », *Le Monde*, https://www.lemonde.fr/international/article/2021/09/24/affaire-des-sous-marins-la-france-continue-de-snober-le-royaume-uni_6095823_3210.html.

② "Global Britain in a Competitive Age—the Integrated Review of Security, Defense, Development and Foreign Policy", 2021/7/2, https://assets.publishing.service.gov.uk/government/uploads/system/uploads/attachment_data/file/975077/Global_Britain_in_a_Competitive_Age-_the_Integrated_Review_of_Security__Defence__Development_and_Foreign_Policy.pdf, p.60.

③ "Global Britain in a Competitive Age—the Integrated Review of Security, Defense, Development and Foreign Policy", p.62.

④ "Britain set to decide on Huawei 5G ban, though timeline unclear", https://news.cgtn.com/news/2020-07-13/Britain-set-to-decide-on-Huawei-5G-ban-though-timescale-unclear-S6ctMqfZDO/index.html.

⑤ "Negotiations on the UK's future trading relationship with Australia: Update", 2020/7/14, https://www.gov.uk/government/news/negotiations-on-the-uks-future-trading-relationship-with-australia-update. 自贸协定于2021年12月签署，进入批准流程。

同时指出，英国参与奥库斯同盟在军事上是"踏入无知之地的旅程"，而前首相特蕾莎·梅则担心英国可能会在"可预见的未来"卷入台海战事。①

法澳潜艇项目在南太的"夭折"，意味着美国冷战剧本在亚太的"复活"。美国显然是主谋，澳大利亚是合谋者，法国是站队者，英国是站台者。这一事件或加剧法国对美依附化、欧洲对美附庸化和美国对华政策"铁幕化"的进程。中国的战略环境显著恶化。

四 影响

奥库斯同盟的成立是一个"清晰的升级"，表明美国将中国视为敌手，而澳大利亚则押注美国，将自身置于中美对抗的中心位置。② 美国正在发起一场"遏华圣战"。法国对美依附化、欧洲对美附庸化、中美关系对抗化或为其三大直接后果。

（一）法美关系：依附化的螺旋？

法澳潜艇项目的破灭表明，法国虽然以全球大国自居并具有普世主义情结，但它相对美国处于不对称地位，是一个"以小博大者"。③ 实力的不足意味着法国始终面临着对美站队的压力。在美国战略精英日益谋求集体制华和军事遏华的情况下，法国对美依附化的趋势或将更为显著。

法国自身的国力已经不再能够支撑"特立独行"的对外政策。《纽约时报》指出，虽然马克龙愤而召回驻美大使，但法国并没有足够的牌。在法

---

① Jörg Schindler, "Londons Militärpakt mit den USA und Australien Der Traum von alter britischer Größe lebt", *Der Spiegel*, 2021/9/21, https://www.spiegel.de/ausland/grossbritannien-und-der-aukus-pakt-mit-den-usa-und-australien-der-traum-von-alter-groesse-lebt-a-68c7ce15-0cc9-4586-b45b-e7d2e54dcd52.

② Sam Roggeveen, "Australia is Making a Risky Bet on the US", *New York Times*, 2021/9/20, https://www.nytimes.com/2021/09/20/opinion/AUKUS-australia-us-china.html.

③ Norimitsu Onishi, "An Uncomfortable Question in France: Are We Still a Great Power?", *New York Times*, https://www.nytimes.com/2021/09/23/world/europe/france-submarine-deal-australia.html.

澳潜艇合同撤销之后，法国军队总参谋长并未取消预定于 9 月 19 日在雅典举行的北约会议。① 法国防长数日后还强调，法国无意退出北约。② 毕竟，正如法媒指出的，在退出北约军事指挥机构的戴高乐时代，法国的经济增长高达 5%，且预算的 5% 投入于防务。③ 马克龙本人在约一周后接受与拜登通电话。在与马克龙的通话中，拜登一方面进行安抚，同时"警告"法国，如果搞砸对美关系，法国和欧洲的损失将不止于潜艇合同。实际上，正如英媒指出的，法国在非洲萨赫勒地区的反恐行动，一直依赖于美国运输机的后勤支持、美国无人机的侦察支持、美军西班牙军事基地加油机加油的支持以及美国的情报支持；而撤离阿富汗的混乱局面表明，欧洲国家缺乏独立支撑局面的军事实力。④

由于欧盟内部并不团结，法国同样难以借助欧盟其他成员的外力平衡美国。法澳潜艇交易撤销后，欧盟成员最初保持沉默或反应谨慎。法国《世界报》指出，直到马克龙、法国外长、法国驻欧盟大使分别动员欧盟和尽可能多的欧盟成员表态支持法国，欧盟成员国仍谨言慎行，法国只能单枪匹马地抗议美国的"不公行径"。⑤ 而且，丹麦和东欧国家对法国猛烈批评美国的措辞和做法表示不满。⑥ 法国还试图阻止欧美技术和贸易理事会

---

① Norimitsu Onishi, "An Uncomfortable Question in France: Are We Still a Great Power?", *New York Times*, https://www.nytimes.com/2021/09/23/world/europe/france-submarine-deal-australia.html.

② Jean-Pierre Stroobants et al., « Affaire des sous-marins : les silences de l'OTAN », *Le Monde*, https://www.lemonde.fr/international/article/2021/09/25/affaire-des-sous-marins-les-silences-de-l-otan_6095994_3210.html.

③ Isabelle Lasserre, « Crise des sous-marins: une "Rupture de confiance majeure" avec Washington », *Le Figaro*, https://www.lefigaro.fr/international/crise-des-sous-marins-une-rupture-de-confiance-majeure-avec-washington-20210919.

④ Henry Foy et al., "European defence: the quest for 'strategic autonomy'", *Financial Times*, 2021/9/27, https://www.ft.com/content/f14c3e59-30bb-4686-8ba3-18ff860647e7.

⑤ Virginie Malingre et al., « Crise des sous-marins: la France obtient le soutien symbolique des Européens », *Le Monde*, https://www.lemonde.fr/international/article/2021/09/21/crise-des-sous-marins-la-france-obtient-le-soutien-symbolique-des-europeens_6095404_3210.html.

⑥ Henry Foy et al., "European defence: the quest for 'strategic autonomy'", *Financial Times*, 2021/9/27, https://www.ft.com/content/f14c3e59-30bb-4686-8ba3-18ff860647e7.

(TTC）在美国如期举行首次会议，这一理事会于拜登6月欧洲行期间成立，是美国政府遏华议程的一部分。在意大利、爱尔兰、荷兰、奥地利等国反对之下①，法国最终未能如愿。

马克龙与拜登在2021年10月的G20峰会上达成了和解，美国在随后发布的声明中肯定了法国对"印太"安全的贡献。②作为对潜艇合同撤销的另一反应，法国计划今后通过强化法印关系和法日关系以及更多依赖德国和荷兰，落实"印太转向"。③法国战略界人士甚至鼓吹法国摒弃核扩散禁忌，向具有民用核工业体系的印度、日本和韩国提供核潜艇技术。④考虑到日本、印度乃至韩国都是美国程度不一地加以扶持并鼓励欧洲盟友扶持的亚太域内"制华棋子"，法国筹划的上述行动很大程度上仍可视为维护法美特殊关系的迂回之举。

（二）欧美关系：附庸化的螺旋？

法澳潜艇合同遭受毁约，揭示出法国相对美国的不对称地位，同样也揭示出欧洲相对美国的不对称地位。法国学者指出，从2003年伊拉克战争到2021年阿富汗撤军，从退出伊朗核协议到撕毁法澳潜艇合同，欧洲盟友始

---

① Jean-Pierre Stroobants et al.，« Affaire des sous-marins : les silences de l'OTAN »，Le Monde，https：//www.lemonde.fr/international/article/2021/09/25/affaire-des-sous-marins-les-silences-de-l-otan_6095994_3210.html.

② Katrina Manson，"Biden acknowledges 'clumsy' treatment of France in launch of Aukus pact"，Financial Times，2021/10/30，https：//www.ft.com/content/3a2b3c77-370c-473e-a5c7-3aaf8c0ce256.

③ Isabelle Lasserre，« Crise des sous-marins: une "Rupture de confiance majeure" avec Washington »，Le Figaro，https：//www.lefigaro.fr/international/crise-des-sous-marins-une-rupture-de-confiance-majeure-avec-washington-20210919.；另参见Elise Vincent，« Comment la France compte rester une "puissance du Pacifique" après la crise des sous-marins australiens »，Le Monde，https：//www.lemonde.fr/international/article/2021/09/29/apres-la-crise-des-sous-marins-australiens-la-france-cherche-sa-place-dans-l-indo-pacifique_6096392_3210.html。

④ Bruno Tertrais，"After AUKUS: How could France reboot its Indo-Pacific strategy？"，2021/10/4，https：//www.institutmontaigne.org/en/blog/after-aukus-how-could-france-reboot-its-indo-pacific-strategy.

终被美国作为"附庸"对待。①

法媒指出，法澳潜艇交易告吹表明，拜登政府对欧洲盟友提出的新的"公平分担"模式是，北约和欧洲将再次以欧洲防务为首要责任，而美国将把腾出的资源部署到亚太，但同时继续对北约提供情报支持以及海上、空中和核保护伞支持。② 美国国际政治学者库普钱（Charles Kupchan）则更直白地表达了美方"鱼与熊掌兼得"的考量，既希望德国担当起欧洲防务重任，又希望德国制衡法国的欧洲战略自主议程。他表示，中国正发展成为与美国平起平坐的对手，这是19世纪以来前所未有的地缘政治变迁。地缘政治和实力政治（Realpolitik）已经重新回到中心位置，德国应当做好成为一个传统的地缘政治行为体的准备，重新投资于军事能力，强化北约的欧洲支柱，从而强化与美国的战略伙伴关系。他认为，德美两国的分工是德国对欧洲及其周边的安全担当起更大的责任，美国专注于亚太。维护对美战略伙伴关系应当是德国默认的最优选择，马克龙的"欧洲战略自主"应当只是德国在迫不得已情形下的次优选择。③

美国同时期待欧洲盟友在亚太协防"美国之治"。实际上，继特朗普在其执政期间推动法国、德国、英国和欧盟"印太转向"之后，拜登政府上台之后迅速着手推动北约的"遏华转向"④。美国"印太沙皇"坎贝尔在法

---

① Nicole Gnesotto, « De Kaboul aux sous-marins, trois leçons stratégiques à retenir », *Le Monde*, https：//www.lemonde.fr/idees/article/2021/09/29/nicole-gnesotto-de-kaboul-aux-sous-marins-trois-lecons-strategiques-a-retenir_ 6096386_ 3232.html.

② Jean-Pierre Stroobants *et al.*, « Affaire des sous-marins : les silences de l'OTAN », *Le Monde*, https：//www.lemonde.fr/international/article/2021/09/25/affaire-des-sous-marins-les-silences-de-l-otan_ 6095994_ 3210.html.

③ Klaus-Dieter Frankenberger, "Frankenberger fragt：Was erwartet Amerika von der neuen Bundesregierung, Charles Kupchan？", *Frankfurter Allgemeine Zeitung*, 2021/9/21, https：//www.faz.net/aktuell/politik/ausland/bundestagswahl-was-erwarten-die-usa-von-der-neuen-regierung-17545692.html？printPagedArticle=true#pageIndex_ 2.

④ 例如，法媒评论指出，拜登在2021年6月欧洲行中，"迫使"北约盟友将中国视为北约的"安全威胁"。参见Alain Frachon, « La crise des sous-marins n'est pas une affaire de qualité de navire, c'est un grand pas en avant dans l'affrontement entre la Chine et les Etats-Unis », *Le Monde*, https：//www.lemonde.fr/idees/article/2021/09/23/la-crise-des-sous-marins-n-est-pas-une-affaire-de-qualite-de-navire-c-est-un-grand-pas-en-avant-dans-l-affrontement-sino-americain_ 6095723_ 3232.html.

澳潜艇项目告吹之后同样声称，美欧在"印太"的关系只会变得更为强劲。①

（三）中美关系：对抗化的螺旋？

法澳潜艇项目的"夭折"和奥库斯同盟的诞生，意味着遏制中国是美国对外政策的第一要务。为此，美国将"无所不为"。② 中国的战略环境恶化，中美关系的对抗性显著上升。③

法国学者指出，美国虽然相对实力下降，但美国傲慢地认为美国的利益代表着西方的利益，变得更加单边主义、更危险。美国试图在亚洲展开遏华新冷战，并勒令欧洲加入。④ 事实上，除了澳大利亚之外，美国在亚太的另一核心盟友日本已在公开考虑突破20世纪70年代以来确定的水平，将军费开支的GDP占比提高到1%以上。⑤ 无法排除，美国或鼓动日本进一步背离和平主义宪法，在对外政策军事化道路上越走越远，包括核武化。亚洲安全困境深化。

台湾问题或成为最为关键和突出的对抗场。美国会继续裹挟欧亚盟友，为中国统一制造困难、障碍和陷阱，包括制造战争借口。为此，美国或会相应地在"自由开放印太战略"框架下，进一步将美国从"纵火者"建构为

---

① Michael Fullilove, "In Conversation: Kurt Campbell, White House Indo-Pacific Coordinator", 2021/12/1, https://www.lowyinstitute.org/publications/conversation-white-house-indo-pacific-coordinator-kurt-campbell.

② Marc Julienne, "AUKUS rocks the boat in the Indo-Pacific: and it's not good news", 2021/9/21, https://www.ifri.org/en/publications/editoriaux-de-lifri/lettre-centre-asie/aukus-rocks-boat-indo-pacific-and-its-not-good, p. 1.

③ 法媒刊发的类似观点，参见 Alain Frachon, « La crise des sous-marins n'est pas une affaire de qualité de navire, c'est un grand pas en avant dans l'affrontement entre la Chine et les Etats-Unis »。

④ Nicole Gnesotto, « De Kaboul aux sous-marins, trois leçons stratégiques à retenir », *Le Monde*, https://www.lemonde.fr/idees/article/2021/09/29/nicole-gnesotto-de-kaboul-aux-sous-marins-trois-lecons-strategiques-a-retenir_6096386_3232.html.

⑤ Chris Buckley, "Australia's submarines make waves in Asia long before they go to sea", *New York Times*, 2021/9/21, https://www.nytimes.com/2021/09/21/world/asia/australia-submarines-china.html?action=click&module=Well&pgtype=Homepage&section=World%20News.

"救火者"、将中国从"建设者"解构为"破坏者",升级对华信息战、舆论战和意识形态对抗。

或许,正如德国冷战史学者指出的,美国自1945年以来在国际舞台上一直是个零和博弈者;对于美国而言,"威胁和支配""强制力和执行力"是不可分割的,"军事和战争"是政治的优先工具而不是政治的终极工具。[①]

法澳潜艇合同是法美特殊关系的延伸,是法国亚太地缘政治雄心的基石,同时也是美澳两国制衡中国的杠杆。法澳潜艇合同的"夭折"和奥库斯同盟遏华军事集团的成立,标志着美国遏华战略的激进升级。在这一地缘政治逆变事件中,美国显然是主谋。美国在亚太复制冷战剧本,倚重军事实力和军事同盟遏华,或加剧法国对美依附化、欧洲对美附庸化和中美关系对抗化。亚洲的"火药桶化"和核武化,显然已成为美国战略精英默认的遏华之道。

---

① Bernd Greiner, "US-Außenpolitik seit 1945 Warum Donald Trump nicht das Problem war", *Der Spiegel*, 2021/9/23, https://www.spiegel.de/geschichte/us-aussenpolitik-seit-1945-warum-donald-trump-nicht-das-problem-war-a-d053c25f-5474-40a5-bc8d-cef4ea466b92.

B.19 法非科研合作：动因、特征与机制创新

——以法国国家科学研究中心为例

赵启琛 李洪峰*

摘　要： 在法非合作与科研国际化背景下，法国以科研为实施科学外交及影响力外交的重要工具，尤其重视与非洲合作。非洲将科研融入发展战略，但面临科研资金不足及在前沿战略领域竞争力有限的困境，需要国际合作。双方需求的契合促成了法非科研合作。法国国家科学研究中心作为法国最大的学术机构，是重要参与者。在合作行动与战略制定上，呈现地区差异化战略、鼓励多边合作及以需求为纲三大特征。2021年，该机构在对非合作上有所创新，加强了顶层设计，革新了合作工具，并在原有合作框架下引入非洲伙伴，并创立了涉非咨询与执行机构。

关键词： 法非科研合作　法国国家科学研究中心　影响力外交　法非关系

法非科研合作不仅是法非合作的重要组成部分，也是科研国际化背景下，双方提升科研能力的有效途径。我国关于法非合作的研究成果多关注法非经贸、安全、文化合作等领域，对科研合作鲜有涉及；而关于科研国际化的研究成果多着重于机构的国际化战略，较少纳入区域研究的视角。本文以法国国家科学研究中心（Centre national de la recherche scientifique，CNRS）（简称

---

* 赵启琛，北京外国语大学非洲学院博士研究生，研究方向为法语国家与地区研究；李洪峰，北京外国语大学非洲学院院长、教授，研究方向为法语国家与地区研究。

法非科研合作：动因、特征与机制创新

"法国科研中心"）这一代表性科研机构 2021 年的新动向为线索，探讨法非科研合作的动因、特征及机制创新。法国科研中心历史悠久，创立于 1939 年，隶属于法国高等教育、研究与创新部（Ministère de l'Enseignement supérieur, de la Recherche et de l'Innovation, MESRI），是法国主要科研机构，也是世界顶尖的科研机构之一，在 2021 年自然指数（Nature Index）中位列全球第四。[1]

一 法国对非合作动因

（一）法国需求：影响力外交与国际合作

科研是法国文化与影响力外交的关键要素之一。在 2021 年底法国外交和欧洲事务部（Ministère de l'Europe et des Affaires étrangères）发布的《影响力路线图》（Feuille de route de l'influence）中，发展"高等教育、科研与服务于全球公共产品的科学网络"[2] 被列为法国影响力网络核心的六大优先策略之一，而"高层级的科学研究合作与专业技术交流，也是法国文化外交的重要战略轴线"[3]。因此，科研合作在国家层面对法国科学外交及影响力外交的效果提升方面、在法国参与全球治理的效能方面都具有重要的意义。

法国科研机构是增进法国海外影响力的重要主体之一。在法国，科学外交（Science diplomacy）是发挥影响力的重要途径，科学研究则是实施科学外交的重要支撑。2013 年，法国外交部发布了《为了法国的科学外交》（Une diplomatie scientifique pour la France），将源于美国的"科学外交"概念本土化，并正式上升至国家政策层面。在该报告中，法国自视为"国际科学界的参与者"[4]，明确外交与科研之间的相互促进关系，并认识到国际

---

[1] Springer Nature, "Nature Index", https：//www.natureindex.com/annual - tables/2021/institution/all/all.
[2] Ministère de l'Europe et des Affaires étrangères, « Feuille de Route de l'Influence », 2021, p. 57.
[3] 张金岭：《法国文化外交实践及其启示》，《当代世界与社会主义》2021 年第 4 期，第 160 页。
[4] Ministère des Affaires étrangères, « Une diplomatie scientifique pour la France », 2013, p. 4.

科研合作在传播本国科技正面形象、吸引外国科研人员、保持法国在尖端领域的竞争力以及支持法国企业参与海外竞争方面所起到的重要作用。法国科研中心作为法国最大的学术机构，正是能够在上述领域发挥作用的关键行为者。

在法国通过科研合作提升国际影响力的蓝图当中，非洲具有特殊地位。自非洲国家独立以来，非洲始终是法国外交的一大重点。[1] 很长时间内，在不平等的"法非特殊关系"（Françafrique）中，非洲被用作维持法国大国地位的工具；20世纪末21世纪初以来，法非关系迎来新的局面，法国力图推动法非关系正常化，并积极开拓与非洲英语国家的关系，仍将对非外交作为法国的优先事项之一。马克龙总统2017年在瓦加杜古大学（University of Ouagadougou）的讲话反映出法国对非洲的重视："我认为，简单而言，非洲是位于中心的、全球的、不可避免的大陆，因为所有当代的挑战都在这里碰撞。"[2] 2021年10月，在法国蒙彼利埃举行的法非峰会中，高等教育及科研是五大讨论主题之一，由此可见，未来高等教育及科研或将是定义新法非关系的重要内容。法国科研中心、巴斯德研究所（Institut Pasteur）、法国发展研究所（Institut de recherche pour le développement, IRD）、法国农业发展研究中心（Centre de coopération internationale en recherche agronomique pour le développement, CIRAD）等学术机构都是法非科研合作中重要的参与主体。

在诸多参与主体当中，法国科研中心是法国对非科研影响力网络的关键组成。法国科研中心看重国际合作，国际化程度高。在其与国家签署的《2019~2023年目标与绩效合同》（Contrat d'objectifs et de performance，以下简称《合同》）中，明确指出，"法国科研中心的国际视野至关重要，且应

---

[1] 彭姝祎:《从戴高乐到马克龙：法国的非洲政策变化轨迹与内在逻辑》，《西亚非洲》2019年第2期，第85页。

[2] Elysée, « Discours d'Emmanuel Macron à l'Université de Ouagadougou », 28 novembre 2017, https://www.elysee.fr/emmanuel-macron/2017/11/28/discours-demmanuel-macron-a-luniversite-de-ouagadougou.

该继续开拓"。① 根据 2018 年 12 月的数据,来自国外的终身研究者占该机构终身研究者总人数的 17.8%。② 此外,根据其年报,2020 年法国科研中心共发表 55000 份科研成果,其中超过 60% 是与国外实验室合作完成的。③ 职员和成果的高国际化比例反映出法国科研中心对国际化合作的重视和所取得的成就,这成为其寻求与非洲合作的动因之一。

法国科研中心视非洲为其不可替代的合作伙伴。一方面,在《合同》中,法国科研中心列出了将协同旗下 10 个研究所共同研究的六大挑战:气候变化、减少教育不平等、人工智能、健康与环境、未来领土及能源转型。这六大挑战不仅契合联合国可持续发展目标(SDG),也契合了非洲联盟(African Union,AU,下简称非盟)提出的"2063 年愿景"(Agenda 2063)。应对上述挑战需要全球合作,尤其是非洲国家的参与及协作。另一方面,部分学科需要在法国领土外的地域进行考察与研究,如考古学、人类学等,与非洲展开科研合作可以拓宽法国学科研究视野。

法国对发挥科研影响力及科研国际合作的诉求是推动该国学术机构积极展开与非合作的重要因素。此外,非洲国家对科学、技术与创新的日益重视,以及对国际合作表现出的需求与意愿进一步推动了法国与非洲的科研合作进程。

(二)非洲发展战略及其科研合作需求

21 世纪以来,科研在非洲发展战略中的重要性日益凸显。大洲、区域及国家层面的科学、技术和创新政策为非洲科研发展创设了良好的政策环境。根据 2021 年发布的《联合国教科文组织科学报告》(UNESCO Science Report,以下简称《科学报告》),超过半数的非洲国家制定了显性科学、

---

① CNRS, « Contrat d'Objectifs et de Performance 2019-2023 entre l'État et le Centre national de la Recherche scientifique », 2020, p. 42.
② CNRS, « Ces scientifiques étrangers qui ont choisi la France et la CNRS », https://www.cnrs.fr/sites/default/files/download-file/DP%20scientifiques%20e%CC%81trangers%20CNRS.pdf.
③ CNRS, « Rapport d'activité 2020 », 2021, p. 6.

技术与创新政策（explicit STI Policy）。以西非地区为例，15个国家中，有9个国家已对科技及创新给予了专门的政策支持，尽管仅有5个国家报告了近期研究趋势数据。①

得益于政策支持，非洲科研产出大幅增加，除传统科研大国南非外，埃及、尼日利亚、埃塞俄比亚等国也取得一定成就。然而，非洲科研仍面临科研资金不足及前沿战略领域竞争力有限等问题，国际合作则是缓解上述问题的有效途径之一。

一方面，国际合作可以弥补非洲科研投入不足，促进研发增长。尽管非洲科研投入总量增速较快，但资金缺乏情况仍普遍存在。非洲研发支出总额占国内生产总值的比例很低。2018年，这一比例平均为0.59%，即使是科研实力最强的南非，占比也仅为0.83%②，仍未达非盟推荐占比（1%）。③此外，相较其他地区，非洲研发支出总额仍有较大差距。因此，通过国际合作可以丰富资金来源，支持科研活动。

另一方面，国际合作可以增加非洲在前沿战略领域的影响力和竞争力。非洲整体科研产出在世界上占比低，在前沿领域尤甚。2019年，非洲科学出版物的数量仅占全球总量的3.5%。在人工智能、能源、材料等尖端前沿领域，非洲尤其是撒哈拉以南非洲地区④的科学出版物占全球科学出版物的比例极低。以人工智能及机器人领域为例，2019年，撒哈拉以南非洲地区在该领域的科学出版物数量仅及全球总量的1.04%。⑤此外，非盟的《2024年科学、技术和创新战略》（Science, Technology and Innovation Strategy For Africa 2024, STISA-2024）确立了六大优先领域：根除贫困和实现粮食安全，预防和控制疾病，交流（物质和精神的流动性），保护我们的宇宙，共同生

---

① UNESCO, "Science Report: The race against time for smarter development", 2021, p.67.
② UNESCO, "Science Report: The race against time for smarter development", 2021, p.67.
③ 该比例最早在2006年喀土穆非盟首脑会议上提出。
④ 联合国教科文组织报告中撒哈拉以南非洲指除阿尔及利亚、埃及、利比亚、毛里塔尼亚、苏丹和突尼斯外的49个非洲国家。
⑤ UNESCO, "Science Report: The race against time for smarter development", 2021, p.77.

活——建设社会、财富创造。① 上述领域与国际发展紧密相关，需要国际合作下的知识共享。因此，非洲在前沿战略领域必须与发展领先的国家进行合作，加强交流，提升科研人员研究能力，从而增加非洲的科研影响力。

此外，非洲在国际科研合作上已有良好的基础，研究成果国际合著占比很高。2019年，非洲科学出版物中有55.4%为国际合著，这一比例在撒哈拉以南非洲更高，达60.52%。②

双方需求的契合奠定了法非科研合作的基础。从科研成果来看，对1977~2016年的文献统计显示，法国始终是与非洲地区合作频次最高的3个国家之一，并曾在1997~2006年超过美国，成为与非洲合作频次最高的国家。③ 2021年的《科学报告》也侧面印证了双方合作的密切。以西非地区为例，2017~2019年，15个国家中，有6个国家的第一大科研合作伙伴是法国，而法国是马里和尼日尔的第二大合作伙伴。④ 就科研合作渠道而言，法国与非洲国家之间搭建了广泛且紧密的合作网络，既依靠上文提及的各学术机构及其在非分支，也得益于特色的科研合作项目，如"于贝尔·居里安（Hubert Curien）合作伙伴计划"等。法国科研中心既是法非科研合作成果的重要创造者，也是法非科研合作网络的关键节点，在对非合作的行动和战略制定上呈现鲜明的特征。

二 法国科研中心对非合作特征分析

（一）地区差异化战略

法国科研中心对非合作的特征之一在于差异化对待非洲合作伙伴，实行

---

① African Union, "Science, Technology and Innovation Strategy for Africa 2024", 2014, https://au.int/sites/default/files/documents/38756-doc-stisa_science_tech_innovation_strategy.pdf.
② UNESCO, "Science Report: The race against time for smarter development", 2021, p.75.
③ 葛敏:《非洲国家国际合作与科研产出的文献计量学研究》，南京农业大学硕士学位论文，2018。
④ UNESCO, "Science Report: The race against time for smarter development", 2021, p.477.

一区一策、一国一策的合作模式。之所以实行地区差异化战略，一方面是由于非洲各国、各区域科研水平差异较大，另一方面源于法国科研中心与各合作伙伴的关系有别。在2021年12月发布的《法国国家科学研究中心与非洲多年度合作计划》（Plan pluriannuel de Coopérations du CNRS avec l'Afrique，以下简称《多年计划》）中，法国科研中心重申一区一策、一国一策的重要性："即使非洲各国战略是泛非愿景的一部分，但是它自然会显示出每个国家的具体特点和优先事项。"[1] 考虑到各地区、各国的需求差异，法国科研中心在制定与非洲合作战略时，根据地理区域、合作伙伴需求及合作基础划分出3类合作伙伴，并确定不同的优先事项。

第一类合作伙伴是北非国家，这些国家与法国已有良好的科研合作基础。法国科研中心与北非合作伙伴关系紧密，实验室中来自这些国家的学生数量较多。此外，由于共处地中海沿岸，关注领域具有较强的相似性。因此，法国科研中心将此区域的优先合作领域定为：合作发表、结构化合作、人员交流、接收和培训博士生。

法国科研中心因与南非密切的科研合作及南非自身的科研实力，将其单列为第二类合作伙伴。截至2021年，比勒陀利亚代表处[2]是法国科研中心唯一设在非洲的分支机构。对于南非，法国科研中心计划增进在物理学、化学、宇宙科学、生态学、环境学、生物学和数学领域的合作。为此，法国科研中心深化了与南非金山大学（University of Witwatersrand）的合作，不仅启动了联合培养博士生项目，还于2021年7月签订了《法国国家科学研究中心与金山大学双边框架协议》（Accord-cadre bipartite CNRS-Wits）[3]，以促进人员和信息交流，实施和推动联合活动和联合计划，以及组织联合科学

---

[1] CNRS, « Plan pluriannuel de Coopérations du CNRS avec l'Afrique », 2021, p. 7.

[2] 2011年，该代表处与法国发展研究所南非代表处合并。2015年，法国农业发展研究中心加入，目前为上述3个机构的联合代表处。

[3] CNRS & University of Witwatersrand, « Accord-cadre bipartite CNRS-Wits: favoriser l'excellence scientifique entre l'Afrique du Sud et la France pour la recherche scientifique coopérative », https://www.ird.fr/sites/ird_fr/files/2021-07/Draft%20PRESS%20RELEASE%20-%20MoU%20CNRS%20-%20Wits%20%28JP%206-7-21%29_dm%20Wits%209.7%20FINAL%20FR.pdf.

活动等，其中包括给予在南非访问的法国科研中心研究人员"副研究员"（chercheur associé）的身份。① 由此可见，法国科研中心在南非的合作主要依托南非的高等教育科研机构展开。

对于上述两类合作伙伴，法国科研中心的重点在于依托既有合作关系，创新合作项目，回应当地需求，以深化双方合作。

第三类合作伙伴是撒南非洲国家，如前文所述，该地区科研潜力巨大，科研发展较快，尤其是尼日利亚、加纳等英语非洲国家。然而，法国科研中心与第三类合作伙伴交流有限。其中，与英语非洲国家的科研来往尤少，体现在国际合作工具、分支机构及合作发表在该地区分布少。

其一，法国科研中心国际合作工具在非洲大陆的分布总体较少，在撒哈拉以南非洲国家的占比尤其低。法国科研中心常规国际合作工具包括国际新兴活动（International Emerging Actions，IEA）、国际研究项目（International Research Projects，IRP）、国际研究网络（International Research Network，IRN）、国际研究实验室（International Research Laboratories，IRL）以及联合培养博士生项目。截至2021年，上述国际合作工具在非洲大陆的数量为：13个国际新兴活动、8个国际研究项目、13个国际研究网络和3个国际研究实验室，大部分位于北非国家和南非。以国际研究网络为例，在撒南非洲仅有4个，分布在3个国家（塞内加尔、喀麦隆和马达加斯加）。② 在非洲英语国家，上述国际合作工具影响力极为有限。以尼日利亚为例，法国科研中心尚未在该国部署任何上述国际合作工具。

其二，法国科研中心在撒南非洲的分支机构数量有限。一方面，法国科研中心仅在南非设有代表处，尚未在西非或东非开设。另一方面，法国科研中心与外交部联合领导的27个法国海外研究中心（Institut français de recherche à l'étranger，IFRE）中，有8个位于非洲，其中有4个位于撒南非洲国家（埃塞俄比亚、肯尼亚、尼日利亚和苏丹）。

---

① CNRS, « Plan pluriannuel de Coopérations du CNRS avec l'Afrique », 2021, p. 19.
② CNRS, « Le CNRS et l'Afrique: une stratégie co-construite et durable », https://www.cnrs.fr/fr/cnrsinfo/le-cnrs-et-lafrique-une-strategie-co-construite-et-durable.

其三，撒南非洲科研成果丰富的国家大多数是英语国家，与法国科研中心乃至法国合作发表数量有限。根据联合国教科文组织数据，2019年，撒南非洲科研发表数量最多的国家前五名为：南非、尼日利亚、埃塞俄比亚、肯尼亚和加纳。然而，除南非外，与其他4个国家科研合作发表著作最多的5个合作国家均不包含法国。[1] 因此，法国科研中心与撒南非洲的合作重点在于开拓新的合作伙伴与合作领域，拟通过增设"与撒南非洲合作支持机制"等合作工具，加大资金投入，打通合作渠道，并在西非及东非筹备开设代表处，实地跟进与当地科研机构的合作。

（二）鼓励多边合作

法国科研中心与非合作的特征之二在于重视多边合作，善于调动外部机构的专业能力。

首先，法国科研中心强调与国内多主体协调在非洲的合作。除法国科研中心外，法国多所大学及学术机构也与非洲保持科研合作关系，且各有优势合作领域。以法国发展研究所为例，该机构的主要任务是"在与有关国家和地区的高等教育和研究界建立公平的科学伙伴关系基础上，发展以热带地区和地中海地区为重点的科学"。[2] 法国发展研究所在非洲大陆共设有15个代表处。[3] 法国科研中心与法国发展研究所一直保持着良好的合作关系。2022年1月，双方续签合作协议时特别指出："它们（双方合作）将使我们有可能追求和发展一种相互照应和协调行动的逻辑，特别是在非洲，这要归功于每个机构的具体机制和共同代表，正如南非的例子。"[4] 在制订《多年计划》时，法国科研中心也尤其重视与法国其他高等教育及科研机构的互

---

[1] UNESCO, "Science Report: The race against time for smarter development", 2021, pp. 477-557.
[2] IRD, « Nos missions, notre ambition », https://www.ird.fr/nos-missions-notre-ambition.
[3] 代表处位置可参见 https://www.ird.fr/afrique-de-louest-et-centrale; https://www.ird.fr/afrique-de-lest-australe-et-ocean-indien; https://www.ird.fr/mediterranee。
[4] CNRS, « Le CNRS et l'IRD renouvellent leur accord pour favoriser une recherche pluridisciplinaire d'excellence », https://www.cnrs.fr/fr/cnrsinfo/le-cnrs-et-lird-renouvellent-leur-accord-pour-favoriser-une-recherche-pluridisciplinaire.

补性，注重将其他机构既有的合作机制及反思网络纳入考量范围，以协调和优化法国科研中心未来在非洲大陆的行动。

其次，法国科研中心始终强调自己的欧洲属性，积极在欧洲、欧盟框架下与非洲进行多边合作。之所以强调欧洲属性，一方面是因为它希望立足欧洲，在欧洲及世界范围内扩大法国科研的影响力；另一方面，欧盟是法国科研中心重要的资金来源之一。它是获得欧盟下属欧洲研究委员会（European Research Council，ERC）资助最多的机构，自2007年起，共获得了来自欧洲研究委员会的654笔科研基金。① 2022年上半年法国担任欧盟轮值主席国，法国科研中心也将借此机会主办和协办一系列活动，提升其在欧洲的影响力。因此，欧洲及欧盟也是法国科研中心与非洲进行多边科研合作的重要参与者。

法国科研中心协同欧洲其他合作者，共同开展与非科研合作。法国科研中心尤为注重与意大利国家研究委员会（CNR）、西班牙研究委员会（CSCI）、德国亥姆霍兹联合会（Helmholtz Association）、莱布尼茨学会（Leibniz Association）及马克斯·普朗克学会（Max Planck Society）保持联络，寻找合作机遇。

此外，法国科研中心也在欧盟框架下与非洲开展科研合作。一方面，法国科研中心是积极的组织者，促进欧盟与非洲的科研合作，从而形成法国科研中心—欧盟—非洲的多边合作。在法国接任欧盟轮值主席国的框架下，法国高等教育、研究与创新部批准了一系列标志性活动。其中，法国科研中心将于2022年6月举办"想象一个新的欧非科学伙伴关系"（Imaginer un nouveau partenariat scientifique euro-africain）活动②，"将使对这些问题感兴

---

① CNRS, « Le CNRS et l'IRD renouvellent leur accord pour favoriser une recherche pluridisciplinaire d'excellence », https://www.cnrs.fr/fr/cnrsinfo/le-cnrs-et-lird-renouvellent-leur-accord-pour-favoriser-une-recherche-pluridisciplinaire.

② Ministère de l'Enseignement supérieur, de la Recherche et de l'Innovation, « Événements labellisés par le MESRI organisés dans le cadre de la Présidence française du Conseil de l'UE », https://www.enseignementsup-recherche.gouv.fr/fr/evenements-labellises-par-le-mesri-organises-dans-le-cadre-de-la-presidence-francaise-du-conseil-de-82936.

趣的更广泛的欧洲—非洲社区聚集在一起……旨在为更新与非洲的国际合作提出创新解决方案"①，以推动欧非科研合作深化。另一方面，法国科研中心也是欧盟科研合作项目的参与者。2021年，欧盟新的科研资助框架"地平线欧洲"（Horizon Europe）正式生效，在该项目第一个工作计划（2021~2022）中，提出了"非洲倡议"（The Africa Initiative），投入3.6亿欧元预算，覆盖36个主题。② "地平线欧洲"项目向国际开放，尤其面向非洲大陆。欧盟上一个科研资助框架"地平线2020"（Horizon 2020）资助了与非洲大陆有关的474个项目，其中法国科研中心参与了34项。③ 因此，法国科研中心计划继续在"地平线欧洲"项目框架下加强与非洲的科研合作。

再次，法国科研中心努力与非洲合作者建立起多边合作的模式，计划通过两种方式实现。其一，与泛非组织合作。在《多年计划》中，法国科研中心明确表达了希望与诸如非洲研究型大学联盟（African Research Universities Alliance，ARUA）及非洲数学研究机构（African Institute for Mathematical Sciences，AIMS）等泛非机构合作的意愿。其二，与南非合作。南非与法国在非洲的合作伙伴有较强的互补性，前者合作伙伴以非洲英语国家为主，后者则与非洲法语国家及北非马格里布国家合作更密切，因此，法国可以借助南非开拓与非洲英语国家的合作渠道，南非也可以通过法国主导的三方合作而增进与非洲法语国家的科研合作。

最后，法国科研中心积极构建与非洲伙伴及其他大洲伙伴参与的三方合作范式，以结合全球各地的专业知识来应对全球问题。法国科研中心认为此种合作方式的目的是在面临类似问题的生态系统时共享知识方法，如海洋和海洋生物学问题同时受到巴西、南非和印度的关注。此外，三方合作可以吸

---

① CNRS, « Présidence française du Conseil de l'UE: le CNRS mobilisé pour une Europe de la recherche et de l'innovation », https://www.iledefrance-gif.cnrs.fr/fr/cnrsinfo/presidence-francaise-du-conseil-de-lue-le-cnrs-mobilise-pour-une-europe-de-la-recherche-et.

② European Commission, "EU-Africa cooperation in Research & Innovation", https://ec.europa.eu/info/sites/default/files/research_and_innovation/strategy_on_research_and_innovation/documents/he_africa_cooperation_outlinefactsheet_a4.pdf.

③ CNRS, « Plan pluriannuel de Coopérations du CNRS avec l'Afrique », 2021, p. 16.

引新的资金来源，扩大合作范围，包括吸收创新和工业部门的参与。

法国科研中心之所以格外重视多边合作、区域合作，而不是一味地增加双边合作，是因为它认为这是一种能够创造更强动力的合作形式，有助于避免人才流失以及非洲国家对于外国资金的依赖。①

（三）以需求为纲

法国科研中心对非科研合作的第三个特征是采取"自下而上"（bottom-up）的合作形式，注重科研人员的合作需求。此种合作方式的优势在于合作需求源于实地，源于研究人员及其实验室团队的兴趣，而非源于法国科研中心自身。因此，无论应用何种合作工具或合作机制，该机构的任务只在于协助研究人员和回应他们的需求，在与非洲的合作中亦如此。

在前文所述的合作机制中，无论是新增的"与撒南非洲合作支持机制"及与南非金山大学的联合培养博士生项目，还是原有的国际合作工具，法国科研中心对项目的领域、主题等都少有限制。提案式的申请考核机制可以更好地呈现并回应科研人员的实际需求，也可以推动本就对非洲抱有研究兴趣或了解非洲的研究人员与当地的合作。

"与撒南非洲合作支持机制"在征集项目时，法国科研中心对于项目的合作方式、合作内容没有限制，旨在支持与撒南非洲（南非除外）合作伙伴进行任何形式的、现有的或计划中的活动，既可以是研究人员间的单独交流，也可以是组织研讨会或暑期班。灵活的标准使得多样的需求得以呈现。在最终获选的项目中，不仅涵盖多学科，也涉及多种合作方式。例如，"快速动力学中心—加纳联合辐射化学能力建设"（ElYSE-Ghana Joint Radiation Chemistry Capacity Building）项目将法国科研中心的资助用于开展工作坊及为早期职业研究人员在法提供实习培训机会；"塞内加尔算术和显式数学学校"（Écoles sénégalaises en arithmétique et mathématiques explicites）项目则将资金投入在塞内加尔开展 2021 年非洲数学学校（Écoles Mathématiques

---

① CNRS, « Plan pluriannuel de Coopérations du CNRS avec l'Afrique », 2021, p. 20.

Africaines，EMA)、2022年纯数和应用数学国际中心课程及组织非洲女性数学家工作坊；而"博茨瓦纳古人类—跨学科岩溶研究"（Hominins in Botswana-Interdisciplinary Karst Research Program）项目联合博茨瓦纳大学和国家博物馆，将资金用于团队的实地考察工作。由此可见，自下而上地征集合作项目有利于支持跨学科工作，并依据科研人员的研究兴趣，拓展法国科研中心在非洲的合作伙伴。

除了以项目征集的方式来了解需求之外，自2021年秋季起，法国科研中心组织管理层、项目负责人与非洲—法国科研中心咨询委员会对话以收集需求，考虑到科学及政策动向，该工作将定期更新。

综上，法国科研中心采取的地区差异化合作战略有利于回应不同合作伙伴的需求，突出合作重点，有的放矢地拓展与非洲的合作；鼓励多边合作则有利于在与非洲伙伴合作的同时，调动国内国际不同机构的专业能力，以形成多边合作的良性机制，拓展合作范围，增加资金来源；而该机构自下而上的合作方式能有效回应科研人员的需求，灵活的项目征集标准可调动科研人员的积极性。2021年，法国科研中心在保留上述特征的基础上，创新了对非合作机制，反映出对非洲合作伙伴的重视。

三 法国科研中心对非合作机制创新

（一）加强顶层设计：制定与非合作多年计划

与法国政府签订的《合同》已显露出法国科研中心增进与非合作的强烈意愿："法国国家科学研究中心有志于与非洲国家进行更好、更深的合作，非洲是一个快速发展且具有巨大科学潜力的大陆。"[①] 为落实该意愿，"在2021年与非洲建立一个多年合作计划，并重视使法国和国外的相关行为

---

① CNRS, « Contrat d'Objectifs et de Performance 2019-2023 entre l'État et le Centre national de la Recherche scientifique », 2020, p. 44.

者都参与进来"①。

2021年12月,《多年计划》的发布强化了与非合作的顶层设计。在《多年计划》中,法国科研中心首先指出科学已成为非洲发展趋势的中心,且目前非洲及国际环境都为与非合作创造了合适的条件,是加强与非洲国家合作的最佳时机;其次,从合作发表、合作机制及在非洲的代表处三方面陈述了目前该机构与非洲合作的现状;最后,法国科研中心拟定了与非合作的战略,涉及执行机制、与非洲科研人员及机构的合作、借助外界的专业能力等。

《多年计划》的制订首先显示出法国科研中心促进与非洲合作的决心,体现出目前非洲在该机构国际化战略中的优先地位;其次,该计划为未来与非合作勾画了路线图,是法国科研中心增进与非合作道路上的第一个里程碑;最后,该计划具有开放性,将纳入除非洲伙伴外的其他参与者,共同研究以更好地解决发展问题,从而实现可持续发展目标。

(二)革新合作工具与合作伙伴

除加强顶层设计,法国科研中心还增设了新的合作工具来推动与撒南非洲的合作,于2020年12月创立了"与撒南非洲合作支持机制"。该机制征集与撒南非洲②国家合作的科研项目,尤其根据科研发表活力和国家领导发展科学与创新领域的意愿,法国科研中心确立了10个优先合作国家:贝宁、布基纳法索、喀麦隆、埃塞俄比亚、加纳、肯尼亚、尼日利亚、乌干达、塞内加尔和坦桑尼亚。此举意在找寻与撒南非洲的合作需求,资助期限为2021年6月至2022年12月,资金用途不限,可用于法国科研中心或非洲大学的研究者之间的个人交流、对学生的支持或组织研讨会等。该征集最终收

---

① CNRS, « Contrat d'Objectifs et de Performance 2019-2023 entre l'État et le Centre national de la Recherche scientifique », 2020, p.45.
② 依据法国科研中心的定义,本文中撒哈拉以南非洲指除马格里布国家、埃及以及南非外的所有非洲国家,可参见 https://www.cnrs.fr/fr/cnrsinfo/lafrique-un-partenaire-davenir-pour-le-cnrs。

到220份申请，70%的申请涉及优先合作国家。① 最终38个项目获选，其中，7份申请涉及5个非洲英语国家，包括加纳、博茨瓦纳、坦桑尼亚、肯尼亚、尼日利亚，研究领域主要为社会问题（气候变化、水处理、能源、卫生）等。②

2021年2月，法国科研中心还与南非名校金山大学启动了联合培养博士生奖学金项目，在双方机构中各选拔5名博士研究生，提供为期3年的奖学金，使学生得以在两个国家开展研究，从而增进双方的合作和知识发展。③ 南非也成为目前为止第一个与法国科研中心有联合培养博士生项目的非洲国家。④ 新国际合作工具的创设及在原有合作方式中纳入来自非洲的新合作伙伴均为法国科研中心的与非合作增添了新意，反映出法国将合作网络延伸至更多非洲国家的意愿。

（三）配套咨询及执行机构

除顶层设计与合作工具的革新外，法国科研中心也力图创新合作机制，创设了新的涉非咨询及执行机构。

首先，为与非洲伙伴进行深入、互利的对话，法国科研中心计划建立非洲—法国科研中心咨询委员会（Conseil consultatif Afrique-CNRS）。该委员会由非洲、法国和欧洲的知名人士组成，与法国科研中心管理部门平行，工作内容是提供对非洲面临的科学挑战的见解，促进与各种泛非科学网络的交流，此外，该委员会还将与工业界进行交流，以确定共同的研究与创新主题及发展新的管理和合作模式。

---

① CNRS, « Plan pluriannuel de Coopérations du CNRS avec l'Afrique », 2021, p. 16.
② CNRS, « Dispositif de soutien aux collaborations avec l'Afrique subsaharienne », https://international.cnrs.fr/wp-content/uploads/2021/06/Liste_ Laureats_ DSCA.pdf.
③ CNRS, "Collaboration Program The University of Witwatersrand (Wits) and Centre National de la Recherche Scientifique (CNRS)", https://international.cnrs.fr/wp-content/uploads/2021/02/Project-of-Joint-PhD-Wits-CNRS_ call_ guidelines-FINAL_ -002.pdf.
④ 法国科研中心其他联合培养博士生项目合作院校可参见 https://international.cnrs.fr/en/campagne-cnrs/。

其次，在法国科研中心内部也将增设非洲指导委员会（Comité de pilotage Afrique），由内部所有相关人员组成，以保证《多年计划》的执行。该委员会负责落实非洲—法国科研中心咨询委员会的意见，提出具体的执行方案并监督实行。此外，法国科研中心还计划短期内在非洲开设第二个代表处，随后可能会再增设第三个代表处，以密切与非洲大陆的联系。代表处的设立将有助于与各地区的科学机构参与者以及资助机构建立特殊的联系，并在当地宣传法国科研中心，以增加建立新科研项目的机会。两个代表处将分设在西非与东非，但具体位置还有待协商。此外，法国科研中心还考虑将第一个用于跨学科科学研究活动的科学中心设于其中一个代表处内。

四 结语

从法国科研中心的案例可以看出，法非科研合作的动因源于双方需求的契合。在合作特征上，法国科研中心注重一区一策、一国一策，突出与各区域不同的合作重点；鼓励多边合作，以拓宽合作范围；关注科研人员的合作需求，强调自下而上的合作方式。鉴于法国科研中心与非合作规划的长期性，为增进与非洲伙伴的合作，法国科研中心在合作机制上进行了创新，强化了顶层设计，增设合作工具并配套咨询及执行机构，反映出对该区域的重视。在该机构的引领下，法非科研合作网络将延伸至更多非洲英语国家，同时巩固在北非及南非的合作基础，合作形式上将不断创新，合作领域将以双方共同关注的发展问题为主。

B.20
乌克兰危机中法国政策的演变*

龙 希**

摘 要： 2014年乌克兰危机发生后，法国和德国曾为缓和危机采取大量外交行动，形成了法德俄乌四国"诺曼底模式"。2022年2月俄乌冲突发生前，法国积极主动与各方展开斡旋，试图为不断紧张的俄乌局势降温。冲突爆发后，法国向乌克兰提供大量军事和人道主义援助；并与其他西方国家协调，对俄罗斯进行多方面制裁。与此同时，法国仍与俄罗斯保持对话，并在一些问题上与美国持不同观点。2014年以来法国在乌克兰问题上的政策演变，既有冲突升级的客观因素，也与欧美关系变化和法国领导人个人等因素有关。

关键词： 法国外交 俄乌冲突 大国博弈

2022年2月24日，俄乌冲突爆发，引起世界广泛关注。作为俄乌近邻，欧盟既受到俄乌冲突的负面影响，也试图斡旋缓和冲突。自2014年乌克兰危机发生以来，欧盟在法国和德国的带领下，为缓和与解决乌克兰危机做了大量的外交努力，其中法国发挥了不容忽视的作用。冲突发生后，法国一方面与其他西方国家协调，对俄采取制裁措施，并对乌克兰提供大量军事和人道主义援助；另一方面，在一些问题上与美国持不同观点，展现出一定的独立性。

---

* 本文为中国社会科学院创新工程项目"'一带一路'框架下乌克兰发展战略研究"阶段性成果。
** 龙希，中国社会科学院俄罗斯东欧中亚研究所助理研究员。

一 法国对2014年乌克兰危机的立场

苏联解体后的很长一段时间内，法国对于欧盟东扩的兴趣都较为有限，乌克兰在法国外交中也不是最优先考虑事项。一些法国政客更加重视与俄罗斯的关系，而法俄关系可能会进一步影响法国与乌克兰的关系。[①] 然而，2014年乌克兰危机爆发后，法国参与乌克兰危机的调解，主要因为法国是联合国安理会常任理事国、七国集团成员国和欧盟的"领头羊"之一，并且关心自身在欧洲邻国的安全利益。[②]

2014年2月，时任法国外长法比尤斯（Laurent Fabius）与德国外长和波兰外长访问基辅，并促成乌克兰当局与反对派达成政治妥协协议。此外，在法国和德国的共同倡议下，于2014年6月诺曼底登陆70周年之际，法国、德国、俄罗斯、乌克兰四国在诺曼底举行会议。这次会议带来两个直接结果：第一，启动俄、乌、欧安组成的乌克兰问题三方联络小组；第二，于2014年9月在明斯克就两项协议进行谈判，以通过停火和政治进程解决危机。[③] 此次会议形成的法德俄乌四国"诺曼底模式"，为解决乌克兰危机提供了政治平台，成为法德推动和平解决乌克兰问题的重要路径。

在对俄外交上，法国前总统奥朗德（François Hollande）采取既制裁又对话的外交政策。一方面，在欧盟框架下对俄采取制裁措施。这些制裁措施包括限制俄罗斯进入欧盟资本市场、禁止向俄罗斯进出口武器和相关物资、向俄罗斯出口某些与能源相关的设备和技术需要得到成员国主管部门的事先

---

① Leonid Litra, Florent Parmentier, Cyrille Bret, Anastasiya Shapochkina, "Foreign Policy Audit: Ukraine-France", Institute of World Policy, 2016.
② Leonid Litra, Florent Parmentier, Cyrille Bret, Anastasiya Shapochkina, "Foreign Policy Audit: Ukraine-France", Institute of World Policy, 2016.
③ Maxime Lefebvre, "The Ukraine Crisis and the Role of the OSCE from a French Perspective", *OSCE Yearbook 2015*, Baden-Baden, 2016, pp. 91-103.

授权等。① 法国放弃向俄罗斯出售西北风级两栖攻击舰，虽然最终"西北风"被转卖给埃及，但法国仍须支付高额的赔偿金。② 另一方面，随着法国进一步加强打击恐怖主义，法国与俄罗斯的关系出现缓和，甚至在打击恐怖主义问题上双方加强了合作，两国总参谋部之间建立了联系，开展反恐情报信息交流，并且俄罗斯海军战舰集群和法国海军航母战斗群也展开合作。③ 法俄领导人与法俄高层之间的互动，也证实了法国并不想中断与俄罗斯的对话。④

法德合作在缓和2014年乌克兰危机中发挥了重要作用，但是在奥朗德担任法国总统时期，德国通常被认为实际上在此发挥了更加重要的领导作用。⑤ 起初，在德国的倡议下，法国、德国、波兰组成的"魏玛三角"被用于调解乌克兰危机，在克里米亚事件发生后，德国支持欧安组织作为冲突协调的主要平台，主张欧安组织发挥强有力作用。⑥ 在协商停火过程中，法德成为欧盟政策形成的发动机，而在"诺曼底模式"里，德国被认为在议程设置和获得欧盟与成员国的一致支持上发挥了主要作用，而法国则是"从背后领导"。⑦

马克龙（Emmanuel Macron）就任法国总统前，法国在欧洲的影响力出现下降的趋势，而"法德轴心"中德国的主导力进一步加强，并在缓和乌

---

① "EU restrictive measures in view of the situation in Eastern Ukraine and the illegal annexation of Crimea", Council of the European Union, Brussels, 29 July 2014.

② Karim Belgacem, "What is the Place of France in the Ukraine and Russia Crisis?", *Analyzing Political Tensions Between Ukraine, Russia and the EU*, IGI Global, 2020, pp. 62-77.

③ 朱长生：《俄罗斯在叙利亚反恐军事行动评析》，《俄罗斯东欧中亚研究》2017年第5期。

④ Laure Delcour, « Les dilemmes de la politique russe de la France: une relation à l'épreuve de la crise en Ukraine », DGAP analyse, Numéro 4, Mars 2015.

⑤ Céline Marangé, Susan Stewart, "French and German approaches to Russia-Convergence yes, EU compatibility no", Chatham House, November 2021; Liana Fix, *Germany's Role in European Russia Policy-A New German Power?* Palgrave Macmillan, 2021, pp. 119-156; Ulrich Speck, "German Power and the Ukraine Conflict", Carnegie Europe (Brussels 2015), https://carnegieeurope.eu/2015/03/26/german-power-and-ukraine-conflict-pub-59501.

⑥ Liana Fix, *Germany's Role in European Russia Policy-A New German Power?* Palgrave Macmillan, 2021, pp. 119-156.

⑦ Liana Fix, *Germany's Role in European Russia Policy-A New German Power?* Palgrave Macmillan, 2021, pp. 119-156.

克兰危机中占据事实上的领导地位。① 然而，法国在解决乌克兰危机中发挥的作用也不容忽视。在奥朗德的推动下，法德俄乌四国元首会面，建立起"诺曼底模式"，并进一步促成《明斯克协议》和《新明斯克协议》的签订。此外，法德合作给予了德国在行使欧盟领导权时的合法性，这种合法性在德国独自行动的情况下是缺失的。②

二 2022年俄乌冲突爆发前法国的外交努力

马克龙担任法国总统时期，法国在乌克兰问题上的表现更为积极主动。在2021年底俄乌冲突开始发酵之后，法国积极作为，以欧洲领导人的姿态，试图通过外交斡旋的方式缓和危机，在塑造欧盟立场中扮演着十分重要的角色。法国重视伙伴国关系，尤其是中东欧成员国对俄罗斯的态度，力图防止让俄罗斯相关议题分化欧洲。③

2021年底至2022年俄乌冲突爆发前，马克龙通过元首间电话外交、视频会议、出访会谈等形式频繁与俄罗斯、美国、德国、乌克兰和欧盟领导人开展磋商，试图为不断紧张的俄乌局势降温，以避免冲突升级和欧盟对俄罗斯展开大规模制裁，因为这不符合法国的安全利益和经济利益。在这一阶段，马克龙为缓和俄乌紧张局势，重视发挥"诺曼底模式"在解决乌克兰问题上的作用。2022年1月11日，马克龙曾表示："法国、德国将与欧盟一同继续支持这一模式。"④ 2022年1月26日和2月10日，"诺曼底模式"

---

① Frédiric Bozo, « La Politique Etrangère de la France depuis 1945 », Champs histoire, 2019, pp. 280-286.
② Frédiric Bozo, « La Politique Etrangère de la France depuis 1945 », Champs histoire, 2019, pp. 280-286.
③ Tara Varma, "Diplomacy for a sovereign Europe: France's approach to the war in Ukraine", https://ecfr.eu/article/diplomacy-for-a-sovereign-europe-frances-approach-to-the-war-in-ukraine/.
④ « Conférence de presse du Président Emmanuel Macron et du Président du Conseil européen Charles Michel », 11 janvier 2022, https://www.elysee.fr/emmanuel-macron/2022/01/11/conference-de-presse-du-president-emmanuel-macron-et-du-president-du-conseil-europeen-charles-michel.

四方会谈分别在巴黎和柏林展开。通过"诺曼底模式",法国试图在解决俄乌冲突上发挥更重要作用,在维护自身安全利益和经济利益的同时,进一步展现地缘政治中的欧洲力量。

此外,马克龙还主张借助欧盟的力量,并且反对美国渲染战争风险。2022年1月19日,马克龙在欧洲议会发表演讲时指出,欧洲应该与俄罗斯进行"坦率的对话",并在乌克兰问题上寻求政治解决方案。① 法国欧洲事务国务秘书克莱芒·博纳(Clément Beaune)指出,法国主张欧盟与俄罗斯就欧洲安全架构展开直接对话。② 法国和欧盟都希望缓和俄乌紧张局势,避免在欧盟近邻爆发战争,因为对俄施加严厉制裁也会给法国和欧盟带来经济损失。卡里姆·贝勒伽西姆(Karim Belgacem)认为,此前针对俄罗斯的制裁给法国和德国带来的损失比带给俄罗斯的损失更大。③ 法国军事专家泽维尔·莫罗(Xavier Moreau)也表示,制裁给法国和欧盟都造成了巨大的经济损失。④

在2022年2月俄乌冲突爆发前,法国虽然欢迎美俄就乌克兰问题开展对话,但与美国在一些问题上仍存在分歧。一是对乌克兰受到威胁程度的现实认知存在偏差,英国和美国认为俄罗斯对乌克兰的攻击迫在眉睫,而法国和德国对英国和美国的判断表示困惑;二是在局势升级情况下采取的态度,法国对美国如何应对俄罗斯的进攻表示疑问,认为美国需要明确做什么和不做什么;三是在具体的制裁措施上,法国与美国存在分歧,欧俄经济关系远比俄美经济关系要紧密,制裁可能会使欧洲自身经济受到更大影响。⑤

---

① Emmanuel Macron, « Discours du Président de la République devant le Parlement Européen », le 19 janvier 2022, https://presidence-francaise.consilium.europa.eu/fr/actualites/discours-du-president-de-la-republique-devant-le-parlement-europeen-strasbourg-le-mercredi-19-janvier-2022/.

② Le Figaro, « Tensions avec la Russie : l'UE doit dialoguer avec Moscou, plaide Paris », https://www.lefigaro.fr/flash-actu/tensions-avec-la-russie-l-ue-doit-dialoguer-avec-la-moscou-plaide-paris-20220123.

③ Karim Belgacem, "What is the Place of France in the Ukraine and Russia Crisis?", *Analyzing Political Tensions Between Ukraine, Russia and the EU*, IGI Global, 2020, pp. 62–77.

④ Xavier Moreau, *Ukraine : Pourquoi la France s'est trompée*, Edition du Rocher, 2015.

⑤ Le Monde, « Ukraine : Paris veut que l'UE se fasse entendre », le 22 janvier 2022, p. 2.

三 2022年俄乌冲突爆发后法国的立场变化

2022年2月24日,俄罗斯总统普京(Vladimir Putin)发表电视讲话,宣布在顿巴斯地区发起"特别军事行动"。马克龙随即表明法国站在乌克兰一边,谴责俄罗斯的军事行动。① 法国在欧盟、七国集团、北约范围内与其他国家对话讨论俄乌冲突问题,并对俄罗斯实施制裁。

法国向乌克兰提供政治上的支持,马克龙表示"法国站在乌克兰一边""乌克兰属于欧洲大家庭"。② 法国向乌克兰运送武器,这一举措被法国欧洲事务国务秘书克莱芒·博纳称为"在短期内最有效的措施"③。在人道主义援助上,截至2022年4月初,法国已提供1亿欧元用于满足最紧迫的人道主义需求,并向乌克兰提供200多吨人道主义设备和物资,包括药品、紧急避难所和救护车等。④

乌克兰方面,泽连斯基(Volodymyr Zelensky)呼吁法国企业如雷诺、欧尚和乐华梅兰等退出俄罗斯市场,认为这些企业应"停止资助俄罗斯战争机器"⑤。虽然雷诺于3月23日决定暂停在俄罗斯的工业活动,但欧尚和乐华梅兰并没有在第一时间响应这一呼吁。而在乌克兰申请加入欧盟问题

---

① Emmanuel Macron,«Adresse aux Français du 24 février 2022», https://www.elysee.fr/emmanuel-macron/2022/02/24/ukraine-adresse-aux-francais.
② L'Echo,«Emmanuel Macron, président français:"L'Ukraine appartient bien à notre famille européenne"», https://www.lecho.be/dossiers/conflit-ukraine-russie/emmanuel-macron-president-francais-l-ukraine-appartient-bien-a-notre-famille-europeenne/10373267.html; Emmanuel Macron,«Adresse aux Français du 24 février 2022», https://www.elysee.fr/emmanuel-macron/2022/02/24/ukraine-adresse-aux-francais.
③ Le Monde,«Comment arrêter la guerre sans la faire, le dilemme des Occidentaux», le 26 mars 2022, pp. 2-3.
④ «Aide humanitaire à l'Ukraine», https://www.diplomatie.gouv.fr/fr/politique-etrangere-de-la-france/action-humanitaire-d-urgence/aide-humanitaire-a-l-ukraine/.
⑤ Le Monde,«En France, le débat sur les sanctions contre la Russie ravivé», le 25 mars 2022, p. 4.

上，欧盟成员国曾持不同意见，法国的态度目前（截至 2022 年 3 月底）相对暧昧。根据法国《世界报》报道，捷克、波兰、拉脱维亚、立陶宛、保加利亚、爱沙尼亚、斯洛伐克、斯洛文尼亚 8 个国家支持乌克兰加入欧盟，并希望加速这一进程，而法国、德国、意大利、西班牙、比利时、荷兰等国家在这一问题上更加保守。① 欧洲理事会主席夏尔·米歇尔（Charles Michel）也表示："在欧盟扩大问题上存在不同看法和派别。"② 2022 年 3 月欧盟领导人凡尔赛峰会前，马克龙表示在军事行动背景下，应在乌克兰加入欧盟问题上保持审慎。③

在 2 月 24 日俄乌冲突爆发后，西方国家对俄罗斯发起多轮制裁，规模史无前例。法国经济、财政和振兴部部长勒梅尔（Bruno Le Maire）表示，法国已在其境内扣押了约 8.5 亿欧元俄罗斯寡头资产，并冻结了俄罗斯中央银行 220 亿欧元的资产。④ 法国不少舆论承认欧洲对俄罗斯实施的制裁措施也会给自身的经济利益带来损失，但目前看来，这种顾虑尚未导致法国放弃对俄制裁。这种制裁是否可以持续，能持续多久，还有待观察。在法国大选前夕，马克龙对俄罗斯的强硬态度，也是对那些批评他 5 年来与俄"无效"对话的回应。⑤ 然而，在对俄强硬的同时，法国并没有放弃与俄罗斯对话。马克龙在俄乌冲突爆发后多次与普京通电话，而法国外长勒德里昂（Jean-Yves

---

① Le Monde, « Les Vingt-sept lancent la réflexion sur l'adhésion de l'Ukraine à l'UE », le 9 mars 2022, p. 9.

② 20 Minutes, « Guerre en Ukraine: Il y a "différentes opinions" parmi les Etats membres de l'Union européenne sur la possible adhésion du pays », https://www.20minutes.fr/monde/3243847-20220228-guerre-ukraine-differentes-opinions-parmi-etats-membres-union-europeenne-possible-adhesion-pays.

③ Anthony Audureau, « Adhésion de l'Ukraine à l'UE: Macron exprime ses réticences mais ne veut pas "fermer la porte" », https://www.bfmtv.com/international/europe/adhesion-de-l-ukraine-a-l-ue-macron-exprime-ses-reticences-mais-ne-veut-pas-fermer-la-porte_AV-202203100562.html.

④ Euronews, « La France a gelé plus de 22 milliards d'euros d'actifs de la Banque de Russie », https://fr.euronews.com/2022/03/20/la-france-a-gele-plus-de-22-milliards-d-euros-d-actifs-de-la-banque-de-russie.

⑤ Le Monde, « Macron promet de "protéger" les Français », le 4 mars 2022, p. 10.

Le Drian)也表示："要继续与俄罗斯人对话,要继续与普京总统对话。"①

欧美协调对俄罗斯制裁比单边制裁带来更大影响,俄乌冲突也在短期内加强了大西洋联盟内部的团结。2022 年 3 月 24 日,美国总统拜登(Joe Biden)到访欧洲,出席北约、七国集团和欧盟三场峰会,并宣称:"北约从来没有像今天这样团结。"② 然而,法美并非铁板一块。在拜登指责普京为"屠夫"后,马克龙表示"不会使用这种词,因为将继续与普京总统进行讨论",认为要警惕"言语和行动的升级",应就事论事,并竭尽所能避免局势失控。③ 此外,在欧洲防务问题上,法国也不想完全依靠以美国为主导的北约。北约秘书长斯托尔滕贝格(Jens Stoltenberg)提出,北约共同预算的增加会加强北约的整体效率,但法国认为,把钱划拨给北约是让北约受益,而不会用于增强欧洲防务,这种分歧实际上反映了在欧洲防务问题上,欧洲防务自主与依靠大西洋联盟的两种路径之争。④ 马克龙在介绍"战略指南针"行动计划时指出,要"加强我们对欧洲防务基金的共同投资……减少我们的依赖,包括对某些盟友的依赖……发展一种共同的军事文化,以拥有更多的自主能力",并且"应减少对非欧洲人的依赖"。⑤ 马克龙还表示:"美国是盟友,这一点是重要的,我们和他们一起工作,我们有很多共同的价值观,但是生活在俄罗斯旁边的是欧洲人,这也是为什么你们听我说了 5 年,我们欧洲人应该有防务政策,并且确定安全架构,而不是将其委托给别人。"⑥

---

① Le Figaro,« Guerre en Ukraine: la France appelle à poursuivre le dialogue avec Poutine »,https://www.lefigaro.fr/flash-actu/guerre-en-ukraine-la-france-appelle-a-poursuivre-le-dialogue-avec-poutine-20220327.
② "Biden: NATO Has Never Been More United",https://www.defense.gov/News/News-Stories/Article/Article/2977756/biden-nato-has-never-been-more-united/.
③ Le Monde,« Paris et Berlin se démarquent de Washington »,le 29 mars 2022,p.3.
④ Le Monde,« L'OTAN veut renforcer son front oriental »,le 18 mars 2022,p.7.
⑤ BFMTV,« Emmanuel Macron détaille la " boussole stratégique " européenne »,https://www.bfmtv.com/international/en-direct-guerre-en-ukraine-biden-va-se-rendre-a-la-frontiere-ukrainienne-l-otan-repondra-si-la-russie-utilise-des-armes-chimiques_LN-202203250024.html.
⑥ Le Monde,« Paris et Berlin se démarquent de Washington »,le 29 mars 2022,p.3.

俄乌冲突使欧洲人重新思考自身安全防务问题，马克龙也抓住有利时机，进一步积极推动欧洲防务自主，在法国担任欧盟轮值主席国期间，欧盟理事会通过"战略指南针"行动计划。俄乌冲突还在某种程度上加强了欧洲内部团结。在俄乌冲突爆发后，波兰成为接待乌克兰难民的前沿国家，法国外长勒德里昂表示欢迎波兰在接待俄乌冲突难民中发挥的"核心作用"。①虽然这种"团结"在短时间内掩盖了欧盟成员国曾经在难民分配等问题上的分歧，但是欧盟成员国之间的异质性仍然存在，对俄罗斯的态度和依赖程度也存在差异，因此在是否需要进一步加强对俄罗斯制裁的问题上，成员国仍然意见不一。

2014年以来，法国对乌克兰危机的政策发生变化，是内外因素共同作用的结果。首先，俄乌冲突加剧，包括法国在内的欧洲感受到的安全威胁明显上升。欧盟对俄罗斯采取了史无前例的大规模经济制裁，越来越多的欧洲国家宣布对乌克兰提供军事支持。其次，法国所处的时代背景和法国领导人发生变化。在奥朗德执政时期，法国接连遭受恐怖袭击，反恐成为一项重要议题，而欧盟东部近邻被认为是德国的势力范围，乌克兰在法国对外政策中的重要性远不及中东。近年来，欧洲倡导"战略自主"，试图实现自身地缘政治目标，而马克龙重视借助欧洲力量，后默克尔时代和法国的欧盟轮值主席国身份给法国领导欧洲带来更大的空间和机遇，可以使法国带领欧盟在国际危机中扮演更加重要的角色，马克龙也希望借助在乌克兰危机上"有所作为"，以争取在2022年4月大选前提升自身形象。最后，拜登执政后，美欧关系出现缓和。但是法美矛盾依然存在。法国长期以来致力于推动欧洲防务自主建设，力图摆脱美国和北约对欧洲的控制和主导。法国不会仅仅因为美欧关系出现缓和或周边安全威胁加剧而轻易放弃这一政策目标。

---

① Le Monde, « Berlin, Paris et Varsovie font front commun », le 3 mars 2022, p. 6.

B.21
试析马克龙的俄罗斯政策对戴高乐主义的继承与发展

赵燕丽*

摘　要： 自从马克龙上任总统以来，法国与俄罗斯的关系在不稳定中向前发展。马克龙在其首个任期里对俄罗斯采取了灵活且务实的政策，具有鲜明的戴高乐主义特色，被众多政治家及学者视为戴高乐主义的继承者。尽管马克龙对俄罗斯的定位不同于戴高乐对苏联的定位，但二者都采取了从对抗转为缓和与合作的政策，这更符合法国利益。马克龙认为在构建欧洲独立的安全防务、维护欧洲安全稳定以及保证法国在中东地区的利益等方面都离不开俄罗斯。通过平衡法国与俄罗斯的关系、俄罗斯与他国关系来保证法国利益最大化是马克龙的根本目标所在。在国际社会中，马克龙始终将法国定位为平衡者，平衡、独立、灵活以及务实在马克龙对俄政策上表现得淋漓尽致，这也表明他继承了戴高乐特色外交的衣钵。

关键词： 戴高乐主义　法俄关系　马克龙外交政策

2022年法国迎来总统大选年，马克龙也交出了自己首个任期的成绩单。自2017年走马上任以来，马克龙就以其改革的魄力和期望重塑法国大国地位的雄心受到了国际社会的广泛关注。他曾明确表示自己的外交政策将以

---

* 赵燕丽，中国社会科学院大学（研究生院）欧洲研究系博士生，研究方向为法国政治、欧洲政治。

"戴高乐-密特朗主义"为基础,加入"开放性,独立性以及包容性"。① 传统的戴高乐主义是指戴高乐在第五共和国执政时期采取的独立外交、独立防务、不选边站队、反抗霸权主义、复兴民族国家的政策;20世纪90年代有学者提出了"实用的新戴高乐主义"(pragmatic neogaullism)。② 希拉克卸任总统后,其继任者萨科齐采取了一系列亲美政策,被认为开启了真正的新戴高乐主义,即法国依旧秉承独立战略,但嬗变为"守成主义国",主要原因是法国综合国力下降,为维护法国利益和国际影响力而寻求与全球霸主美国建立特殊关系。③ 二者的实质区别在于是否接受和维持现状以及是否选边站队(主要指站队美国)。马克龙执政后实施的对外政策有着鲜明的戴高乐主义特色,由于在一些问题上站队美国,被部分学者归为新戴高乐主义者,但另有学者认为马克龙在向传统戴高乐主义转变。

当今国际关系错综复杂,欧盟面临巨大挑战,法国身处其中,既要考量自身利益,也要顾及欧盟利益。从古至今,俄罗斯与欧洲的关系始终是剪不断理还乱,马克龙自然也重视法俄关系,通过其对俄罗斯的外交政策可见一斑。

一 戴高乐对苏联外交政策的特点

1958年戴高乐上任初期,恰逢第二次柏林危机,戴高乐以极其强硬的态度面对苏联要求法国从柏林撤军的威胁。随着时局的发展,戴高乐转变了对苏态度,希望借助苏联抵制美国对欧洲的影响。1959年和1960年戴高乐

---

① 张红:《法国对俄"摇摆"政策的国内外因素探析》,《俄罗斯研究》2018年第1期,第55~56页。
② N. I. Pupykin, "From Gaullism to Neogaullism: Evolution of Ideology and Policy", *Dialogue with Time*, 引自 A. A. Kornilov, A. I. Afonshina, "Gaullism and Neogaullism: Foreign Policy Continuity and Dynamics in France", Вестник Российского университета дружбы народов. Серия: Международные отношения (*Vestnik RUDN. International Relations*), Vol. 19, No. 2, 2019, p. 258.
③ 戴冬梅、陆建平:《从"不站队主义"到"站队主义"的持续转向?——对马克龙执政以来法美关系的现实主义解读》,《法语国家与地区研究》2019年第3期,第25页。

试析马克龙的俄罗斯政策对戴高乐主义的继承与发展

与赫鲁晓夫的互访大大缓解了双方的紧张关系,但随后的古巴危机、柏林墙等国际问题使双方关系又陷入僵局。1963年,法德签署了《爱丽舍条约》,虽然法德关系转向良好,但出于对美国霸权的担忧,戴高乐再次瞄向苏联,更加彻底地推行对苏缓和政策,与苏联保持良好的外交关系使得法国在世界政治中变得活跃起来。

没有强大的欧洲就不可能有强大的法国,这是法国领导人的共识。[1] 戴高乐执政初期就在斯特拉斯堡提出了"从大西洋到乌拉尔的欧洲"的构想。然而,戴高乐并不是欧洲一体化的支持者,他推崇一个邦联的欧洲,"反对任何超国家的一体化体制"[2]。这一构想的思路是法德和解并且实现西欧统一,然后再将东欧和苏联纳入其中,如此,既可使苏联放弃对欧洲这个"前院"的控制,又能使苏联集中精力防御逐渐崛起的东方大国,直至两极体系瓦解。[3] 因此,戴高乐提出要解决欧洲问题"必须把俄国包括在内"[4],可以说戴高乐对苏联有朝一日归于西方阵营始终抱有期望,他将苏联定位为有望回归的"自己人"。

戴高乐外交政策的思想基础是"民族独立",独立政策有两大主轴:"维护民族独立,拒绝屈从或依附任何一个超级大国;决定政策和采取行动的完全自由。"[5] 在戴高乐执政时期,国际呈现美苏两极格局。戴高乐本人反对两极格局,希望法国独立于这两国之外,不选边站队,意图将"法国打造为世界的领导者之一"[6]。事实上,戴高乐并不是反美,而是"抗美",即反对美国的霸权和控制。[7] 彼时,法德虽已和解并有望朝着积极的方向发

---

[1] M. Gaillard, *France-Europe: Politique européenne de la France de 1950 à nos jours*, Paris: De Boeck Supérieur, 2010, p. 87.

[2] M. Gaillard, *France-Europe: Politique européenne de la France de 1950 à nos jours*, p. 80.

[3] Anton W. De Porte, "De Gaulle's Europe: Playing the Russian Card", *French Politics and Society*, Vol. 8, No. 4, 1990, pp. 32-35.

[4] 1976年2月10日巴黎戴高乐研究所的报告:《欧洲发展到了什么地步?》,第20页;转引自张锡昌、周剑卿《战后法国外交史(1944-1992)》,世界知识出版社,1993,第187页。

[5] 张锡昌、周剑卿:《战后法国外交史(1944-1992)》,第103页。

[6] Tyler Stovall, *Transnational France: The Modern History of a Universal Nation*, New York: Routledge, 2018, p. 411.

[7] 张锡昌、周剑卿:《战后法国外交史(1944-1992)》,第104页。

展,但德国不断加强与美国的关系使法国不得不提高警惕,戴高乐未雨绸缪,联合苏联势在必行。戴高乐始终认为:"俄国及其后的苏联从来都是法国对付另一强国的筹码。"① 为了缓和与苏联及东欧国家的关系,戴高乐提出了"缓和、谅解、合作"的东方政策。② 此时,恰逢赫鲁晓夫调整苏联对外政策,提出"以战争可以避免论与和平共处论为理论纲领""利用北约集团内部可以利用的矛盾分而对之,以积极对话谋取苏联外交的新进展""积极开展东西对话"等提议③,法苏双方一拍即合。1966年戴高乐对苏联进行了访问,这标志着西方结束对苏联的孤立。法苏双方宣布建立"特殊伙伴关系"。尽管缓和政策由于1968年苏联对捷克斯洛伐克的出兵而受到质疑,但戴高乐并未就此放弃,他相信长远来看缓和政策既有利于西欧摆脱美国,也有利于东欧摆脱苏联,是形成"大欧洲"的基础。

影响戴高乐对苏联外交政策的重要因素是如何保障法国乃至欧洲安全,他的多次讲话也反映出对于欧洲安全态度的变化。1951年,戴高乐在尼姆的讲话透露出其对欧洲力量的担忧。④ 1963年,法国宣布大西洋舰队不受指挥。1964年,欧洲摆脱了经济困境,法国在积极改进核武器的同时,戴高乐提出欧洲应作为第三支力量不再受美国和苏联两极体系的约束。⑤ 1965年戴高乐在接受电视采访时表示"欧洲人的欧洲"在安全防御领域方面对所有国际成员持平等的态度⑥,这表明戴高乐在摆脱美国的军事控制时有与其他国家合作的需求,特别是应与苏联这样的大国建立稳定的关系。1966年2月,法国退出北大西洋公约军事一体化组织,在国际上独立于美苏两

---

① 吴国庆:《战后法国政治史》,社会科学文献出版社,2004,第216页。
② 〔法〕阿尔弗雷德.格鲁塞:《法国对外政策(1944~1984)》,陆伯源等译,世界知识出版社,1989,第203页。
③ 陈之烨、吴恩远、马龙闪主编《苏联兴亡史纲》,中国社会科学出版社,2016,第433页。
④ « Plaidoyer pour une Europe forte et indépendante », http://www.ina.fr/fresques/de-gaulle/notice/Gaulle00323/plaidoyer-pour-une-europe-forte-et-independante.
⑤ « Conférence de presse du 23 juillet 1964 », http://www.ina.fr/fresques/de-gaulle/notice/Gaulle00095/conference-de-presse-du-23-juillet-1964.
⑥ « Entretien avec Michel Droit, deuxième partie », http://www.ina.fr/fresques/de-gaulle/notice/Gaulle00111/entretien-avec-michel-droit-deuxieme-partie.

个集团之外，也在东、西方对峙中处于特殊的地位。6月，戴高乐对苏联进行正式访问，并称两国为"永恒的法国与永恒的俄国"①，法苏建立了特殊伙伴关系，双方在经贸以及科技等领域的合作也因此有了重大突破。

苏联于戴高乐而言无疑是平衡各国关系的重要砝码，对苏的缓和与合作是出于抗美以及防德的需求，戴高乐出色地利用苏联为法国的外交独立争取了条件，这种具有鲜明特色的外交手段对法国后继的各任领导人影响颇深。

二 马克龙对俄关系对戴高乐主义的继承和发展

2017年法国总统竞选期间，马克龙在与勒庞的电视辩论中表达了对普京统治不认可的态度。② 担任总统后马克龙又指责俄罗斯试图干预法国大选，与此同时他又一再表示准备与普京对话。马克龙多次声明俄罗斯不是北约的敌人，建议考虑与其建立伙伴关系。2018年3月，在发生"双面间谍"俄罗斯前上校谢尔盖·斯克里帕尔（Sergei Skripal）英国中毒案之后，法国紧随英美的脚步驱逐了俄罗斯驻法外交官。一个月后，作为反击，俄罗斯驱逐了包括法国在内的23国驻俄外交官。就在外界猜测法俄关系将要重新陷入低谷时，5月，马克龙访问俄罗斯并参加圣彼得堡国际经济论坛，他积极评价了与普京的会谈结果，缓和了双方的紧张关系。2019年，马克龙更是在未与德国等盟友磋商的情况下，单边推进对俄战略接近。2019年8月，马克龙邀请普京访法，并于11月发表北约"脑死亡"论，认为欧洲应与俄罗斯共建欧洲秩序，避免将俄罗斯推入中国的怀抱。2020年是新冠疫情肆虐全球的一年，马克龙与普京多次通话，双方表达了对在世卫组织框架下共

---

① Ратушняк Г. Я. "Национальная идентичность государства и наднациональные институты во внешнеполитических воззрениях Шарля де Голля", *Международный научно-исследовательский журнал*. №4-2, 2019, С. 66-69.

② « Débat télévisé entre M. Emmanuel Macron, et Mme Marine le Pen, candidats à l'élection présidentielle 2017, sur les projets et propositions des deux candidats », https：//www.vie-publique.fr/discours/203174-debat-televise-entre-m-emmanuel-macron-et-mme-marine-le-pen-candidats.

同抗击疫情的合作意愿。8月，俄罗斯反对派领导人阿列克谢·纳瓦尔尼（Alexei Navalny）中毒案引起了法国的关注，马克龙要求普京有必要对此次"暗杀企图"做出全面及时的澄清，而普京则认为"毫无根据的指控并不合适"。① 2021年初，阿列克谢·纳瓦尔尼在俄被捕入狱，欧盟对俄首次适用全球人权制裁制度。② 4月，作为反击，俄罗斯对包括欧洲议会议长在内的8名欧盟公民进行反制裁，法国对此予以谴责。同年，乌克兰发动了对乌东地区的围剿，法德支持乌克兰，而俄罗斯则指责这种态度就是在火上浇油。③ 俄欧双方虽然在乌克兰问题上的意见分歧很大，但法德始终主张保持与俄罗斯的对话④，然而法德希望邀请俄罗斯参加俄欧峰会，却遭到了欧盟许多国家的反对。由于乌克兰局势不稳，欧盟不断地对俄罗斯采取制裁手段，这也加剧了法国与俄罗斯的紧张关系。在随后几个月里，马克龙与普京多次通话及会晤，除乌克兰问题，双方还就伊核协议、纳卡局势以及阿富汗等问题进行了广泛交流并在一定程度上达成了共识，法俄关系在国际各方势力的影响下艰难前行。

马克龙同样对戴高乐均势外交有所发展和调整。欧洲一体化已然成型多年，俄罗斯始终徘徊在欧盟之外。一方面，西方在冷战中获胜使其认为自己的制度、规范和价值观具有绝对的优越性，实现"大西洋一元主义"是欧洲主流价值观。⑤ 俄罗斯自20世纪90年代中期起就主张地缘政治和意识形

---

① Elena Teslova and Cindi Cook, "Putin, Macron Discuss Alleged Navalny Poisoning", https://www.aa.com.tr/en/politics/putin-macron-discuss-alleged-navalny-poisoning/1973297.

② John Bedford et al. "The U.S. and EU Coordinate Sanctions Related to Navalny Poisoning and Sentencing: Biden Administration's First Sanctions Against Russia, and the EU's First Use of its Global Human Rights Sanctions Regime", https://www.jdsupra.com/legalnews/the-u-s-and-eu-coordinate-sanctions-5639928/.

③ 《俄议员：欧洲对乌克兰东南部冲突的立场只会"火上浇油"》, https://sputniknews.cn/20210404/1033415156.html.

④ "French President Emmanuel Macron on 'Face the Nation'", https://www.cbsnews.com/news/transcript-french-president-emmanuel-macron-on-face-the-nation-april-18-2021/.

⑤ R.萨科瓦、刘畅：《世界秩序：俄罗斯的视角》，《俄罗斯研究》2016年第2期，第52~54页。

态的多元主义,并且强调自己的属性从过去的欧洲国家转向现在的欧亚国家。① 虽然俄外长拉夫罗夫在2019年重新强调了俄罗斯的欧洲属性,但俄罗斯学界及政界普遍认为相较于欧盟的壮大,欧盟的削弱甚至解体才能使俄罗斯获得更大的收益。② 另一方面,拉俄入欧虽然有助于扩大欧盟势力,但马克龙认为欧盟无限扩大会削弱欧洲,作为政治组织的风险也会成倍增加。加之俄罗斯自我定位为大国,如加入欧盟其会要求在管理欧洲和全球事务上应"享有作为欧亚大陆上最强大国家的特权"③,因此,即便马克龙主张西方国家与俄罗斯恢复正常关系,提出"俄罗斯是一个十足的欧洲国家"④ 以及建立"从里斯本延伸到符拉迪沃斯托克的欧洲",但几乎所有人都认为俄罗斯目前不可能真正融入欧洲,法国也不例外。俄罗斯实质上已被马克龙定位为"他者",这有别于戴高乐对苏联的定位。

马克龙执政以来,始终强调"外交的独立性"。然而,不同于戴高乐不站队的外交立场,马克龙在诸多外交政策中实质已经站了队。今天美俄综合国力对比差距远大于戴高乐时期的美苏,美国成了世界唯一的超级大国,而俄罗斯由于受到西方制裁近些年经济衰退严重,军事开支甚至达不到美国的1/10。⑤ 鉴于此,法国精英阶层普遍认为:"立足于对美实质站队、同时日益以中俄等新兴国家作为制衡对象,更有利于促进法国国家利益,维持法国在欧洲和国际舞台上的行动力和影响力。"⑥

---

① 左凤荣:《世界大变局中的俄欧关系:竞争与合作长期并存》,《当代世界》2020年第11期,第39页。
② Vladimir Frolov, "Macron is 'Ours'—but Does Russia Need Him?", https://www.themoscowtimes.com/2019/11/14/macron-ours-does-russia-need-him-a68156.
③ R. 萨科瓦、刘畅:《世界秩序:俄罗斯的视角》,第52页。
④ "Russia Is 'Deeply European,' France's Macron Says in Russian", https://www.themoscowtimes.com/2019/08/20/russia-is-deeply-european-frances-macron-says-in-russian-a66947.
⑤ SIPRI, "Military expenditure by country, in constant (2018) US $ m., 1988-2019 (see below for 1999-2009)", https://www.sipri.org/sites/default/files/Data%20for%20all%20countries%20from%201988%E2%80%932019%20in%20constant%20%282018%29%20USD.pdf.
⑥ 戴冬梅、陆建平:《从"不站队主义"到"站队主义"的持续转向?——对马克龙执政以来法美关系的现实主义解读》,第29页。

三 马克龙对俄政策的现实主义考量

马克龙在2017年度使节会议上首次阐述了法国外交的三大主轴线和四个目标：以"法国安全、法国主权以及欧洲主权的独立、法国影响力与维护共同利益并驾齐驱"为主轴，以"保障法国人的安全、促进共同利益、提高法国的吸引力和影响力以及实现欧洲的愿景"为目标。① 在随后几年里，法国外交重点始终围绕着"欧洲主权"与欧洲安全两大议题。2018年法国延续之前的外交目标，马克龙提出了要建设"更加独立、统一、民主的欧洲"，② 同时，他清楚地认识到中东、非洲等地区的安全局势是影响欧洲安全的重要因素。到2019年，欧洲安全问题愈加凸显，法国将其视为外交任务的重中之重，特别是建设欧洲安全防务以及打击恐怖主义。纵观马克龙的外交理念，保护法国安全是优先任务，应对恐怖主义和难民危机是重点，稳定叙利亚和伊拉克、利比亚和萨赫勒的局势，以及解决乌克兰危机等是必不可少的任务。与中东欧国家藕断丝连，同时也是阿斯塔纳担保国之一的俄罗斯被顺理成章地视为法国重要的合作伙伴，这是马克龙在重要讲话和会议中多次提到俄罗斯的根本原因。具体而言，马克龙对俄外交受以下三大现实主义考量的驱动。

（一）法国拉拢俄罗斯既有利于欧盟安全防务的构建，又有助于其在欧盟内占据主导权

构建独立的欧洲安全防务是欧盟主权的重要保障。马克龙清楚地认识到欧洲安全不能完全依靠北约，"欧洲应该拥有安全防务的自主权，像美国和

---

① « Discours du Président de la République à l'ouverture de la conférence des Ambassadeurs », https：//www.elysee.fr/emmanuel-macron/2017/08/29/discours-du-president-de-la-republique-a-l-ouverture-de-la-conference-des-ambassadeurs.

② « Discours du Président de la République à l'ouverture de la conférence des Ambassadeurs », https：//www.elysee.fr/emmanuel-macron/2017/08/29/discours-du-president-de-la-republique-a-l-ouverture-de-la-conference-des-ambassadeurs.

试析马克龙的俄罗斯政策对戴高乐主义的继承与发展

中国那样"。① 他期望欧洲能够从美国手中夺回"军事主权"。纵然"北约脑死亡"的言论备受争议,但这反映了相当一部分欧洲人的担心。欧盟发现美国并不是一个可靠的合作伙伴,后者对多边安全联盟以及多边军备控制条约的不屑一顾损害了法国和欧洲的安全利益。此外,美国还曾要求欧洲的北约成员国提高军费,这使得欧盟在安全防务上十分被动。然而欧盟想要立马从北约抽身并非易事,美国必然不会放手,它希望"欧洲为北约保护伞付出更多代价"②。另外,欧盟内部由于各国需求存在差异且军事实力参差不齐,想要建立能够取代北约的独立安全防务系统并非朝夕之事。在此背景下,无论是出于地缘政治安全还是出于军事实力的考量,联合俄罗斯以制衡美国不失为明智之举。马克龙曾强调与俄罗斯之间应加强有关"网络安全、化学武器、常规军备、领土冲突、太空安全或极地区域保护"的交流。③ 他主张法国作为欧洲的核心应当重构与俄罗斯的关系,建议欧盟积极与俄罗斯合作,解决并纠正俄欧历史上的"结构性矛盾"和"地缘政治错误",构建新型欧俄信任与安全框架。事实上,德国也在试图拉拢俄罗斯,在美俄、欧俄之间斡旋,因为"缓解甚至解决美俄、欧俄之间的矛盾,德国就能拥有主导欧洲安全框架建构的筹码"④。这无疑与法国形成竞争,马克龙也在"竭力使法国成为西方与俄罗斯的桥梁",以此巩固法国在欧洲的领导地位,这与戴高乐当年成为西方集团和社会主义集团联络人的策略如出一辙。⑤ 简言之,无论是出于欧洲安全需求的考量,还是法德争夺构建欧盟安全框架的主导权,俄罗斯显然是马克龙眼中不可或缺的伙伴。

---

① « La doctrine Macron: une conversation avec le Président français », https://legrandcontinent.eu/fr/2020/11/16/macron/.
② "New rules of trust & security': Macron wants EU ties with Moscow independent of NATO & US", https://www.rt.com/news/461643-macron-close-ties-russia/.
③ "Ambassadors' conference-Speech by M. Emmanuel Macron, President of the Republic", https://www.elysee.fr/emmanuel-macron/2018/08/27/discours-du-president-de-la-republique-a-la-conference-des-ambassadeurs.
④ 李微:《欧洲和平秩序的重建:一个德国的视角》,《区域与全球发展》2009年第4期,第151页。
⑤ "'End of Western hegemony': Why does Macron want Russia at Europe's side?", https://www.rt.com/news/467385-macron-end-western-hegemony/.

（二）维护区域经济与能源安全离不开俄罗斯的支持

就维护欧盟在经济和能源上的"战略自主"而言，俄罗斯同样是不可或缺的伙伴。欧盟内部虽然对依赖俄罗斯能源有很深的担忧，但短期内无法脱离俄罗斯的支持，只能通过一系列强有力的措施保障自身利益，如"通过制度设计约束俄罗斯行为的不确定性，同时通过管道互联互通、供给来源多元化和统一能源市场建设"等，将俄罗斯这个天然气供给源变得安全可靠。[1] 以德国和意大利为代表的西欧国家因此支持欧俄天然气的长久合作。然而始终将俄罗斯视为传统安全威胁的美国却对此不以为然。首先，它担心俄罗斯把握欧盟的能源命脉，不利于美国对欧洲的掌控；其次，美国垂涎欧洲巨大的能源需求，俄欧能源合作势必会影响美对欧页岩气出口利益；最后，俄欧天然气项目合作有"去美元化"的趋向，这加剧了美国的担忧。俄欧合作的北溪-2号天然气管道项目从最初建立到完工可谓举步维艰。2019年，美国《2020年国防授权法案》明确对参与建设北溪-2号项目的公司实施制裁，该项目被迫停滞，这严重损害了欧盟的利益，引起欧盟不满，指责美国违反国际法，要求其停止干预行为。最终，北溪-2号项目于2020年12月恢复施工，并于2021年9月完工。然而，在美国的施压下，德国作为主要推动国和输气中枢以该项目不符合欧洲能源法为由未重启认证工作。北溪-2号项目成了各方势力角逐的一个重要平台，德国是否会借此提升在欧盟的话语权和影响力不得而知，但这显然有悖于法国意愿。由于欧洲能源危机未能缓解，天然气价格上涨在所难免，马克龙明确表示并未有证据显示俄罗斯操纵欧洲市场能源价格，并拒绝将能源危机归咎于俄罗斯。[2] 为在欧盟争取更多主导权，法国无法避免与德国角力，同时，法国也不愿一味追随美国。俄罗斯作为欧盟的市场，也是欧盟油气供应国，对欧盟的经济安全和

---

[1] 富景筠：《商业理念还是地缘政治？——欧美在欧洲对俄天然气进口依赖上的分歧根源及其影响》，《欧洲研究》2020年第2期，第126页。

[2] Leila Abboud, Leslie Hook, "Macron warns of threat to global economy from energy crisis", https://www.ft.com/content/8385f5d8-b045-46a7-a822-47a9ba09e219.

能源安全的重要性不言而喻。无论是出于本国市场需求，还是为扩大影响力，维护与俄罗斯的经贸伙伴关系均至关重要。

（三）维护法国在"大欧洲"和欧洲以外地区的国家利益

近年来，乌克兰危机成为影响欧洲安全的重要因素。2013年底，乌克兰时任总统亚努科维奇为强化与俄罗斯关系，中止与欧盟签署政治和自由贸易协议，这引起了国内亲俄派与亲欧派矛盾的激化，亚努科维奇被迫逃亡国外，随后爆发了克里米亚危机和顿巴斯战争，俄罗斯在欧洲成了众矢之的。事实上，俄罗斯的心头之患在于乌克兰近年来加入北约的积极性大增。美国违背承诺，北约五次东扩使得俄罗斯面临巨大的安全压力，若乌克兰加入北约势必会增加俄乌关系的不确定性，进而影响欧洲安全。马克龙对此态度十分谨慎，主要是防止俄乌关系紧张导致开战。[①] 2019年，搁置了三年之久的"诺曼底模式"四方会谈在巴黎重启，2020年7月，由乌克兰、俄罗斯和欧安小组与顿巴斯地区民间武装代表达成了停火协议。2021年，马克龙与普京多次相互致电和会晤探讨乌克兰问题。10月，马克龙和默克尔分别与泽连斯基和普京举行了电话会谈，各方同意全面执行巴黎峰会决议并就即将举行的法德俄乌部长级会谈达成协议。[②] 乌克兰是俄罗斯直面欧洲的前沿阵地，重要性对于俄欧不言而喻，法国斡旋俄欧之间既要保证欧洲的安全，又要提高本国在欧盟内部的影响力，于马克龙而言这既是机遇也是挑战。

中东地区也是俄法有着千丝万缕交集的阵地。法国目前在中东地区的影响力有所减弱，实力不及美俄，因此平衡各方势力成为法国在中东地区维护其利益与影响力的有效手段。[③] 由于俄罗斯深度介入叙利亚问题，莫斯科显然成为巴黎不可或缺的伙伴。马克龙在叙利亚问题上虽站队美国，但他也与

---

① 《 Adhésion de l'Ukraine à l'Otan: Macron botte en touche 》, https://www.lopinion.fr/international/adhesion-de-lukraine-a-lotan-macron-botte-en-touche.
② 《 Entretiens du Président de la République 》, https://www.elysee.fr/emmanuel-macron/2021/10/11/entretiens-du-president-de-la-republique.
③ 母耕源：《马克龙政府的中东政策》，《国际问题研究》2019年第6期，第107页。

俄罗斯积极进行沟通和合作，包括在人道主义援助以及经济合作等领域。①另外，与俄合作还有利于法国抗击叙利亚境内的恐怖组织"伊斯兰国"。近些年法国乃至欧洲遭遇的恐袭多与宗教极端主义有关。2020年10月马克龙在拉脱维亚发表讲话，矛头直指宗教极端主义，斥责"伊斯兰分离主义要将宗教法居于共和国的世俗原则以及法律之上"②。此时，土耳其出于转移国内矛盾的目的，挑动阿拉伯国家对抗法国。由于曾在阿富汗被土耳其抢占果实等事件，此举于法国而言可谓旧怨未消又添新仇，对土耳其"爱恨交加"的俄罗斯此时与法国存在合作空间。

萨赫勒是法国反恐的重点地区。2014年，法国展开"新月形沙丘"行动，即通过调整兵力部署与萨赫勒五国集团合作进行反恐行动。然而多年的努力收效甚微，2020年和2021年马里发动的两次政变加剧了法国与马里关系的恶化，马克龙在2021年6月宣布法国将大幅减少在萨赫勒地区的兵力部署，转而侧重为当地军队的反恐行动提供支持。③ 2021年俄罗斯的雇佣军瓦格纳集团与马里军事委员会签订了协议，派雇佣兵进驻马里，尽管俄罗斯宣称瓦格纳集团只是私人军事组织，但法国等十多个国家在12月23日发起联合声明谴责这一合作，并称瓦格纳集团背后有着俄罗斯政府的支持。④ 尽管马克龙出于种种原因（如对2022年竞选的考量）逐渐从马里撤兵，但并不会彻底舍弃法国多年来在该地区的利益，与俄罗斯的竞争依然会持续下去。而与俄罗斯维持对话则将是化解法国在非军事干涉行动危机的重要一环。

---

① « Communiqué de presse de la présidence la République à l'issue de la réunion du Conseil de défense et de sécurité nationale », https：//cn. ambafrance. org/Syrie-39814.

② « La République en actes：discours du Président de la République sur le thème de la lutte contre les séparatismes », https：//www. elysee. fr/emmanuel - macron/2020/10/02/la - republique - en - actes-discours-du-president-de-la-republique-sur-le-theme-de-la-lutte-contre-les-separatismes.

③ « Déclaration conjointe sur la lutte contre la menace terroriste et le soutien à la paix et à la sécurité au Sahel et en Afrique de l'Ouest », https：//www. elysee. fr/emmanuel-macron/2022/02/17/declaration-conjointe-sur-la-lutte-contre-la-menace-terroriste.

④ "France, allies condemn 'deployment' of Russian Wagner mercenaries in Mali", https：//www. france24. com/en/africa/20211223-france-allies-condemn-deployment-of-russian-wagner-mercenaries-in-mali.

四 结论

今天的国际局势显然不同于戴高乐时期，马克龙与戴高乐对于俄罗斯/苏联在欧洲的前景设想不同，戴高乐希望将苏联逐渐西化以实现欧洲的统一，特别是在意识层面的"同心同德"；而马克龙并不对俄罗斯融入欧洲抱有幻想，意识形态迥异以及欧俄矛盾积重难返都是主要原因。但他明白与俄罗斯保持良好关系是促进欧洲发展以及维护法国利益和欧盟利益的重要条件。各国关系盘根错节，法国借助于欧盟或单独周旋于大国间并非易事，马克龙治下的法国依旧是大国平衡者。[1] 在欧盟内，英国脱欧，默克尔卸任，马克龙希望趁机将法国做成欧盟领头羊，俄罗斯的合作对于马克龙来说至关重要。在欧盟外，美国始终对欧洲虎视眈眈，欧洲大部分国家虽是北约成员国，但法德始终认为打造欧洲独立的安全防务更为可靠，那么俄罗斯就会成为"解决欧洲安全问题的良方"。[2]

2022年初俄罗斯与乌克兰爆发冲突，无论欧盟如何对俄罗斯进行谴责与制裁，出于能源需求与地缘政治安全的考量，法国都不可能真正与俄罗斯决裂，马克龙对俄政策依然会以和解与合作为主，同时平衡与调节俄罗斯与相关国家的关系，这也与戴高乐对苏联政策相似。然而，不同于戴高乐的"不站队"，马克龙因不时站队美国被称为大西洋主义者，这是务实的做法，也体现了马克龙外交的灵活性。灵活地利用俄罗斯平衡与多方关系，最大限度地维护法国利益。这是马克龙对俄政策的核心，也体现他继承了戴高乐主义外交的衣钵。

---

[1] 田小惠、王朔：《试析法国总统马克龙的欧洲主义思想》，《现代国际关系》2020年第4期，第31页。

[2] 张红：《法俄重启战略对话与合作：动因及局限》，《国际问题研究》2020年第6期，第85页。

资料篇
Data

B.22
法国海外驻军情况汇编

张林初*

法国是西方军事大国，是欧洲国家中唯一拥有广泛分布的海外省、海外领地的国家，同时又始终想发挥大国作用，重振法兰西昔日雄风。因此，为在复杂多变的国际战略环境中维护法国的海外战略利益，保护境外法国公民的安全，预防和管理可能出现的危机，随时准备遂行各种军事行动，截至2022年2月，法国共有3万多名军人处于战备状态，约占法国军人总数的15%，2万多人部署在法国本土以外，其中1.1万人长期驻在海外或国外，6000多人遂行海外军事行动，1000多人参加联合国、北约、欧盟等框架内的行动，3000多人遂行各种海上行动，还有1万多人随时在法国国内待命。①

---

* 张林初，中国国际问题研究基金会研究员，主要研究方向为法国安全政策、法国军事、欧洲安全政策、中欧关系和北约。

① « Déploiments opérationnels des Forces armées françaises », https://www.defense.gouv.fr/operations/operations.

一 法国驻外战备部队情况

法国在本土以外的驻军,可谓多种多样,执行着各种不同的使命和任务。在海外省和海外领地驻有宣示主权部队;在非洲和中东不仅驻有预先存在部队,而且还驻有遂行海外军事行动部队;在欧洲、亚洲和非洲派有遂行联合国、北约和欧盟框架内的维和行动部队;在各大洋有遂行海上行动的军舰等。

(一)宣示主权部队

除欧洲本土外,法国还拥有5个海外省、7个海外行政单位和3个特别海外领地。为维护其主权、领土完整,保护其居民和经济专属区的安全,法国在上述地区派有常驻部队,称为"宣示主权部队"。按区域,法国在海外省、海外领地设有5个司令部。

1. 驻圭亚那部队司令部

圭亚那战略地位十分重要,这里的库鲁航天发射中心是法国目前唯一的航天发射场,也是欧洲航天局开展航天活动的主要场所。为保护库鲁航天发射中心的安全,维护法国的战略利益,法国成立了驻圭亚那部队司令部,截至2022年初,共有军职人员2100人,文职人员200人。其中陆军编有第9海军步兵团和第3外籍步兵团;海军设有1个基地,配备2艘P700型巡逻艇、2艘海岸巡逻快艇和1艘接防小艇;空军建有1个军民两用机场,驻有1个运输机中队,装备5架"美洲狮"型直升机、4架"福纳克"型直升机和3架"卡萨"CN235型运输机,空军还在库鲁航天发射中心建有一个军事控制中心和一个雷达站。[①]

2. 驻安的列斯群岛部队司令部

驻安的列斯群岛部队司令部的管辖范围包括马提尼克省、瓜德罗普省、

---

① 《 Les forces armées en Guyane 》, https://www.defense.gouv.fr/operations/prepositionnees/forces-de-souverainete/guyane/dossier/les-forces-armees-en-guyane.

圣马丹和圣马泰勒米海外行政单位，经济专属区面积达13.8万平方公里，战略地位十分重要。截至2022年初，驻安的列斯群岛部队司令部共有1100名军人。其中，陆军编有第33海军步兵团；海军在路易斯堡建有1个军港，装备2艘警戒护卫舰、1艘巡逻艇、1艘支援船；空军设有1个小型机场，配备1架"黑豹"型直升机和1架"云雀"-3型直升机。①

3. 驻法属波利尼西亚部队司令部

法属波利尼西亚是由118个岛屿组成的5个群岛，经济专属区面积达500万平方公里，战略地位十分重要。驻法属波利尼西亚部队司令部是法国太平洋战区的主要陆空支撑点。截至2022年初，驻法属波利尼西亚的部队共有950名军人。其中，陆军为太平洋—波利尼西亚海军陆战团；海军建有1个军港，装备1艘警戒护卫舰（配有1架"云雀"-3型直升机）、1艘支援舰、2艘巡逻艇和2艘拖船；空军装备2架"卡萨"CN235型运输机、5架"猎鹰"-F200型海上巡逻机和2架"海豚"-N3型直升机。②

4. 驻新喀里多尼亚部队司令部

新喀里多尼亚特别海外领地位于澳大利亚以东的太平洋中，经济专属区达200万平方公里。驻新喀里多尼亚部队司令部是法国太平洋战区的重要陆空支撑点。截至2022年初，驻新喀里多尼亚部队共有1450名军人。其中，陆军编有太平洋—新喀里多尼亚海军陆战团；海军有1个军港，装备1艘警戒护卫舰（配有1架"云雀"-3型直升机）、2艘P400型巡逻艇、1艘快艇和2架"猎鹰"-F200型海上巡逻机；空军建有1个机场，拥有2架"卡萨"CN235型运输机和3架"美洲狮"型直升机。③

---

① « Les forces armées en Guyane », https：//www.defense.gouv.fr/operations/prepositionnees/forces-de-souverainete/guyane/dossier/les-forces-armees-en-guyane.
② « Les forces armées de Polynésie française », https：//www.defense.gouv.fr/operations/prepositionnees/forces-de-souverainete/polynesie-francaise/dossier/les-forces-armees-de-polynesie-francaise.
③ « Les forces armées de Polynésie française », https：//www.defense.gouv.fr/operations/prepositionnees/forces-de-souverainete/polynesie-francaise/dossier/les-forces-armees-de-polynesie-francaise.

5. 驻南印度洋部队司令部

驻南印度洋部队司令部的管辖范围包括留尼汪省、马约特省和法属南方和南极领地，是法国印度洋战区的主要支撑点。截至 2022 年初，驻扎有 1600 名军职人员和 300 名文职人员。其中，陆军编有第 2 海军陆战伞兵团和外籍军团马约特省分队；海军在留尼汪省建有 1 个军港，装备 1 艘多用途舰、2 艘警戒护卫舰（各配备 1 架"黑豹"型直升机）、1 艘极地巡逻艇。在马约特省设有 1 个军港，驻有 2 艘海军海岸警戒快艇、1 艘截击艇、1 艘货船和 1 艘拖船；空军在留尼汪省建有 1 座军民两用机场，配备 2 架"卡萨"CN235 型运输机。①

（二）预先存在部队

法国与非洲和中东有着传统的历史关系，双方的安全息息相关。如今，法国与 40 个非洲国家签订双边军事关系，向 24 个非洲国家派遣军事合作者，与 8 个非洲国家签订防务协定。在中东地区，与 3 个国家签订防务协定。如今，法国在非洲和中东 5 个国家部署预先存在部队。预先存在部队的主要使命是：维护法国的利益，保护驻在地区和邻近地区法国公民的安全，直接支援可能发生的军事行动，并与地区伙伴进行部队培训、训练和演习。

1. 驻阿联酋部队

阿联酋扼波斯湾咽喉，濒中东战乱地区，是法国驻海湾地区和北印度洋部队的重要支撑点和作战前进基地，也是为在中东遂行军事行动的法军提供后勤支援的重要平台。截至 2022 年 2 月初，法国在阿联酋共部署 650 名军人。陆军驻有第 5 重骑兵团，下辖 1 个指挥后勤连、1 个装甲连和 1 个炮兵排，装备"莱克勒尔"型主战坦克、VBCI 型步兵战车和"凯撒"型火炮。另外，法国还在阿联酋有 1 个海军基地和 1 个空军基地，装备 6 架"阵风"

---

① « Les forces armées dans la zone sud de l'Océan Indien », https://www.defense.gouv.fr/operations/prepositionnees/forces-de-souverainete/la-reunion-mayotte/dossier/les-forces-armees-dans-la-zone-sud-de-l-ocean-indien.

型战斗机和1架运输机。①

2. 驻吉布提部队

吉布提位于非洲之角，战略地位十分重要，是法国在东非的重要作战前进基地。截至2022年2月初，法国在吉布提部署有1450名军人，编有1个诸军种参谋部、陆军第5海外诸兵种团、1个陆航分队、1个特种兵分队、1个沙漠作战训练中心、1个支援分队、1个宪兵分队以及1个空军基地和1个海军基地。陆军装备有AMX-10 RC型装甲侦察车、VAB型轮式装甲车、155mm火炮和120mm迫击炮；陆航分队装备2架"美洲狮"型直升机和1架"云雀"-3型直升机；空军装备4架"幻影"-2000型战斗机、5架"美洲狮"型直升机、2架"云雀"-3型直升机和1架"协同"-C160型运输机。②

3. 驻加蓬部队

加蓬是法军在西非地区的重要作战合作点。截至2022年2月初，法国在加蓬有驻军350人，编有第6海军陆战营的1个作战合作队、1个空军小分队，配备1架"福纳克"型直升机。同时，法国驻加蓬部队还以作战或技术分队形式，参加诸如法国在萨赫勒地区遂行的"新月形沙丘"反恐行动。③

4. 驻科特迪瓦部队

科特迪瓦是法军在西非地区的重要作战前进基地。截至2022年2月初，法国在科特迪瓦经济首都阿比让驻有900名军人，其主要组成部分是1个诸军种参谋部、第43海军陆战营、1个支援分队、1支宪兵分队以及1个空军分队。必要时，还可以得到其他预先部署部队的增援。驻科特迪瓦部队对法国中途在科停留的军舰和飞机，特别是在几内亚湾执行"科兰贝"行动的

---

① «FFEAU/Alindien», https：//www.defense.gouv.fr/operations/forces-de-presence/emirats-arabes-unis/dossier/ffeau-alindien.

② «Les forces françaises stationnées à Djibouti», https：//www.defense.gouv.fr/operations/forces-de-presence/djibouti/dossier/les-forces-francaises-stationnees-a-djibouti.

③ «Les éléments français au Gabon», https：//www.defense.gouv.fr/operations/forces-de-presence/gabon/dossier/les-elements-francais-au-gabon.

军舰，以及在萨赫勒地区执行"新月形沙丘"反恐行动的部队提供后勤支援，有着十分重要的作用。①

5.驻塞内加尔部队

截至2022年初，法国在塞内加尔部署有350名军人，编有1个诸军种指挥所、1支指挥与作战合作部队、1支地区合作作战分队、1支海军航空兵分队（配备"大西洋"型海上巡逻机或"猎鹰"-50海上巡逻机）、1个支援分队、1个维修分队和1个特种作战小组，拥有1个空军着陆场和1个海军停靠港。②

（三）遂行海外军事行动部队

20世纪60年代许多非洲国家独立后，法国经常以各种形式军事干预非洲国家。进入21世纪后，法国不仅军事干预利比亚，而且还出兵马里、伊拉克、叙利亚等国。截至2022年4月，法国仍在遂行两项海外军事行动。

1."新月形沙丘"反恐行动部队

2010年"阿拉伯之春"爆发后，北非权力格局发生重大变化，国际恐怖主义势力迅速填补权力真空，并向周边地区蔓延。萨赫勒地区经济落后、政府无力、民族宗教复杂和边界无人管控，很快成为国际恐怖主义滋生的沃土。为维护法国和欧洲的安全，铲除恐怖分子的温床，2014年8月，法国牵头进行代号为"新月形沙丘"反恐行动，与马里、毛里塔尼亚、尼日尔、乍得和布基纳法索等萨赫勒地区5国协同作战，共同打击国际恐怖主义组织。除直接参与打击恐怖分子外，法国还积极培训地区国家部队，提高其作战能力，帮助其发展经济。虽经五年多努力，形势并没有发生根本好转。2020年2月，法国防长帕利宣布，法国将向非洲萨赫勒地区增派600名士兵，以加大打击极端势力的力度。自2020年8月马里政局发生变化后，法

---

① « Les forces françaises en Côte d'Ivoire », https：//www.defense.gouv.fr/operations/forces-de-presence/cote-d-ivoire/dossier-de-reference/les-forces-francaises-en-cote-d-ivoire.

② « Éléments français au Sénégal », https：//www.defense.gouv.fr/operations/forces-de-presence/senegal/dossier/les-elements-francais-au-senegal.

马关系不断恶化，2022年2月17日，法国政府宣布法国及其盟友将正式从马里撤军，但将继续参与西非地区的反恐行动。不过，为了"有序"撤军，法国将需要4~6个月时间关闭其驻马里的基地。截至2022年4月，法国在萨赫勒地区部署有4600名军人，装备7架战斗机、17架直升机、6~7架运输机、6架无人机、250辆重型装甲车、205辆轻型装甲车和410辆运输车。①

2."夏马尔"反恐行动部队

2014年，极端组织"伊斯兰国"在伊拉克肆虐，对中东和全球安全构成严重威胁和挑战。2014年9月，以美国为首的国际联盟进行代号为"坚定决心行动"的反恐行动，共有70多个国家参加。法国以"夏马尔"为代号派兵参加在伊拉克的国际联盟反恐行动，2015年9月又将行动扩大到叙利亚。"夏马尔"反恐部队主要遂行两项任务：一是空中或地面支援反恐部队；二是培训伊拉克国家安全部队。自2014年以来，除法国空军持续遂行"夏马尔"反恐行动外，"戴高乐"号航母特混编队四度到地中海东部打击恐怖分子。同时，法国"华格姆"炮兵特别分队也参加了在伊拉克的反恐行动。截至2022年初，法国仍有约1000名军人在伊拉克遂行反恐行动，装备11架"阵风"型战斗机、1架"大西洋"型海上巡逻机、1架C-135型加油机、1架E-3F型预警机和1艘护卫舰。另外，法军还有100人的"蒙萨贝特遣队"和40人的"纳维克特遣队"在培训伊拉克军队，数十名法国军人还参与国际联盟各级指挥部的指挥控制工作。②

（四）遂行联合国、北约和欧盟框架内维和行动部队

法国是联合国安理会常任理事国，北约和欧盟的创始国，一直积极参加联合国、北约和欧盟框架内的维和行动，至今仍在执行多项维和行动。

---

① « Opération BARKHANE Moyens déployés »，https：//www.defense.gouv.fr/operations/bande-sahelo-saharienne/operation-barkhane.
② « Dossier de presse opération Chammal »，https：//www.defense.gouv.fr/operations/chammal/dossier-de-reference/operation-chammal.

1. 法国参与联合国驻黎巴嫩临时部队（FINUL）

1978年3月15日，以色列以打击巴勒斯坦游击队为借口，入侵黎巴嫩，并占领了黎南部地区。1978年3月19日，联合国安理会通过第425号决议，决定向黎南地区派驻4000人的联合国临时部队，其职责是：监督以色列撤军，恢复地区和平与安全，协助黎政府有效恢复对该地区行使权力。自1978年以来，法国以"蹄兔"为代号，向联合国驻黎巴嫩临时部队派遣维和部队。截至2022年初，法国在黎南部代尔基法地区驻扎有700名军人，与芬兰派出的1个连组成"指挥员预备部队"，该部队是联合国驻黎巴嫩临时部队实行威慑、遏制和快速反应的主要手段。法国参与联合国驻黎巴嫩临时部队的有：1个指挥支援连、1个侦察干预连、1个反坦克导弹排以及维修、后勤和通信等分队，主要装备VBL型轻型轮式装甲车、VAB型轮式装甲输送车以及"西北风"型反坦克导弹等。[①]

另外，法国还向联合国驻西撒哈拉地区、马里、利比里亚、中非共和国和刚果（金）维和部队派出约20名军事观察员。

2. 法国参与欧盟索马里海军行动部队（EUNAVFOR）

随着亚丁湾索马里海域海盗的日益猖獗，2008年6月，联合国安理会通过相关决议，授权各会员国合作打击索马里海域海盗和武装抢劫行为。2008年12月，欧盟决定进行代号为"阿塔兰特"的打击索马里海盗的海军行动。目标是在亚丁湾索马里海域采取必要措施，包括使用武装力量，以制止、避免、干预并最终结束海盗袭击和武装抢劫，保护世界粮食计划署等组织运送人道主义物资船舶和其他民用船舶的安全。欧盟12个成员国派兵参加了此行动。截至2022年初，欧盟仍有9个国家共派出20艘军舰和1800名军人参与"阿塔兰特"行动，法国派出1艘护卫舰和1架"大西洋"型海上巡逻机参与该行动。另外，法国在吉布提预先部署部队设施，为参加

[①] « Daman: la contribution française à la FINUL », https://www.defense.gouv.fr/operations/daman-onu/daman/dossier-de-reference/daman-la-contribution-francaise-a-la-finul.

"阿塔兰特"行动的欧盟国家海军提供后勤和卫生勤务支援。①

此外,法国还正参加欧盟组织的如下一些军事行动:欧盟在波黑进行的代号为"木槿花"的维和行动(EUFOR Althea)、欧盟在利比亚海域对人蛇集团采取的"索菲亚"行动(Sophia)、欧盟—中非军事培训团(EUTM—RCA)和欧盟—马里军事训练团(EUTM—Mali)等。截至2022年4月,法国现有90名军人参加欧盟组织的上述5项军事行动。

3. 法国参与北约驻爱沙尼亚"加强前沿存在"部队(eFP)

2019年5月,法国应爱沙尼亚政府要求,在北约"加强前沿存在"任务的框架内,向爱沙尼亚派遣了一支代号为"猞猁"的部队,与英国军队组成1个营。法国共派出300名军人、4辆"勒克莱尔"型主战坦克、20辆步兵战车,其中13辆为VBCI型轮式装甲车。法国此举显示与波罗的海国家团结的决心。②

4. 法国参与北约驻爱沙尼亚"加强空中巡逻"部队(eAP)

自2022年3月1日起,法国接替比利时担负北约对爱沙尼亚"加强空中巡逻"的任务,派出4架"幻影"2000-5F型战斗机进驻爱沙尼亚,共涉及法国军人约100人,其中包括6名飞行员,39名机械师。这是法国第8次帮助爱沙尼亚进行空中巡逻,也是法国第3次派战机进驻爱沙尼亚。预定2022年8月1日结束任务。③

5. 法国参与北约驻罗马尼亚"鹰任务"快速行动部队

2022年2月24日俄罗斯与乌克兰爆发军事冲突后,法国在北约快速行动部队的部署框架内,向罗马尼亚派遣了一支代号为"鹰任务"的快速行动部队,与比利时的300名军人组成1个营,驻扎在罗马尼亚康斯坦察附近的一个军事基地。法国共派出500名军人,装备6辆AMX-10RC型装甲车、

---

① 《 Opération EU NAVFOR Somalie / Atalante 》, https://www.defense.gouv.fr/operations/ue/atalante.

② 《 Mission Lynx 》, https://www.defense.gouv.fr/operations/otan/lynx.

③ 《 Enhanced Air Policing 》, https://www.defense.gouv.fr/operations/europe-du-nord-lest/otan/enhanced-air-policing.

43辆VAB型装甲车、27辆VBL型装甲车和17辆PVP型装甲车。法国此举显示与北约的团结,加强北约在东部地区的威慑和防御能力。①

(五)执行海上任务的部队

1. 参加第150多国联合特遣队行动部队(CTF150)

2008年6月,联合国安理会通过相关决议授权各会员国合作打击索马里海域海盗和武装抢劫行为后,法国除参与"欧盟索马里海军行动"外,还参加了由美军统一领导的第150多国联合特遣部队行动。该特遣部队由美国、英国、澳大利亚、加拿大、丹麦、法国、德国、意大利、新西兰、荷兰、巴基斯坦、葡萄牙、新加坡、西班牙和土耳其的海军部队组成,其主要任务是打击海盗袭击、毒品走私和非法军火贸易等,以维持亚丁湾、阿曼湾、阿拉伯海、红海及印度洋的海上安全。截至2022年初,法国仍有1艘护卫舰参加此特遣队,共约200人。

2. "科兰贝"行动部队(Corymbe)

自1900年以来,法国长期派遣1~2艘军舰在几内亚湾遂行代号为"科兰贝"的行动,其主要任务是:保护法国在该地区的利益;为地区海域的安全做出贡献;帮助濒临几内亚湾国家海军提高维护海上安全的能力;补充法国在西部非洲预先部署部队的作战能力。截至2022年初,法国有1艘军舰在几内亚湾遂行"科兰贝"行动,共约250人。②

3. "克雷蒙梭"海空远航编队(Clemenceau)

2022年2月,"戴高乐"号航母特混编队赴地中海海域遂行代号为"克雷蒙梭"的远航任务。地中海战略地位十分重要,全球约25%的海运经过地中海,近年来地中海安全形势又趋紧张,大国与地区国家博弈激烈,恐怖分子仍很活跃。"戴高乐"号航母特混编队赴地中海海域远航的主要目的有四:一是协助法国在中东进行的代号为"夏马尔"的反恐行动;二是独立

---

① « Mission Aigle », https：//www.defense.gouv.fr/operations/europe-du-nord-lest/otan/mission-aigle.

② « CORYMBE：Le 150e mandat », https：//www.defense.gouv.fr/operations/maritime/corymbe.

自主地判断形势；三是维护地中海海空航行和行动自由；四是显示法国参与保卫欧洲大陆的决心。除"戴高乐"号航母外，法国还派出1艘指挥补给舰、3艘护卫舰、1艘核动力攻击潜艇参加此次行动。另外，为提高盟国的联合作战能力，法国还邀请希腊、西班牙、美国和比利时派军舰或军机参加此次行动，同时邀请德国、比利时、西班牙、美国、希腊和意大利军官参与"戴高乐"号航母特混编队的参谋部工作。①

（六）执行战略值班的核威慑部队

自20世纪70年代以来，法国一直部署1艘战略导弹核潜艇在大洋里游弋，以威慑任何胆敢威胁法国根本利益的国家。为确保战略导弹核潜艇离开或返回基地和靠近法国海岸时的安全，法国海军均派出护卫舰、海上巡逻机、扫雷舰、快艇和直升机等进行护航。②

二 法国驻外战备部队的主要特点

（一）部队的任务各不相同

为维护法国的战备利益，维系法兰西的大国地位，法国在欧洲本土以外派驻2万多名军人，但部队的任务各不相同：既有维护法国主权的宣示主权部队，又有保持法国传统影响力和战略安全利益的预先存在部队，还有拓展法国影响力的海外军事行动部队，同时也有执行维和任务的部队。就维和部队而言，法国又在联合国、北约和欧盟等不同的框架下行动。此外，还有执行战略值班的核威慑部队，这些部队的共同使命是——执行法国《国防与国家安全白皮书》规定的"侦察—预警"和预防的任务，也就是说收集情报，

---

① « Déploiement du GAN: Mission Clemenceau »，https：//www.defense.gouv.fr/operations/monde/groupe-aero-naval/dossier-de-reference.
② « Opérations permanentes »，https：//www.defense.gouv.fr/marine/missions3/operations-permanentes/operations-permanentes.

了解未来战场，需要时进行快速行动。在欧洲，无论是英国，还是德国，都无法与法国相比。"日不落"的英国，早已退出苏伊士运河以东地区，如今又"脱欧"，退缩到英伦三岛；有着二战历史包袱的德国，虽然经济繁荣，但在军事上一直无法有所作为。

（二）按照战略需要派驻部队

法国共有5个海外省、7个海外行政单位和3个特别海外领地，但从战略需要和海外行政单位的重要性考虑，只设立5个宣示主权部队司令部，而且将驻圭亚那部队和驻安的列斯群岛部队统一为加勒比海战区，将驻新喀里多尼亚部队与法驻法属波利尼西亚部队统一为太平洋战区，以便统一指挥和协调行动。截至2022年初，法国与塞内加尔、科特迪瓦、多哥、喀麦隆、加蓬、科摩罗、吉布提、中非8个非洲国家和阿联酋、卡塔尔、科威特3个中东国家签订防务协定，但从战略地位和实际需要考虑，只在西非的塞内加尔、几内亚湾的科特迪瓦和加蓬、非洲之角的吉布提以及波斯湾的阿联酋驻扎预先存在部队，其中科特迪瓦、吉布提、阿联酋是法国在非洲和中东的前进作战基地。

（三）在各地都有海空基地

为维护法国在世界各地的战略利益，便于法国在利益攸关地区遂行军事行动，法国在海外省、海外领地都建有法国自己的海空军基地或机场、港口，在与法国签订防务协定的塞内加尔、科特迪瓦、多哥、喀麦隆、加蓬、科摩罗、吉布提、阿联酋、卡塔尔、科威特各国或建有或有可资使用的海空基地和机场、港口。法军遂行"夏马尔"反恐行动的军机，都是使用阿联酋、卡塔尔、科威特的空军基地。另外，非洲萨赫勒地区遂行"新月形沙丘"反恐行动的法军，通过双边协议，也一直在使用马里、尼日尔和乍得的空军基地。

（四）皆有培训驻在地区军队的任务

法国驻海外省和海外领地的宣示主权部队，负有对当地民团和服兵役人

员进行训练的任务。驻塞内加尔、科特迪瓦、加蓬、吉布提、阿联酋等5国的预先存在部队，不仅负责培训驻在国国家的军队，而且还负责培训所在地区国家的军队。2019年，法国驻塞内加尔部队举办了260场培训，共训练了西非12个国家的6500名军人，其中25%为塞内加尔军人，有力地提高了该国军队的作战能力。① 在非洲和中东遂行"新月形沙丘"和"夏马尔"反恐行动的法军，除直接参与打击恐怖分子，也负责培训当地国家的军队。2015~2019年，法国在伊拉克的"蒙萨贝特遣队"已为伊拉克第6师培训了3480名士兵和700名教官，为伊拉克炮兵学校培训了700名干部。法国的"纳维克特遣队"则已对伊拉克反恐部队的12940名士兵和390名教官进行了培训。②

（五）参加维和行动量力而行

法国现有兵力27.1万人，其中军职人员20.9万人，文职人口6.11万人，并拥有独立的核威慑力量，为欧洲军事大国，但法国参加维和行动坚持量力而行。截至2022年初，法国参加联合国、北约和欧盟授权的12项维和行动，只向联合国驻黎巴嫩临时部队和北约驻爱沙尼亚"加强前沿存在"部队派出成建制部队，分别为700人和300人，其他维和行动大部分只派出少许军事人员或军事观察员。不过，法国参加维和行动的项目比较多，既有联合国、欧盟授权的行动，又有北约以及国际联盟框架内的行动。

（六）通过海外军事行动谋求长期驻扎

冷战结束后，法国曾一度减少对非洲的军事干预和在非洲的驻军。然而，随着非洲、中东恐怖活动的加剧和法国国内屡遭恐怖袭击，法国加大了在非洲和中东的反恐力度。更重要的是，无论是2014年开始在非洲萨赫勒

---

① « Éléments français au Sénégal »，https：//www.defense.gouv.fr/operations/forces-de-presence/senegal/dossier/les-elements-francais-au-senegal.

② « Dossier de presse opération Chammal »，https：//www.defense.gouv.fr/operations/chammal/dossier-de-reference/operation-chammal.

地区遂行的"新月形沙丘"反恐行动，还是2014年起在中东遂行的"夏马尔"反恐行动，都能够为法国在非洲、中东长期驻军正名，强化法国对非洲、中东安全事务的主导权，维护法国在非洲、中东的传统战略利益。同时，法国在非洲、中东开展反恐行动，有利于改善其国际形象，巩固和提升法国在全球的影响力。

B.23
法国2021年度大事记

车 迪*

1月

14日 法国总理卡斯泰宣布，法国将自18日起对欧盟成员国以外人员实施更严格的入境规定，入境法国时须提供出发前72小时内新冠病毒核酸检测阴性证明，并接受7天的隔离观察。卡斯泰还表示，从16日开始，法国将把宵禁实施范围扩大至全国，宵禁时间调整为每日18时至次日6时，有效期至少持续15天。

21日 近300家法国新闻出版机构组成的法国新闻总联盟（APIG）与美国谷歌公司共同发布新闻公报表示，经过数月谈判，双方就法国相关法律规定的邻接权付费问题达成框架协议。谷歌将根据对政治新闻和综合新闻的贡献、每日发布的信息量和每月网络人气等标准向每家签订协议的新闻出版机构付费。

法国总统马克龙宣布启动一项投资总额达18亿欧元的量子技术国家投资规划，用于未来5年发展量子计算机、量子传感器和量子通信等，并推动相关产业的教育培训工作。

26日 法国总统马克龙在巴黎以视频方式出席世界经济论坛"达沃斯议程"对话会并发表致辞。马克龙在致辞中表示，后疫情时代的经济重建必须同时考虑创新、人类的脆弱性和人类自身，经济发展需要首先考虑人的因素。

---

* 车迪，北京外国语大学法国研究中心秘书，主要研究领域为法语国家与地区研究。

29日 法国总理卡斯泰宣布从1月31日零点开始,离开法国前往非欧盟国家,或是从欧盟国以外的国家进入法国的旅行将全部受到限制。除紧急情况外,境外旅客不能入境法国;所有面积超过2万平方米的"非食品类"购物中心需要暂时关门停业。

2月

16日 法国国民议会通过"支持共和原则"法案,该法案也被称为"反分裂主义"法案,旨在打击宗教极端势力和宗教分裂主义。

19日 法国高等航空航天学院设计的用于火星探测的传声器首次记录下了来自火星的声音。

3月

1日 法国巴黎轻罪法院裁定前总统萨科齐"腐败"和"以权谋私"罪名成立,判处其3年有期徒刑,其中包括1年实刑。

15日 法国总统马克龙和西班牙首相桑切斯在法国西南部城市蒙托邦举行会晤,就双边关系、经济复苏和反恐等问题进行了讨论。

因疫苗疑似产生血栓或肺栓塞等副作用,法国宣布暂停使用阿斯利康新冠疫苗。

18日 法国总理卡斯泰宣布,法国新冠病毒传播速度明显加快,法国正遭受第三波新冠疫情,自19日午夜起在16个省实行至少1个月的封闭措施。相比以往两轮全国范围"封城",这次的限制措施相对宽松。并且,法国自19日起恢复接种阿斯利康新冠疫苗。

31日 法国总统马克龙发表电视讲话并宣布从4月3日起,已经在法国19省实行的限制措施将会扩大到全国,时间为4周。封城期间日间出行限制距离为10公里,不需要出行证明。

4月

8日 法国总统马克龙宣布关闭法国国家行政学院（ENA），并成立公共服务学院（Institut du service public）取而代之。这是马克龙进行高级公务员制度改革的重要内容之一。

15日 时值巴黎圣母院遭大火烧损两周年纪念日，法国总统马克龙视察重建现场时重申，将于2024年完成重建工作并重新开放巴黎圣母院。

22日 法国总理卡斯泰宣布法国新冠疫情有所好转，政府将逐步解除部分疫情防控措施。自4月26日起，法国小学和幼儿园开学复课，政府制定严格的校园防疫准则，并将加强校园内新冠检测能力。自5月3日起，政府将解除民众在宵禁时段以外的日常出行限制，宵禁措施将保持直至新命令下达为止。

23日 法国宇航员托马斯·巴斯盖进入国际空间站。

28日 法国政府在部长会议上提出一项新的反恐法案。新法案旨在通过加强情报工作和网络监控等应对恐怖主义新威胁。

5月

1日 法国15万民众参加传统的五一国际劳动节游行，要求社会与经济正义，并反对政府改变失业福利的计划。这是自2020年新冠疫情流行以来，由法国工会组织举办的最大规模游行活动。此时法国仍处于第三次"封城"中，严格限制集会。

5日 时值拿破仑逝世200周年纪念日，法国总统马克龙在纪念活动上发表讲话。

18日 法国总统马克龙与埃及总统塞西、约旦国王阿卜杜拉二世举行三方会谈，讨论巴勒斯坦和以色列冲突问题。三国领导人讨论了在中东地区进行调解的问题，呼吁巴以尽快实现停火，避免冲突蔓延。

19日 随着新冠疫情在法国持续缓解，法国按计划进入解除封闭隔离措施的第二阶段，开放餐馆、酒吧、咖啡馆的室外部分；宵禁开始时间从每天19时推迟至21时。

21日 法国向所有18岁的法国年轻人分发了价值300欧元的"文化通行证"（Le Pass Culture），用于购买文化产品或进行文化活动。

27日 法国外交部表示将对从英国入境的非本国居民实施严格防疫限制措施，以遏制印度报告的变异新冠病毒传播。同时，法国卫生部宣布所有18岁及以上年龄公民都可预约疫苗接种。

法国总统马克龙在卢旺达首都基加利承认，法国对1994年发生的卢旺达大屠杀负有责任。

6月

3日 法国国防部表示西共体和非盟已经就马里政治过渡框架提出要求和底线。在没有就此得到马里军方保证前，法国决定暂停双边军事合作。法方这一决定意味着法军和马里军队共同在该国北部展开的"新月形沙丘"反恐行动以及法国为马里安全部队提供的训练行动都将暂时停止。

10日 法国总统马克龙宣布法国军队将结束在非洲萨赫勒地区的"新月形沙丘"反恐行动，该地区打击恐怖主义的任务将由一支"国际部队"来完成。

16日 法国总理卡斯泰宣布，鉴于法国新冠疫情防控好于预期，政府将加快"解封"。从17日起，户外一般情况下不再强制戴口罩，解除宵禁的日期从原定的6月30日提前到20日。

20日 法国大区议会和省议会举行第一轮选举，投票站采取了严格的防疫措施以确保人员安全。在大区选举中，社会党、法国共产党等左翼政党共获得34.3%的全国选票，以共和党为首的右翼政党联盟共获得29.3%的选票，执政党共和国前进党获得10.9%的选票。

23日 欧盟委员会主席冯德莱恩在巴黎宣布，法国经济复苏计划获得欧盟批准，欧盟将于未来5年间向法国提供400亿欧元拨款。

27日 法国大区议会和省议会选举举行第二轮投票。投票结果显示，在法国本土，所有参选的现任大区议会主席均获得连任。法国总统马克龙所在的执政党共和国前进党表现不佳，该党进入第二轮投票的候选人无一胜出。极右翼政党国民联盟候选人未能在任何大区胜选，但获得超过20%的全国选票。

28日 法国国家足球队在欧锦赛8强中被瑞士队点球淘汰。

7月

1日 法国一项新的社会保障融资法案开始生效，规定父亲陪产假从必须连续休的11天（含节假日）增加至25天，且不必连续休，唯一的条件是必须在孩子出生6个月内休完。多胞胎父亲产假从原来的18天增加至32天。

6日 第74届戛纳国际电影节拉开帷幕，23部主竞赛单元影片竞逐本届电影节最高奖——"金棕榈奖"电影节时间为7月6~17日。最终，法国电影《钛》（*Titane*）摘得桂冠。

13日 法国竞争管理局宣布，由于谷歌公司未能与法国出版商就新闻内容版权付费问题进行"善意"谈判，对该公司处以5亿欧元罚款。

14日 法国一年一度的国庆阅兵式在巴黎举行。因新冠疫情有反弹迹象，法国在阅兵式期间采取了严格的防疫措施。

21日 法国对接待50人以上的封闭公共场所强制办理健康通行证。这一措施既引发了抗议，也促进了疫苗的大规模接种。

28日 法国总统马克龙在访问法属波利尼西亚时表示，"法国欠了波利尼西亚'一笔债'，因为我们曾在这里进行核试验"，但他并未就此道歉。同时，他证实法国政府将负责清理受污染的土地，公开政府文件，就这个问题建立一个国家和当地之间的永久调解机构，并加快对当地居民的补偿。

8月

5日 法国宪法委员会批准政府提交的"健康通行证"法案部分内容,包括医护等专业人员必须接种新冠疫苗,"健康通行证"适用范围扩大到餐厅、咖啡馆和购物中心等场所,以应对新一波新冠疫情。该内容于8月9日生效。

8日 东京奥运会闭幕式上,巴黎市市长伊达尔戈从国际奥委会主席巴赫手中接过五环旗,而巴黎也通过短片展现了自己的城市风采。在本届奥运会上,法国队以33枚奖牌(10金12银和11铜)位列国家排行榜第八。2024年,第33届夏季奥林匹克运动会将在巴黎举办。

11日 法国总统马克龙表示,休假季结束后,法国将为80岁以上老人和免疫系统极其脆弱的高风险人群接种新冠疫苗加强针。

16日 法国总统马克龙就阿富汗局势发表电视讲话表示,阿富汗正在发生"历史性转折",这对法国、欧洲乃至整个世界都将产生重大影响。法国和其他欧洲国家将继续打击恐怖主义,并共同应对阿富汗局势可能带来的大批难民涌入欧洲的问题。

23日 法国经济、财政和振兴部部长布鲁诺·勒梅尔表示,已制定年底前恢复至新冠肺炎疫情流行前经济增长水平的目标。

28日 法国总统马克龙抵达伊拉克首都巴格达,参加巴格达合作与伙伴关系峰会,重点商谈阿富汗问题。

9月

3日 第七届世界自然保护大会在马赛拉开帷幕。本届大会由法国政府和世界自然保护联盟共同主办,主题为"同一个自然,同一个未来"。

9日 法国以国葬礼仪送别演员让-保罗·贝尔蒙多,法国总统马克龙在巴黎荣军院亲自主持悼念仪式并致悼词。

11日 法国影片《正发生》（*L'Événement*）获第78届威尼斯国际电影节最佳影片金狮奖。

13日 卡塔尔副首相兼外交大臣穆罕默德在多哈与到访的法国外交部部长勒德里昂举行会谈，双方呼吁阿富汗塔利班保护阿人民利益、尊重人权和妇女权益、响应国际社会要求融入国际社会。

16日 法国外交部部长勒德里昂发声，谴责澳大利亚终止与法国的潜艇协议，并称这是一个打击。他表示对澳大利亚的决定感到愤怒，双方间的信任遭到破坏。法国正在等待澳大利亚及美国方面的解释。

17日 法国外交部决定召回驻美澳两国大使进行磋商。澳大利亚为与美英两国形成新的"安全联盟"，不惜撕毁在2019年同法国签订的12艘常规动力潜艇制造合约，转而投向美国的核动力潜艇。连日来，此举在法国舆论当中持续发酵，并引发了法国官方的强烈反应。

法国总统马克龙出席在巴黎里昂火车站举行的高速列车（TGV）运行40周年庆祝仪式并发表讲话。

21日 法国总统办公室发布声明称，马克龙和印度总理莫迪在电话会谈中同意他们将"在一个开放和包容的'印太地区'共同行动"。

23日 法国宣布放宽完成新冠疫苗接种的认定范围，更多人将得以凭借完成不同疫苗的接种证明获得"健康通行证"。

24日 法国总统府爱丽舍宫宣布，一名法国军人当天在马里执行反恐任务时身亡。

26日 法国车手朱利安·阿拉菲利普卫冕公路自行车世锦赛冠军。

27日 法国总统马克龙在里昂主持了世界卫生组织学院（Académie de l'Organisation mondiale de la Santé）奠基仪式。该学院校址位于里昂的生物医学区，预计2024年落成启用。

30日 法国总统马克龙会见在法阿尔及利亚移民后裔时对阿政治制度发表批评言论。10月2日，阿尔及利亚总统府发表声明称，因法国总统马克龙发表对阿不当言论，阿政府决定召回驻法大使。10月3日，法国军方证实阿尔及利亚政府已禁止法国军用飞机飞越其领空。

10月

5日 法国总统马克龙在总统府爱丽舍宫会见了到访的美国国务卿布林肯,双方讨论了法美两国关系遭遇危机后如何恢复信任的问题。同时,法美两国将继续就欧盟和北约间的合作、非洲萨赫勒问题和印太问题加强协调。

12日 法国总统马克龙在总统府爱丽舍宫公布了一项300亿欧元的投资计划,主要涉及半导体、生物制药、核能、电动汽车、农业等领域,旨在提高法国通过创新实现经济增长的能力。

17日 法国驻白俄罗斯大使德拉科斯特已于当天按照白方要求离境。此前,白俄罗斯外交部要求法国大使10月18日前离开白俄罗斯。法国外交部发布新闻公报表示,鉴于欧盟不承认2020年白俄罗斯总统选举结果,法国驻白大使一直没有向白总统卢卡申科递交国书,只是"根据外交惯例"将国书副本交给白外长。白方因此"单方面决定"要求德拉科斯特离境。法方表示,由于白方近期决定限制法国驻白外交机构的活动,法方也对白驻法外交机构采取了相应的限制措施。

21日 法国总理卡斯泰接受法国电视一台采访时宣布,法国政府将自12月起向月净收入低于2000欧元的民众一次性发放通货膨胀补贴,以减轻能源价格飙升带来的影响。

28日 英国外交部宣布就英法两国渔业争端召见法国驻英大使,要求就法方威胁对英采取反制措施做出解释。法国海事警察日前在该国北部海域对两艘英国渔船进行了处罚。法方认定其中一艘渔船没有在法国海域捕捞的许可,但这一说法遭到英国方面的驳斥。

根据英国"脱欧"协议,自2021年1月1日起,欧盟国家渔民能够获得捕鱼许可,进入英国海域捕鱼,前提是他们能够证明以前就在该海域捕鱼。法国方面指责英国当局审核严苛,导致大量申请被拒。

11月

3日 塞内加尔作家穆罕默德·姆布加尔·萨尔凭借《人类最秘密的记忆》(*La plus secrète mémoire des hommes*) 一书，斩获2021年龚古尔文学奖。该作品被龚古尔文学奖评审团称赞为"对文学的赞美诗"。

9日 法国总统马克龙表示，法国计划重启境内的核反应堆建设。马克龙当晚在总统府就法国能源供给和新冠疫情防控等问题发表电视讲话，他表示为了确保能源独立性并履行减排承诺，法国几十年来将首次在境内重新开始核反应堆建设，同时继续开发可再生能源。

10日 法国归还贝宁26件历史文物。当天，载有26件珍贵历史文物的飞机降落在贝宁科托努机场，数百名当地居民聚集在那里载歌载舞，庆祝这批国宝在近130年后回到祖国。

法国卫生部部长韦朗接受法国电视一台采访时表示，法国处于第五波新冠疫情的开端。但与此前相比，该国民众已大规模接种疫苗，因此可以渡过疫情难关。

11月18日至12月3日 代号为"北极星21"的军事演习在地中海西部举行。法国海军一半以上兵力以及美国、英国、希腊、西班牙、意大利海军均派出舰艇参演。该演习无论是演习规模，还是演练强度，均堪称史无前例。

25日 克罗地亚总理普连科维奇和来访的法国总统马克龙会谈后宣布，双方签署了战略伙伴关系协议，克罗地亚将购买12架法国二手"阵风"战斗机。

法国新冠疫苗加强针接种范围扩大至18岁以上人群，自27日起符合条件者可预约接种。

26日 为抗议英国拒绝向法国渔船发放捕捞许可，法国渔民在法国圣马洛港、加来港等地举行抗议活动，并封锁了部分港口及英吉利海峡隧道。

12月

9日 法国总统马克龙宣布,法国将在2022年上半年担任欧盟理事会轮值主席国期间推动"欧洲战略主权"建设,并启动申根区改革等多项计划。马克龙当天在总统府举行的新闻发布会上表示,法国担任欧盟理事会轮值主席国后将围绕欧洲的复兴、强大和归属感三个重点展开工作。法国的首要目标是让欧洲从内部合作走向对外强大、拥有更大主权,为此将推动"欧洲战略主权"建设,特别是在欧洲共同防务政策方面取得具体进展。

22日 法国首次向所有5~11岁儿童开放新冠疫苗接种。

29日 在俄罗斯与乌克兰边境地区局势再度紧张之际,北约宣布法国将于2022年1月1日起轮值接管北约高级戒备联合特遣部队(VJTF),以应对乌克兰、中东等地局势。

30日 乌克兰海军中型登陆舰和法国海军"奥弗涅"号护卫舰在黑海西北海域举行了"PASSEX"演习,并称此次演习旨在维护黑海安全。

Abstract

In 2021, France continued to see its political, economic and social governance model challenged, internally and externally. In their response, its ruling elites displayed noticeable resilience and vibrancy.

Polarization came to define the evolution of French politics, and France's traditional social contract of elitist governance put in jeopardy. In the first round of the 2022 presidential election, Macron had to be content with a lower share of the vote than in 2017, while the far-right movement as incarnated by Marine Le Pen and the far-left movement as incarnated by Melenchon scored remarkable gains and the "dark horse" candidate Zemmour stunned with a *tour de force*. The traditional parties, namely, the Republicans and the Socialists, were trapped in their perennial decline. France's political landscape provided a breeding ground for religious and other extremist forces, the pulling power of radicalization sapping its efforts to counter terrorism. Nevertheless, the ultimate reelection of Macron clearly signaled that maintaining the stability and predictability of French politics and policies remained the overriding concern of France's old and new elites alike.

On the economic and social front, the Macron administration proactively embraced the claims of French people, steadily advanced various reform agendas, and effectively alleviated the shocks of the Covid pandemic. French economy posted a notable recovery, while its long-standing weaknesses were not addressed fundamentally. To tackle productive capacity shortfalls in certain key sectors, the French government unequivocally championed industry re-shoring within the framework of its recovery plan. Further, the Macron administration boosted forward-looking planning and investing in the field of science and technology, unveiled a national AI development strategy, enhanced investments in AI development, and fostered AI implementation in the economic sector. Fully aware of the intimate link between technology innovation and industrial development, the French government also acted decisively to close its digital education gap. In a bid to aid the pandemic-crippled cultural industry, the Macron administration launched a culture revival scheme. Supply-side and demand-side support was extended by the government to the agricultural sector, heralding a likely post-Covid reinvention of the latter in terms of its production model and its supply-demand structure. To contain the risk of Covid transmission, the French government advocated maximum use of teleworking during the pandemic.

Concerning its foreign policy, France demonstrated unmitigated activism on all fronts, seeking to maintain, as it did, its position and its influence as a global power. Tapping his European policy as France's primary lever, Macron adamantly pushed for European strategic autonomy to secure Paris' regional and global interests to the maximum extent possible. In its Strategic Update released in January 2021, the Macron administration encouraged Europe to steadily enhance investment in defense and security so as to avert an otherwise irreversible "strategic downgrading (déclassement stratégique)". In his Russia policy, Macron proved a true heir to the Gaullist realpolitik legacy as he maneuvered as a "balancer" to maximize French national interests. In its African policy, Paris sought to preserve its traditional influence by retooling its Sahel anti-terror strategy and by beefing up international cooperation. Through the exemplary agency of CNRS, Paris also attached high importance to science and technology diplomacy with the African continent. In its Indo-Pacific endeavor, the surprise "abortion" of the French-Australian submarine deal struck a serious blow to Paris' "Indo-Pacific Strategy" and its ties with Washington. The replication by the latter of its cold-war script in the Asia-Pacific will likely impel France's subordination and Europe's vassalization.

Keywords: Presidential Election; Polarization of Political Landscape; Recovery Plan; Strategic Autonomy; Indo-Pacific Strategy

Contents

Ⅰ General Report

B.1 France Faces a Turbulent Domestic and International

Situation　　　　　　　　　　　　　　　　*Ding Yifan* / 001

Abstract: In 2022, France holds its five-yearly general election: the election of the president and parliament. The French political arena is still divided, traditional political parties perform poorly, and extreme ideological trends are rampant in France. In 2021, France, like other countries, has increased its fiscal spending to stimulate economic recovery amid the pandemic. The Macron government wants to take the opportunity to direct fiscal spending to the manufacturing sector that the government hopes to stimulate, not only to solve immediate needs, but also to lay a foundation for long-term development. The epidemic has made the French government realize the importance of restoring the manufacturing industry and developing the digital economy. The government has formulated a series of development plans for this and the parliament has adopted these plans in the form of legislative bills. French President Emmanuel Macron tried to mediate the Russian-Ukrainian crisis at the beginning of the crisis in an attempt to ease the conflict, but ultimately failed. When Russia launched the military action, France, together with the United States and Europe an allies, imposed large-scale economic and financial sanctions on Russia, and the French-Russian relationship was deadlocked. But Macron has always refused to verbally attack Putin and to close the window to negotiations with Russia. The United States wants to take the opportunity of the Russia-Ukraine crisis to strengthen the role of NATO, for it can not only tighten its control over European allies, but also weaken Russia's strength, so it hopes to kill two birds with one stone. But France seems to want to take the opportunity to strengthen the European common security and defense mechanism. So despite a similar position with regard to Russia, France has a different idea from America. Elsewhere in the world, France is still working hard to demonstrate the capabilities of a global power, but with mixed results.

Keywords: France Presidential Election; Fiscal Stimulus; Global Power Capacity

Ⅱ Specific Reports

B.2 An Analysis of the 2022 French Presidential Election and the Recomposition of French Political Landscape

Peng Shuyi / 012

Abstract: The 2022 French presidential election was held in April. Emmanuel Macron, the incumbent president and the leader of the centrist party and Marie Le Pen, the leader of the far-right party won the first round of voting; Emmanuel Macron defeated Marine Le Pen in the second round and was re-elected as President. The results further cement the end of the decades-long dominance of the two traditional main left-wing and right-wing parties and confirm the reconfiguration of French politics started in 2017 with Macron's successful campaign, into three main camps: the center-right (Macron), the far-right (Le Pen), and the far-left (Mélenchon). The political change reflects the further polarization of French society, and Macron will face the great challenge of how to heal the social over in the next five years.

Keywords: 2022 French Presidential Election; Macron; Le Pen; Melenchon

B.3 The French Economy Manages to Recover by Betting on
"Living with Covid" *Yang Chengyu* / 024

Abstract: In 2021, the French economy has shown a certain degree of resilience and elasticity, initially adapting to the new normal of "living with Covid". Amid the pandemic, the French economy has recovered significantly, with significant growth in consumption and investment, but the trade deficit has widened further and the economic problems have not been fundamentally alleviated. In 2021, the French government continue to respond positively to the demands of the population and to move forward steadily with its reform agenda in the economic sphere. In particular, the "France 2030" investment plan was launched to reshape industrial competitiveness, and nuclear power construction was restarted in response to the energy crisis. Fueled by the Omicron, the pandemic in Europe has not yet reached its peak, the negative impact on the French economy is likely to continue. In the future, the French economy is still facing the "three highs" of high inflation, high deficit and high debt. Due to the downward pressure of the world economy, domestic and international volatility and other factors, it is difficult to achieve a complete recovery and strong rebound of the French economy in 2022.

Keywords: French Economy; Economic Recovery; Inflation; Energy Crisis; "France 2030"

B.4 The "France Relance pour la Culture" Project in the
Shadow of Covid-19 *Zhang Min* / 036

Abstract: France is a great cultural power, with cultural policy being a highlight of its public policy and cultural industry being a noteworthy sector of the economy. Yet, the COVID-19 pandemic that started in February 2020 has had a major shock on the cultural sectors in France. This article is a systematic assessment of the impact of COVID-19 on various aspects of French cultural sectors, focusing on the effect of governmental emergency relief measures and long-term planning. In particular, the "France Relance pour la Culture" project, via increasing investment and policy benefits, is expected to enable the cultural sectors to thrive and boom in the future.

Keywords: France; Cultural Sectors; "France Relance Pour la Culture"

B.5 Analysis of French Macron's European Policy *Wang Shuo / 048*

Abstract: Macron is a representative of the new generation European politicians. He came to power in 2017 amid the call for reform and vowed to realize the renaissance of France. In Macron's policy system, domestic reform, European construction and great power status of France are Trinity. Its ideological foundation is the combination of progressivism, Europeanism and multilateralism. At present, France and Europe are in deep internal and external difficulties and Macron who has just been re-elected as the president takes European policy as the main focus and actively promotes European strategic autonomy, so as to combine internal and external factors and realize his aspirations. On the whole, Macron's European policy has a certain idealistic color, but also faces many practical challenges and opportunities, and its positive role could not be ignored. This is why Macron is called "the last president of Europe".

Keywords: France; Macron; European Policy

Ⅲ Politics

B.6 The Impact of the Decline of the French Socialist
Party and the Change of Major Parties on the
France's Political Party Landscape *Wu Guoqing / 059*

Abstract: In the France, the left-wing Socialist Party suffered a crushing defeat in the 2022 presidential election, receiving only the tenth largest number of votes among the 12 presidential candidates. This defeat is a continuation of the fourth recession in the Socialist Party's history. At the same time, the Socialist Party called for a major left-wing coalition to form a "New Épinay" in preparation for the 16th legislative elections, but it did not receive a response from any party on the left, and had no choice but to join the "Nouvelle union populaire écologique et sociale" led by the far-left "France insoumise". From the former leader of the left wing, it was reduced to a minor follower of the left-wing coalition and the far-left parties. The decline of the left-wing Socialist Party and the right-wing Republican Party, as well as the strength of the "Rassemblement national" and the rise of the far-left "France insoumise", will lead to the deconstruction and reorganization of the existing political party structure, which may result in a new five-polar structure consisting of the center party "Renaissance", the right-wing Republican Party, the left-wing Socialist Party, the far-right "Rassemblement national" and the far-left "France insoumise". The final outcome will depend on the results of the 16th legislative elections and even the Senate and local elections.

Keywords: Presidential Election; Socialist Party; Left-wing; Republican Party; Political Parties

B.7　Macron Government's Anti-terrorism Policies in 2021

Wu Yiwen / 071

Abstract: Since 2015, France has suffered multiple terrorist attacks of different scales and natures, and anti-terrorism has always been one of the priorities of the French government. However, the anti-terrorism situation in France in 2021 showed new characteristics, and the trend of individual radicalization became more obvious. Religious extremist ideas, ultra-right groups and other radical ideologies each brought unstable factors and worsened the difficult situation of anti-terrorism activities. The French government has taken a series of measures such as strengthening domestic legislation and investigation activities, and adjusting the anti-terrorism policies abroad, especially in the African Sahel region. In the future, the anti-terrorism situation in France will remain severe, and the French government looks to find solutions by enhancing international cooperation.

Keywords: Macron; French Anti-terrorism Policies; Terrorist Attack; Terrorism

B.8 An Analysis of Macron's Security and Defense Policy Centered around the Update of the "2019-2025 Military Planning Law" *Li Shuhong* / 082

Abstract: The Military planning Law is the embodiment of France's national security and defense policy. In June 2021, the French government did not submit the updated draft of the "2019-2025 Military Planning Law" to the Parliament as scheduled, provoking the dissatisfaction of the Senate which refused to accept the Prime Minister's explanations in this regard. In light of the aforementioned disagreement between the Senate and the government, this paper discusses the core content and characteristics of Macron's security and defense policy and assesses the future of the "2019-2025 Military Planning Law" and the continuity of Macron's security and defense policy based on an analysis of the "2017 Security and Defense Strategy Review" and the "2021 Strategic Update".

Keywords: "Military Planning Law 2019-2025"; "2017 Security and Defense Strategy Review"; Security and Defense Policy; Macron

B.9 French Defense and Security Concepts Against the Backdrop of Covid-19
—*Deciphering of "Strategic Update (2021)"* *Mu Yangzi* / 095

Abstract: In the context of the global spread of Covid-19 and the continuous evolution of the geopolitical crisis, the Macron government released the "Strategic

Update (2021)" in early 2021. The document asserted that the current international strategic environment is deteriorating rapidly; France and Europe are facing multiple security risks. They must continue to increase their investment in defense and security; otherwise, they will be sliding into an irreversible "strategic downgrade". The document also reviewed France's progress in the field of security and defense in recent years, and proposed that France should focus on alliance relations, defense industry and technology, "national resilience" and "future weapons" in the future. The document has played an important role in France's developing its own strategic doctrines, maintaining the growth of France's defense budget and shaping EU's strategic culture.

Keywords: Macron Government; Defense and Security; Strategic Culture

B.10 A Comparative Study of French Left-wing Populism and Ultra-right Populism *Zhang Ying* / 105

Abstract: Since the European economic crisis and debt crisis, France has seen an economic downturn. Its social conflicts have intensified with increasing immigration and security problems. Along with that, two populist forces-the radical left "France Insoumise" and the ultra-right "Rassemblement National" have been on the rise. The 2017 French presidential election is a complete reversal of the political tradition of alternating power between the mainstream parties since the fifth Republic of France. When the two traditional mainstream parties lost and Emmanuel Macron was elected, the two anti-elite, anti-establishment populist parties made a strong showing. The 2022 French presidential election is an upgrade of the 2017 election, which reaffirmed the upward trend of the two populist parties. The analysis of the election situation from the perspective of socioeconomics and politics has shown that there are some similarities in ideology and electoral behavior between left-wing populism and ultra-right populism, which is a reflection of social reality. However, despite their similar social and voter bases, the two parties are different in values, political views as well as social and economic status. The huge difference in their political identity makes them inconvertible in ideology, thus affecting their electoral behaviors. As the 2022 French presidential election has come to an end, the left-wing and right-wing populists continue to adhere to their ideas of populism by speaking out in the name of "the people" and challenging the establishment. While holding on to their major vote base as much as possible, they have also dynamically adjusted their views and programs to win a broader voter base and room for cooperation.

Keywords: French Election; Populism; Rassemblement National; Radical Left

IV Economy

B.11 Current Status and Future of Industrial Relocalization Policy in the Framework of France Relance

Gui Zeyuan / 120

Abstract: Since the outbreak of Covid-19, the outbreak of French government has clearly proposed to implement the industrial relocalization policy in the framework of "France Relance" in response to the lack of production capacity in key sectors. The fundamental purpose is to safeguard the production and supply capacity, restore economic resilience and economic sovereignty. Eight batches of industrial relocalization projects have been announced under the framework of "France Relance", achieving certain results in fostering production capacity in core sectors, and stimulating social investment and employment. There are also new changes and development trends in the later phase implementation of the industrial relocalization policy. This article will focus on the scale, geographical distribution and industry distribution of the current round of relocalization in the context of the 2021 "France Relance", and provide an outlook on the future development trend of the French industrial relocalization policy.

Keywords: Relocalization; Industrial Policy; "France Relance"

B.12 Policy Analysis of the Second Phase of the France's National Strategy for the Development of Artificial Intelligence　　*Zhang Wei, Wang Mei* / 134

Abstract: Artificial intelligence is currently the most cutting-edge and strategic technology. It is rapidly changing the traditional economic structure and reshaping the development model of various industrial fields. In the past ten years, the world's major economies have successively established their national strategies for the development of artificial intelligence. France's national strategy was officially announced in November 2018. After three years of implementation, the second phase of its national development strategy was declared in November 2021. France vows to continue to increase its investment in artificial intelligence development, reinforce the training and attraction of talents, promote the application of artificial intelligence technology in various economic fields. Through the comparison of these two-stage policies of the national strategy for the development of artificial intelligence in France, this paper explores the inner core of the French development strategy and the direction of its strategic moves and choices and investigates the key factors conducive to gaining the upper hand in the development of artificial intelligence technology in the future.

Keywords: Artificial Intelligence; Development Strategy; Talent Training; Technology Promotion; International Cooperation

B.13 Effect of COVID-19 on Agriculture Sector in France
　　Tian Siyu, Wang Zhan / 145

Abstract: The lockdown policy amid the COVID-19 pandemic has greatly restricted the economic activities of France, sending shock waves through the production and demand sides of various industries in France. Compared with other industries, the agricultural sector has been less hit by the pandemic. However, with the primary and secondary impact of Covid, certain problems of the French agricultural sector have been exposed. Although no food shortage has resulted from the short-term impact, the agricultural sector in France is still threatened by the secondary impact of the pandemic in the long run due to the limitations of its agricultural production structure and production resources. The agricultural sector being the lifeblood of the country, the French government has introduced many policies to support the supply and demand sides of the agricultural sector while carrying out pandemic prevention and control. Against this background, French agriculture in the post-Covid era may undergo changes in its production mode and its supply and demand structure.

Keywords: Agricultural Sector in France; Impact of COVID-19; Agricultural Policy

B.14 The Evolution and Characteristics of French Industrial Policy Since World War II

Ye Jianru, Chen Changsheng / 156

Abstract: Since the end of the second World War, France's economy has ranked among the top players of the world, thanks to its relatively complete industrial system, high number of laboratories and strong scientific research capabilities. The French government has recognized, earlyon, the strong connection between technological innovation and industrial development, and has enacted relevant industrial policies to stimulate economic development. Into the 21st century, the French economy has posted subdued, weak development, especially after the 2008 economic crisis. The French government has come to stress even more the importance of innovation to industrial development, and has issued a series of relevant policies to encourage innovation and industrial development, from legislation to taxation, investment and others, in a bid to reinvigorate the weakening French economy and improve its international competitiveness.

Keywords: Industrial Policies; French Economy; International Competitiveness

V Society

B.15 Eric Zemmour's Rise and Its Potential Influence
on French Immigration Policy *Wang Kun* / 168

Abstract: At the end of 2021, French writer Eric Zemmour announced his participation in the presidential election and created his own party, the "Reconquête". As a new political figure, Zemmour won the support of far-right voters for his extreme nationalist and populist discourse and reached the fourth place in the voters' intention poll. Zemmour's rise represents a new phenomenon in French politics. This article analyzes the reason for his popularity, his impact on the French political right-wing landscape and the changes his extreme views might cause to France's immigration policy.

Keywords: France's Immigration Policy; Presidential Election; Eric Zemmour; Far Right Party

B.16 The Development of Digital Education in France:
Predicament, Strategy and Action

Liu Ruoyun, Bai Qun / 179

Abstract: With the rapid development of digital technology and the impact of the Covid-19 pandemic, digital education has become a priority for countries in recent years. France also hopes to use digital education as a starting point to deal with the Covid-19 health crisis and gradually accomplish the upgrading and transformation of education. There remain some problems with the development of its digital education: uneven distribution of digital resources in society, unequal distribution of digital equipment between regions and between schools, differences in digital infrastructure in schools, insufficient application of digital classrooms in schools, and weak digital training for teachers, etc. An OECD research shows that , Europe-wide, digital education in France has fallen slightly behind. In order to better seize the opportunities brought by digital education the French government actively responds to challenges propounded.

Keywords: Digital Education; Digital Resources; Digital Skills; Digital Culture

B.17 Teleworking in France: Genesis, Legislation and Current Situation *Jin Haibo, Wang Haijie* / 190

Abstract: With the rapid development of mobile communication technology, new-generation information technologies such as big data, cloud computing, and mobile Internet are more and more extensively used in various fields and industries, and the office scene has also ushered in disruptive innovation. The application of teleworking can not only reduce the operating costs of employers, but also improve the flexibility of employees. On March 23, 2020, in response to the Covid-19, the French government issued emergency Decree No. 2020-290 (loi n°2020-290), requiring people to work remotely from home, except for essential workers, to reduce the spread of the virus. Compared with the traditional way of working in the office or on-site, teleworking provides people with a more flexible, convenient and safe working environment during the pandemic, so that employers and employees can better weather the bad times. Furthermore, the teleworking has even become the new organizational model sought by the French public and private sectors. However, this new working model is not suitable for all industries and all people, it involves issues such as work flexibility and autonomy, work-life balance, health and safety, employment equality, and administrative complexities. In the post-Covid period, it is worth discussing how the French government and the labor-management parties implementing teleworking carry out multi-dimensional design based on the legal framework, organizational management, policy guidance and other aspects to guide teleworking towards a better development.

Keywords: Teleworking in France; Organizational Model; Legal Framework; Covid-19

Ⅵ Diplomacy

B.18 The Torpedoing of the French-Australian Submarine Deal: Background, Drivers and Implications

Dai Dongmei, Lu Jianping / 203

Abstract: The French-Australian submarine deal was at the same time an extension of the US-France special relationship, a cornerstone of Paris' Asia-Pacific geopolitical ambitions and a lever for the US and Australia to counter China. The torpedoing of the transaction denotes a radical escalation by Washington of its containment strategy against Beijing. In this geopolitical infighting, Washington, Canberra, Paris and London apparently acted, so to speak, as the choreograph, the captor, the captive and the cheerleader, respectively. Washington is scheming to replicate the cold-war script in the Asia-Pacific and contain China primarily through military muscle and military alliances. The implications are arguably threefold: aggravation of Paris' dependence on Washington, aggravation of Europe's vassalization vis-à-vis America, and aggravated confrontational US posturing vis-à-vis Beijing.

Keywords: French-Australian Submarine Deal; French-US Relations; Containment Strategy

B.19 Motives, Patterns, and Mechanism Innovation in the Franco-African Research Cooperation
— the Case of CNRSl   *Zhao Qichen, Li Hongfeng* / 230

Abstract: Within the framework of Franco-African cooperation and against the backdrop of the internationalization of research, France uses research as an essential tool for science diplomacy and diplomacy of influence and attaches particular importance to cooperation with Africa; Africa has integrated research into its development strategy but is faced with a lack of funding for research and limited competitiveness in cutting-edge strategic areas and thus needs international cooperation. This convergence of the needs of both sides has led to Franco-African research cooperation. CNRS (Centre national de la recherche scientifique), as the largest French academic institution, is a key player. In 2021, the institution retooled its cooperation with Africa by strengthening top-level design, setting up new cooperation tools, including engaging African partners within the framework of existing cooperation schemes, and creating both an advisory body and a steering committee for cooperation with Africa.

Keywords: Franco-African Research Cooperation; CNRS; Diplomacy of Influence; Franco-African Relationship

B.20 The Evolution of French Policy on the Ukrainian Crisis
                                        Long Xi / 246

Abstract: After the outbreak of Ukrainian crisis in 2014, France and Germany undertook diplomatic efforts to de-escalate the crisis, and created the "Normandy Format", composed of France, Germany, Russia, and Ukraine. Similarly, before the outbreak of Russo-Ukrainian conflict in February 2022, France proactively mediated with all parties in an attempt to defuse the tense situation. However, upon the outbreak of the conflict, France provided substantial military and humanitarian assistance to Ukraine and coordinated with other Western countries to impose comprehensive sanctions on Russia, even though France has maintained communication with Russia and held different views on some issues from the United Sates. The evolution of the French policy on the Ukrainian crisis is not only driven by the escalation of the situation, but is also aided by the changes of Europe-US relations and personal inclinations of French leaders.

Keywords: French Diplomacy; Russo-Ukrainian Conflict; Great-power Politics

B.21 Macron's Diplomatic Policy Towards Russia: Gaullism Reenacted and Evolved *Zhao Yanli* / 255

Abstract: Since Macron took office, France-Russia relations have moved forward amid instability. Macron adopted a flexible and pragmatic policy towards Russia during his first tenure, with distinctive features of Gaullism, and was regarded by many politicians and scholars as a heir to Gaullism. Although the positioning of Macron towards Russia is different from that of de Gaulle towards Soviet Union, both converged on adopting a policy geared less towards confrontation and more towards moderation and cooperation, which policy is deemed more in line with France's interests. Macron believes that Russia is indispensable to building independent European security and defense, maintaining European security and stability, and ensuring France's interests in the Middle East and beyond. It is Macron's goal to ensure that France's interests are maximized by balancing Russia and acting as a balancer between Russia and other countries. Internationally, Macron has always sought to portray France as a balancer. Balance, independence, flexibility and pragmatism are prominent features in Macron's policy towards Russia. To that extent, he is arguably a true disciple of Gaullist diplomcy.

Keywords: Gaullism; Franco-Russian Relations; Macron's Diplomatic Policy

社会科学文献出版社

皮 书
智库成果出版与传播平台

✤ 皮书定义 ✤

皮书是对中国与世界发展状况和热点问题进行年度监测，以专业的角度、专家的视野和实证研究方法，针对某一领域或区域现状与发展态势展开分析和预测，具备前沿性、原创性、实证性、连续性、时效性等特点的公开出版物，由一系列权威研究报告组成。

✤ 皮书作者 ✤

皮书系列报告作者以国内外一流研究机构、知名高校等重点智库的研究人员为主，多为相关领域一流专家学者，他们的观点代表了当下学界对中国与世界的现实和未来最高水平的解读与分析。截至2021年底，皮书研创机构逾千家，报告作者累计超过10万人。

✤ 皮书荣誉 ✤

皮书作为中国社会科学院基础理论研究与应用对策研究融合发展的代表性成果，不仅是哲学社会科学工作者服务中国特色社会主义现代化建设的重要成果，更是助力中国特色新型智库建设、构建中国特色哲学社会科学"三大体系"的重要平台。皮书系列先后被列入"十二五""十三五""十四五"时期国家重点出版物出版专项规划项目；2013~2022年，重点皮书列入中国社会科学院国家哲学社会科学创新工程项目。

皮书网

（网址：www.pishu.cn）

发布皮书研创资讯，传播皮书精彩内容
引领皮书出版潮流，打造皮书服务平台

栏目设置

◆ 关于皮书
何谓皮书、皮书分类、皮书大事记、
皮书荣誉、皮书出版第一人、皮书编辑部

◆ 最新资讯
通知公告、新闻动态、媒体聚焦、
网站专题、视频直播、下载专区

◆ 皮书研创
皮书规范、皮书选题、皮书出版、
皮书研究、研创团队

◆ 皮书评奖评价
指标体系、皮书评价、皮书评奖

◆ 皮书研究院理事会
理事会章程、理事单位、个人理事、高级
研究员、理事会秘书处、入会指南

所获荣誉

◆ 2008年、2011年、2014年，皮书网均
在全国新闻出版业网站荣誉评选中获得
"最具商业价值网站"称号；

◆ 2012年，获得"出版业网站百强"称号。

网库合一

2014年，皮书网与皮书数据库端口合
一，实现资源共享，搭建智库成果融合创
新平台。

皮书网　　"皮书说"　　皮书微博
　　　　　微信公众号

权威报告·连续出版·独家资源

皮书数据库
ANNUAL REPORT(YEARBOOK) DATABASE

分析解读当下中国发展变迁的高端智库平台

所获荣誉
- 2020年，入选全国新闻出版深度融合发展创新案例
- 2019年，入选国家新闻出版署数字出版精品遴选推荐计划
- 2016年，入选"十三五"国家重点电子出版物出版规划骨干工程
- 2013年，荣获"中国出版政府奖·网络出版物奖"提名奖
- 连续多年荣获中国数字出版博览会"数字出版·优秀品牌"奖

皮书数据库　　"社科数托邦"微信公众号

成为会员

登录网址www.pishu.com.cn访问皮书数据库网站或下载皮书数据库APP，通过手机号码验证或邮箱验证即可成为皮书数据库会员。

会员福利

- 已注册用户购书后可免费获赠100元皮书数据库充值卡。刮开充值卡涂层获取充值密码，登录并进入"会员中心"—"在线充值"—"充值卡充值"，充值成功即可购买和查看数据库内容。
- 会员福利最终解释权归社会科学文献出版社所有。

数据库服务热线：400-008-6695
数据库服务QQ：2475522410
数据库服务邮箱：database@ssap.cn
图书销售热线：010-59367070/7028
图书服务QQ：1265056568
图书服务邮箱：duzhe@ssap.cn

社会科学文献出版社　皮书系列
卡号：765215234985
密码：

S 基本子库
SUB DATABASE

中国社会发展数据库（下设 12 个专题子库）

紧扣人口、政治、外交、法律、教育、医疗卫生、资源环境等 12 个社会发展领域的前沿和热点，全面整合专业著作、智库报告、学术资讯、调研数据等类型资源，帮助用户追踪中国社会发展动态、研究社会发展战略与政策、了解社会热点问题、分析社会发展趋势。

中国经济发展数据库（下设 12 专题子库）

内容涵盖宏观经济、产业经济、工业经济、农业经济、财政金融、房地产经济、城市经济、商业贸易等 12 个重点经济领域，为把握经济运行态势、洞察经济发展规律、研判经济发展趋势、进行经济调控决策提供参考和依据。

中国行业发展数据库（下设 17 个专题子库）

以中国国民经济行业分类为依据，覆盖金融业、旅游业、交通运输业、能源矿产业、制造业等 100 多个行业，跟踪分析国民经济相关行业市场运行状况和政策导向，汇集行业发展前沿资讯，为投资、从业及各种经济决策提供理论支撑和实践指导。

中国区域发展数据库（下设 4 个专题子库）

对中国特定区域内的经济、社会、文化等领域现状与发展情况进行深度分析和预测，涉及省级行政区、城市群、城市、农村等不同维度，研究层级至县及县以下行政区，为学者研究地方经济社会宏观态势、经验模式、发展案例提供支撑，为地方政府决策提供参考。

中国文化传媒数据库（下设 18 个专题子库）

内容覆盖文化产业、新闻传播、电影娱乐、文学艺术、群众文化、图书情报等 18 个重点研究领域，聚焦文化传媒领域发展前沿、热点话题、行业实践，服务用户的教学科研、文化投资、企业规划等需要。

世界经济与国际关系数据库（下设 6 个专题子库）

整合世界经济、国际政治、世界文化与科技、全球性问题、国际组织与国际法、区域研究 6 大领域研究成果，对世界经济形势、国际形势进行连续性深度分析，对年度热点问题进行专题解读，为研判全球发展趋势提供事实和数据支持。

法律声明

"皮书系列"（含蓝皮书、绿皮书、黄皮书）之品牌由社会科学文献出版社最早使用并持续至今，现已被中国图书行业所熟知。"皮书系列"的相关商标已在国家商标管理部门商标局注册，包括但不限于LOGO（ ）、皮书、Pishu、经济蓝皮书、社会蓝皮书等。"皮书系列"图书的注册商标专用权及封面设计、版式设计的著作权均为社会科学文献出版社所有。未经社会科学文献出版社书面授权许可，任何使用与"皮书系列"图书注册商标、封面设计、版式设计相同或者近似的文字、图形或其组合的行为均系侵权行为。

经作者授权，本书的专有出版权及信息网络传播权等为社会科学文献出版社享有。未经社会科学文献出版社书面授权许可，任何就本书内容的复制、发行或以数字形式进行网络传播的行为均系侵权行为。

社会科学文献出版社将通过法律途径追究上述侵权行为的法律责任，维护自身合法权益。

欢迎社会各界人士对侵犯社会科学文献出版社上述权利的侵权行为进行举报。电话：010-59367121，电子邮箱：fawubu@ssap.cn。

社会科学文献出版社